Ensayo
Crónica

Gay Talese nació en 1932 en Ocean City (New Jersey), en una familia de raíces italianas. Fue periodista en *The New York Times* entre 1956 y 1965 y ha escrito en *The New Yorker*, *Time*, *Harper's Magazine* o *Esquire*, que señaló su artículo «Frank Sinatra está resfriado» (incluido en *Retratos y encuentros*) como el mejor que jamás publicaron sus páginas. Junto con Tom Wolfe, se le considera padre del género del nuevo periodismo. En 2012 recibió el Premio Reporteros del Mundo, otorgado por *El Mundo*, en reconocimiento a toda su obra, que incluye *Retratos y encuentros* (mejor libro de no ficción del año para *Qué Leer* y uno de los diez mejores del año para *Babelia*) o *El silencio del héroe*, extraordinaria recopilación de sus crónicas deportivas. En 1971 publicó el informe sobre la mafia *Honrarás a tu padre*, monumental crónica que inspiró *Los Soprano* y fue elegido uno de los mejores libros de no ficción del año por *Qué Leer*. En 1992 narró la historia de la familia Talese en *Los hijos*, a la que siguieron *Vida de un escritor* (uno de los mejores libros del año según el diario *Ara* y *Qué Leer*) y *El motel del voyeur*. En 2014, coincidiendo con el cincuenta aniversario de la construcción del puente de Verrazzano, publicó una edición actualizada de su clásico *El puente*. *Bartleby y yo. Retratos de Nueva York* es su último libro.

Gay Talese

El silencio del héroe

Traducción de
Damià Alou

DEBOLS!LLO

Papel certificado por el Forest Stewardship Council®

Título original: *The Silent Season of a Hero*

Primera edición en Debolsillo: mayo de 2026

© 2010, Gay Talese
«El mánager de la crisis: tiempos difíciles para Joe Girardi y los Yankees», de Gay Talese,
fue publicado por primera vez en el *New Yorker*, el 24 de septiembre de 2012.
© 2013, 2026, Penguin Random House Grupo Editorial, S. A. U.
Travessera de Gràcia, 47-49. 08021 Barcelona
© Damià Alou, por la traducción
Edición y textos de presentación de Michael Rosenwald
Diseño de la cubierta: Penguin Random House Grupo Editorial
Imagen de la cubierta: La editorial desconoce el nombre del autor o propietario
de la imagen de cubierta y no ha podido contactar con él, pero reconoce
su titularidad de los derechos de reproducción.
Fotografía del autor: © Joyce Tenneson

Printed in Spain – Impreso en España

ISBN: 978-84-663-8761-3
Depósito legal: B-4.292-2026

Impreso en Novoprint
Sant Andreu de la Barca (Barcelona)

P 3 8 7 6 1 3

El silencio del héroe

Índice

Nota a la presente edición   11

Introducción, *por Gay Talese*   13

El deporte según Gay   31
Tiros cortos en distintas secciones   35
Un diálogo sobre baloncesto con Angelo Musi   39
El vestuario   43
Una tarde en el campo de fútbol   47

El bateador .200   51
El tipo más solitario del boxeo   55
N.Y.U. gana a pesar del frío gélido   64
Judy es muchas cosas, sobre todo sincera   66
Un giro maravilloso para Gerry   70
Retrato de un joven púgil   72
El herrador del Garden trabaja deprisa   75
El último de los boxeadores sin guantes aún
     rebosa energía a los noventa y tres años   77
La *troupe* de luchadores enanos no trabaja
     por calderilla   80
El rey de las halteras: más músculo que cerebro   82
Un dentista que saca pasta del boxeo   84
Un cronometrador tan imperturbable como
     un reloj   87
Los diamantes son el mejor amigo de un muchacho   89
De viaje, a ninguna parte, con los Yankees   97
El relato que hay detrás de la señal para lanzarle
     un tiro intimidador a Cliff Johnson   102

Raza, reporteros y responsabilidad 111
El hijo del púgil 115

El perdedor 117
Retrato del campeón ascético 119
Patterson, indiferente al principio, demuestra
    que también sabe ladrar 130
Los asesores de Liston ensalzan su alegría,
    benevolencia y tosquedad 134
Patterson también tiene cuatro amigos, pero
    tendrá que pelear solo 136
El campeón habla del sueño, la lluvia y observa
    a su séquito cerca del campamento 139
«Un buen golpe» sorprende a Floyd 141
El excampeón disfrazado 143
El perdedor 147

Historias con nombres auténticos 175
El caddie: un relato no edificante 177
Un hombre receloso en el rincón del campeón 183
El doctor Birdwhistell y los deportistas 194
Joe Louis: el rey en la mediana edad 210
El silencio del héroe 228
El arquitecto de los campos de golf 258
Eric y Beth Heiden: un vínculo de sangre
    sobre patines 267
Un chut fallado 274

El más grande 287
Ali en La Habana 289

Prórroga 319
El canto de cisne de Gay Talese 321
El mánager de la crisis: tiempos difíciles
    para Joe Girardi y los Yankees 325

Nota a la presente edición

Gay Talese ha querido incorporar a esta edición el artículo «El mánager de la crisis: tiempos difíciles para Joe Girardi y los Yankees», publicado en el *New Yorker*, el 24 de septiembre de 2012, que no estaba incluido en la edición americana. Respecto a esta nueva inclusión, el propio autor explica:

¿Qué representa la incorporación de este texto? Muestra mi permanente fascinación por los deportes como símbolo de la necesidad humana de éxito, y mi respeto por los deportistas, pues asumen riesgos que a menudo no alcanzan sus expectativas, y acaban quedando como «perdedores». Detrás de cada triunfo hay también la decisión del deportista de asumir riesgos, y su responsabilidad caso de sufrir algún revés o humillación. Todo deportista que ha escuchado los vítores en un estadio ha sufrido también los abucheos y la furia que expresan la decepción y desaprobación de los espectadores. Joe Girardi representa el deportista medio: no gozó de ningún talento espectacular, como Ali o DiMaggio. Como jugador, nunca fue una estrella y siempre lo dio todo (como Floyd Patterson, el púgil), y, al igual que Patterson, su talento a menudo no estuvo a la altura de sus aspiraciones. Y sin embargo, como todos los deportistas y como toda la gente que triunfa, Girardi tenía «fe» en sí mismo, y también era un hombre de fe. Girardi es profundamente religioso. También lo era Ali. Girardi también poseía el talento y la inteligencia suficientes como para considerar, cuando acabó su carrera como deportista, que en años posteriores podría hacer uso de sus conocimientos para convertirse en manager. Por lo que este artículo, «El mánager de la crisis», es un digno añadido a esta recopilación que ahora se publica. Demuestra que a veces, en la vida de un deportista, existe un futuro cuando se acaba su carrera en los estadios. En su condición de manager, Girardi ha llegado a lo más alto, mientras que como jugador nunca se le consideró una «estrella».

Gay Talese, 25 de septiembre de 2012

Por otra parte, en este libro se incluyen algunos artículos ya publicados en *Retratos y encuentros* (Alfaguara, 2010), que esta vez aparecen en una nueva versión traducida por Damià Alou. Son los textos «El perdedor», «Joe Louis: el rey en la mediana edad», «El silencio del héroe», y «Ali en La Habana».

Introducción
(por Gay Talese)

El jockey llegó a la puerta del comedor; al cabo de un momento se hizo a un lado y permaneció inmóvil, con la espalda pegada a la pared. La sala estaba a rebosar, pues era el tercer día de la temporada y todos los hoteles de la ciudad estaban llenos...

Examinó el comedor hasta que al final su mirada descubrió una mesa situada en un rincón, en diagonal desde donde se encontraba, en la que había sentados tres hombres: un entrenador, un corredor de apuestas y un ricachón. El entrenador era Sylvester, un sujeto grande, no muy recio, de nariz encarnada y unos ojos azules y lentos.

Fue Sylvester el primero que vio al jockey. Sylvester se volvió hacia el ricachón.

—Si se come una chuleta de cordero, una hora después todavía puedes ver la forma en su estómago. Ha llegado un momento que es incapaz de sudar lo que lleva dentro...

> Extraído de «El jockey», un relato publicado por primera vez en el *New Yorker* el 23 de agosto de 1941, y escrito por Carson McCullers cuando tenía veinticuatro años.

En 1956, cuando yo tenía veinticuatro años y trabajaba de columnista en la sección de Deportes del *New York Times*, leí por primera vez «El jockey» en una antología de bolsillo, y mientras releía esa memorable frase —«Si se come una chuleta de cordero, una hora después todavía puedes ver la forma en su estómago»—, no dejaba de preguntarme cómo Carson McCullers había conseguido escribirla. ¿Había conocido alguna vez a un jockey envejecido que se moría por comer lo que fuera y en cuyo estómago tenso y diminuto se dibujaba la forma de una chuleta de cordero? ¿Se había inventado esa imagen? ¿Se lo había descrito algún entrenador o algún jockey? Leyendo artículos de prensa que hablaban de ella —de joven era bastante famosa, pues a los veintitrés años había publicado una primera novela que se convirtió en *best seller, El corazón es un cazador solitario*—, supe que cuando tenía veinticuatro años había estado viviendo cerca de un hipódromo al norte de Nueva York, en la época en que era escritora residente en el centro para artistas de Yaddo; y supuse que durante esa época se había relacionado con el mundo de la hípica y extraído el material del que saldría «El jockey», aunque nada de lo que había leído acerca de ella lo confirmaba. Todo lo que sabía era que Carson McCullers había sufrido una apoplejía antes de que su relato apareciera en el *New Yorker,* y que a los pocos años experimentó dos apoplejías más que la dejaron parcialmente paralizada, y que a partir de entonces la obligaron a escribir tecleando con un solo dedo, hasta que una última apoplejía acabó con su vida a los cincuenta años; y que había dejado una obra que incluye cinco novelas, dos obras de teatro, veinte relatos y esa línea solitaria acerca de la chuleta de cordero que para mí representaba una manera especialmente interesante y original de crear una impresión duradera en unas pocas palabras.

En cuanto que escritor joven, yo no aspiraba a seguir a la señora McCullers al mundo de la ficción, a pesar de que ella y los demás escritores que me atraían utilizaban la imaginación en sus relatos. Ellos fabricaban la realidad. Inventaban nombres y proporcionaban a sus personajes palabras, escenas y situaciones. Fantaseaban, mitologizaban y creaban misterios y a veces magia con su prosa. Cuando yo estaba en la universidad estudiando Periodismo, pasaba las horas libres leyendo novelas y relatos, al tiempo que me preguntaba cuál sería la mejor manera de tomar prestadas las herramientas de un escritor de ficción —la creación de escenas, el diálogo, el drama, el conflicto— y aplicarlas a esos textos de no ficción que algún día esperaba escribir para un periódico o una revista importantes. Tenía la impresión de que había muchos magníficos escritores de ficción que dominaban el arte del relato, y que en cambio eran muy pocos los de no ficción que lo conseguían: mi meta era convertirme en uno de ellos.

Pero quería escribir relatos utilizando nombres *auténticos,* describir situaciones que habían ocurrido de verdad y que se podían verificar con datos. Quería estar allí en persona, observar situaciones con mis propios ojos, describir lo que veía de una manera literaria digna de los escritores que yo admiraba, y cuyas frases y elección de vocabulario a menudo subrayaba en la página, añadiendo en ocasiones algún comentario elogioso al margen, o quizá alguna pregunta acerca de su uso.

Tras la primera lectura de «El jockey», subrayé la descripción que hace Carson McCullers del entrenador Sylvester: «un sujeto grande, no muy recio, de nariz encarnada y unos ojos azules y lentos». ¿Unos ojos azules y *lentos?* Me pregunté qué quería decir con *lentos.* A lo mejor se refería a unos ojos «lerdos», me dije. Pero no, tras consultar el diccionario decidí que debía de referirse a la acepción de «tardo o pausado en el movimiento o en la acción». Sí. Después McCullers describía cómo el jockey entraba en el restaurante del hipódromo y «escrutaba la sala con sus apretados ojos de crepé...». Acudí de nuevo al diccionario: «crepé: tela suave, ligera y delgada de seda u otra fibra, con la superficie rugosa». Ah, unos ojos *apretados, de crepé...* claro. Y esa chuleta de cordero. Al principio dudé de la posibilidad de que alguien pudiera ver su forma en el estómago de un jockey, y cuando en 1958 el director de Deportes me encomendó la entrevista con un exjockey llamado Harry Roble —que había sido el jockey más importante de los Estados Unidos—, decidí preguntarle por lo de la chuleta de cordero. Comencé describiéndole el relato de la señora McCullers (nunca había oído hablar de él); pero, tras leerle la línea que tanto me gustaba, asintió y dijo: «Sí, es posible —a lo que añadió—: A mí no me gustaban las chuletas de cordero, pero si alguna vez me zampaba un filete, luego podía sentir el maldito filete apretado contra mi piel. En aquellos días, cuando pesaba 44 kilos y medio y me esforzaba por que aquello no variase, engordaba casi un kilo con cada plato de sopa».

En mi perfil del exjockey, que apareció en la página de Deportes del *New York Times* el 20 de julio de 1958, escribí esta introducción (una dedicatoria privada a Carson McCullers):

> Harry Roble era uno de esos jockeys que engordaban un kilo tras comerse un plato de sopa, y si se comía un filete, podías verlo perfilado en las paredes de su estómago.

Entre otros escritores de ficción que me influyeron en aquella época se encontraban Ernest Hemingway, F. Scott Fitzgerald, John O'Hara e Irwin Shaw. Los dos últimos eran colaboradores del *New Yorker,* que comencé a leer al poco de ser contratado de chico de los recados en el *New York Times* en el verano de 1953, después de que en junio me graduara en la Universidad de Alabama. En Alabama yo había sido el director de Deportes del periódico del campus, el *Crimson-White,* y también escribía una columna titulada «El deporte según Gay», y en ocasiones intentaba emular a columnistas tan conocidos como Red Smith, Jimmy Cannon y Dan Parker. Y a la vez me sentía más atraído por los autores de relatos de ficción que aparecían en las revistas, sobre todo cuando sus historias se ambientaban en el mundo del deporte: Hemingway cuando escribía de toros y pesca, O'Hara del esotérico tenis real, Irwin Shaw del fútbol americano, y F. Scott Fitzgerald de un caddie muy consciente de su posición que acarreaba los palos en un club de Minnesota, donde Fitzgerald creció.

El relato de Fitzgerald, «Sueños de invierno», era mi preferido de entre todos. Al principio describía al caddie esquiando por las colinas cubiertas de nieve del club de campo, ofendido por que «las pistas tuvieran que permanecer en un forzado barbecho», pero luego, en abril, los socios reaparecían para jugar al golf con sus pelotas rojas y negras, que eran más fáciles de ver que las blancas cuando acababan en alguna zona nevada junto a la pista o la maleza, y entre los caddies de vista de lince que más rápidamente divisaban las bolas se encontraba el joven héroe de Fitzgerald, Dexter Green.

En mi época de colegio, yo también había trabajado de caddie en un club que se hallaba al otro lado de la bahía de mi ciudad natal de Ocean City, Nueva Jersey; y al igual que Dexter Green, yo siempre seguí atentamente la dirección de la bola después de que el jugador la hubiera golpeado, y muy pocas eran las ocasiones en que no la encontraba, tanto daba dónde hubiera aterrizado. De hecho, mi capacidad para recuperar las bolas de golf me sería de ayuda décadas después, mientras investigaba para escribir un artículo para *Esquire* sobre Joe DiMaggio, que se publicaría en julio de 1965, quince años después de que se hubiera retirado del béisbol.

Un fotógrafo que los dos conocíamos me presentó a DiMaggio en 1965, en un partido de veteranos celebrado en el Yankee Stadium; y durante nuestra amistosa charla en el vestuario, DiMaggio me indicó que estaría dispuesto a verse conmigo si alguna vez pasaba por su ciudad natal de San Francisco. Meses después le notifiqué en una carta que iba a ir, pero al entrar en el restaurante del Muelle de Pescadores del que era propietario, fui rechazado de una manera que me dejó estupefacto, aunque también me proporcionó la escena inicial del artículo, donde el propio DiMaggio me expulsaba del local. El hecho de que unos días más tarde tuviera la posibilidad de volver a encontrarme con DiMaggio fue resultado de la petición —que llevé a cabo a través de uno de los amigos y compinches de golf de DiMaggio— de que me dejaran seguir su partido de dobles a través de una ronda de dieciocho hoyos en un club situado en las afueras de San Francisco. Durante aquel partido, DiMaggio, que odiaba perder pelotas de golf, perdió tres. Yo las encontré. Después de eso, la actitud de DiMaggio hacia mí mejoró considerablemente. Me invitó a otros partidos y a compartir alguna de sus reuniones sociales, así como a entrevistarlo en su casa, y, por fin, a acompañarle en avión al campamento de la pretemporada de primavera de los Yankees en Fort Lauderdale, Florida, donde era instructor de bateo.

Siguiendo la advertencia de uno de los amigos de DiMaggio, nunca le pregunté directamente acerca de su vida privada con la difunta Marilyn Monroe, cuya ruptura matrimonial, según contaban, le había provocado una gran pena y frustración. Mi artículo en ningún momento había pretendido abordar la relación DiMaggio-Monroe, sino más bien la sensación de soledad de DiMaggio, y la nostalgia por una mujer a la que había idealizado y perdido, y la cual, después de su muerte, no le había dejado más que dolor. Como mencionaba el artículo, ordenó que en su tumba hubiera «siempre» flores frescas.

Lo que escribí acerca de DiMaggio rezumaba nostalgia, cosa que también se puede decir del relato de Fitzgerald acerca de Dexter Green, el cual, una vez acabados sus días como caddie, y satisfecha su ambición de ser muy rico, un día está jugando al golf con otro hombre adinerado cuando ve a una joven que lanza la pelota a la zona de arena del *green,* y es una joven a la que había visto una década antes tomando clases cuando tenía once años y él era un caddie de catorce. Su nombre era Judy Jones, y en el relato Dexter Green se para a analizar la reaparición de esa mujer en su vida:

> Llevaba un vestido azul de algodón, adornado en el cuello y en los hombros con un ribete blanco que acentuaba su bronceado. La exageración, la delgadez, que a los once años otorgaban un toque de absurdo a sus ojos apasionados y a su boca triste, habían desaparecido. Era una belleza deslumbrante.

Naturalmente, Dexter Green se enamoraba de ella, y aunque con el tiempo ello daba paso a una excitante relación, también finalizaba de manera impulsiva cuando otro hombre, y luego otro, atraían las atenciones de la joven. Dexter Green no tardaba en trasladarse a Wall Street, aumentando así su fortuna, pero se veía obligado a concluir, tal como lo expresaba Fitzgerald, que Judy Jones:

> ... no era una muchacha a la que se pudiera «conquistar» en el sentido dinámico (...) Sólo la divertía la ratificación de sus deseos y el ejercicio directo de su propio encanto. A lo mejor, con tanto amor juvenil, con tantos jóvenes amantes, había acabado, como una forma de autodefensa, alimentándose completamente desde dentro.

Me dije que eso también se podría haber escrito de Marilyn Monroe; y de hecho, tal como los biógrafos de Fitzgerald han señalado, la Judy Jones de la ficción estaba basada en una mujer real a la que Fitzgerald había cortejado de manera ardiente, una habitual de la buena sociedad del Medio Oeste, encantadora y esquiva, llamada Ginevra

King. Creo que Joe DiMaggio y yo compartíamos algo del espíritu de Dexter Green, y también muchos hombres que conocí y con los que mantuve amistad desde que llegué por primera vez a Nueva York en 1953 para trabajar de recadero. Un mes más tarde descubrí, para mi desesperación y a pesar de mis denodados esfuerzos por hacerla cambiar de opinión, que el primer amor de mi vida —*mi* Judy Jones de Alabama— me había dejado por otro. Aunque ya ha transcurrido medio siglo desde entonces y no la he vuelto a ver, he sabido regularmente de ella —al igual que Dexter Green en «Sueños de invierno»— gracias a los comentarios y observaciones de amigos comunes que de tanto en tanto me visitan en Nueva York. Cada vez que se la menciona, dejo de pensar en cualquier otra cosa. Y después de que me ascendieran de recadero a reportero, en el número del 12 de junio de 1960 del *New York Times Magazine* publiqué un artículo acerca de los caddies que comenzaba con la descripción de Fitzgerald de lo que Dexter Green, siendo ya rico, pensaba a medida que él y sus compañeros de golf avanzaban por la pista:

> ... se descubrió mirando a los cuatro caddies que lo seguían, intentando captar una mirada, un gesto, que le recordara a sí mismo, que menguara la distancia que ahora se abría entre su presente y su pasado...

Otro escritor de ficción que influyó en mis primeros escritos como periodista fue Irwin Shaw, el cual, antes de que comenzara a publicar sus novelas que se convirtieron en *best sellers* —*El baile de los malditos, Hombre rico, hombre pobre,* y *Veneno en las ondas*— y más de ochenta relatos en diversas revistas, había sido jugador de fútbol americano en el Brooklyn College. Aportaba su conocimiento del juego a gran parte de lo que había creado con su prosa. Una vez, cuando daba clases, les dijo a los alumnos: «Escribir es un deporte de contacto intelectual, semejante en algunos aspectos al fútbol. El esfuerzo que requiere puede ser agotador, quizá no alcances la meta, y te hagas daño en casi todos los partidos; pero eso no impide que un hombre o un muchacho obtenga una especial satisfacción en el juego».

Leyendo su obra de ficción vi cómo se me abrían más posibilidades como escritor de no ficción, como reportero que, a base de construir escenas y escribir diálogos, podía relatar historias auténticas *de manera más detallada e interesante* desviándose del código formulaico imperante entonces del periodismo de las cinco preguntas (quién-qué-dónde-cuándo-por qué) y utilizar las técnicas narrativas de autores como Irwin Shaw. Mientras que mis intentos a menudo eran rechazados o reescritos por mis editores (después de haber revisado montones de mis antiguos recortes en la hemeroteca del *New York Times* en 1959 y haber subrayado ciertas palabras y frases, y garabateado al lado de ellas mi queja: «¡Yo no escribí esto!», el director del depósito insertó una nota propia: «GT: La modestia no le llevará a ninguna parte. ¡Mutilar recortes del depósito es peor que una ofensa federal!»), conseguí, gracias a cierta persuasión cortés por mi parte y a la buena voluntad de mis superiores, que se incluyera en el periódico lo que yo escribía casi palabra por palabra.

Por ejemplo, en 1958, cuando me mandaron a cubrir la pretemporada de primavera del equipo de béisbol de los Giants de San Francisco, dediqué todo un artículo a la durabilidad de los uniformes de los jugadores, señalando que al cabo de la temporada los uniformes estaban ya «demasiado gastados para la Liga Nacional, y se mandaban a las ligas menores». El mismo año escribí un perfil de diecinueve párrafos acerca de un joven boxeador llamado José Torres sin mencionar su nombre hasta el último párrafo. Del mismo modo, en 1958 cubrí un partido de béisbol universitario entre la Universidad de Nueva York y el Wagner College que se celebró en el gélido clima de principios de primavera delante de sólo dieciocho espectadores. Relaté el partido a través de la perspectiva de los espectadores, centrando mi atención, por ejemplo, en una estudiante de segundo curso de diecinueve años, morena y de ojos color avellana, llamada Gloria Maurikis, que se había quedado temblando a ver todo el partido por el cariño que le tenía al jugador de la tercera base de la Universidad de Nueva York, Dick Reilly, al que había conocido cinco meses antes en Sociología I, una asignatura obligatoria. El equipo de Nueva York dominaba 3-0 al comenzar la séptima entrada, y tal como escribí en el último párrafo: «El marcador permaneció inamovible hasta que en la séptima Reilly marcó dos más y mandó a Gloria a casa».

Escribir acerca de una joven sentada en la tribuna descubierta contemplando un acontecimiento deportivo era quizá una idea que me había apropiado, sin ser del todo consciente, después de leer abundantes escenas románticas de Irwin Shaw en las que aparecía un deportista. Hay muchas escenas así en su relato «La carrera de ochenta yardas». Los dos protagonistas principales son Christian Darling, un apuesto corredor derecho suplente de un equipo universitario del Medio Oeste, y su adinerada novia Louise, a la que se describe en el relato como la encantadora hija de un fabricante de tinta. Una soleada tarde, después de que Christian Darling haya corrido 80 yardas en un entrenamiento, Louise le espera fuera del estadio en su coche con la capota bajada; y, a medida que se acerca, ella abre la portezuela y pregunta:

—¿Has estado bien hoy?
—De fábula —dijo él. Entró, se sumió voluptuosamente en el cuero blando y estiró las piernas en toda su extensión. Sonrió, pensando en las 80 yardas—. De pura fábula.

Pero aunque Christian Darling acabará en el equipo titular gracias a lo bien que lo ha hecho durante el entrenamiento, nunca volverá a experimentar la euforia que sintió aquella tarde en concreto; o, tal como se relata con más arte en la historia:

> ... la carrera más larga que había hecho nunca era de 35 yardas, y eso en un partido que ya estaba ganado, y entonces había aparecido aquel chaval del tercer equipo, Diederich, un chaval alemán de cara inexpresiva que venía de Wisconsin y corría como un toro, abriéndose paso entre los defensas sábado tras sábado, arrasando todo a su paso, sin hacerse nunca daño, y sin cambiar jamás de expresión (...)
>
> Darling era bueno bloqueando y se pasaba los sábados por la tarde entrenando con los enormes suecos y polacos que hacían placajes y acababan jugando para Michigan, Illinois, Purdue; al final todos acababan amontonados en el suelo (...) Su tarea era abrir huecos para Diederich, que venía detrás de él como una locomotora. Sin embargo, no estaba tan mal. Todo el mundo lo apreciaba, él cumplía con su cometido y en el campus todos lo señalaban con el dedo (...) y [Louise] lo llevaba por ahí en su coche con la capota baja, porque estaba muy orgullosa de él y quería que todos supieran que era la chica de Christian Darling...

La pareja se casaba después de la graduación, a mitad de la década de 1920, y se trasladaba a Nueva York, donde el padre de Louise financiaba el coste de su apartamento en Beekman Place y montaba una oficina en la Costa Este con trescientos clientes para que su yerno la supervisara. La joven pareja vivía bien, asistía a los espectáculos de Broadway, visitaba bares clandestinos y hacía muchas nuevas amistades (algunas se referían de manera favorable al hecho de que Darling hubiese jugado de zaguero con el gran Diederich); y mientras Louise permanecía enamorada de su marido, que se mantenía en forma jugando a squash tres veces por semana, también dedicaba mucho tiempo a visitar ella sola «galerías de arte y matinales de obras más serias que no eran del gusto de Darling».

Después de la Depresión, durante la cual el padre de Louise perdía todo su dinero y se suicidaba, ella conseguía un empleo en una revista de moda femenina y se mudaban a un apartamento más barato del centro, donde él holgazaneaba durante meses y años mientras su mujer iba ascendiendo a editora y se convertía en una experta en el arte de vanguardia, la poesía, el teatro y la moda, relacionándose cada vez más con individuos a los que les interesaba poco el fútbol. Cuando su marido por fin conseguía un empleo a tiempo completo, rondando ya los treinta y cinco años, era como representante de una empresa de ropa para hombre que competía con Brooks Brothers, lo que implicaba que Darling tenía que viajar de campus en campus con sus «hombros anchos y cintura todavía estrecha (...) el pelo meticulosamente cepillado y su cara honesta y sin arrugas» para estrechar con cordialidad la mano de potenciales clientes y que éstos pensaran: «He aquí a un hombre que ha ido a la universidad». El ejecutivo que había contratado a Darling admitía que había investigado sus antecedentes y le había alegrado descubrir que se le recordaba de manera favorable en su alma máter, y que había sido compañero de equipo de Diederich.

Darling asintió.

—¿Qué le ocurrió?

—Lleva siete años caminando con una prótesis. Un aparato ortopédico de hierro. Jugaba al fútbol profesional y le partieron el cuello.

Darling sonrió. Eso, al menos, había acabado bien.

Irwin Shaw acaba su relato con una escena en la que Darling vuelve a visitar su antiguo campus y se pasea por el campo de hierba del estadio donde, quince años antes, había corrido 80 yardas.

(...) el punto culminante, una carrera de 80 yardas en un entrenamiento, y el beso de una muchacha, y después de eso, una vida cuesta abajo. Darling soltó una carcajada.
(...) Miró a su alrededor. Ése era el lugar (...) el punto culminante. Darling levantó las manos, sintió de nuevo en todo su cuerpo el impacto sordo de la pelota. Sacudió las caderas (...) corrió fácilmente, ganando velocidad, durante 10 yardas, sujetando la pelota ligera con las dos manos (...) sus zapatos producían un pesado tamborileo (...)
Sólo después de haber sobrepasado la línea de meta y haber transformado su carrera en un trote, vio a un muchacho y una muchacha sentados sobre el césped uno junto al otro, mirando asombrados. Se detuvo en seco y bajó los brazos.
—Yo... —dijo, jadeando ligeramente, aunque estaba en buena forma y la carrera no le había dejado sin resuello—. Yo... una vez jugué aquí.
La pareja no dijo nada. Darling soltó una carcajada un tanto azorado, los miró fijamente, allí sentados, tan juntos, se encogió de hombros, se dio la vuelta y se dirigió hacia su hotel, mientras el sudor le caía por la cara y se colaba bajo el cuello de su camisa.

La primera vez que acabé de leer «La carrera de ochenta yardas», me eché a llorar, pensando en lo triste que era la historia, y en que probablemente era real, aunque en ese punto de mi carrera sabía muy poco de cómo envejecen los deportistas. Como escritor principiante en la sección de Deportes del *New York Times* a mediados de la década de 1950, y antes de eso como colaborador de la sección de Deportes del periódico de mi facultad y del semanario de mi ciudad natal, había entrevistado sobre todo a deportistas que eran más o menos de mi edad. Pero en los sesenta, mientras me acercaba a la treintena, y me concentraba menos en el periodismo diario y más en escribir para revistas —cosa que me permitía más espacio y tiempo, sobre todo en las páginas mensuales de *Esquire*—, podía dedicarme a lo que más me interesaba: escribir perfiles de personas cuyas experiencias con el éxito y el fracaso ampliaran mi capacidad para contar historias, y escribir escenas que alternaran el pasado y el presente.

Los boxeadores tenían para mí un atractivo especial, y este libro relata la vida de tres de ellos en períodos posteriores a su reinado como campeones de los pesos pesados. Encontramos a Muhammad Ali entrando en la mediana edad mientras combate los efectos de la enfermedad de Parkinson; a Floyd Patterson buscando ocultar su identidad y la humillación que siente tras cada ridículo en el cuadrilátero, cubriéndose la cara con patillas y bigotes postizos mientras va por la calle; y al excampeón de cuarenta y ocho años Joe Louis intentando encontrar satisfacción conyugal con su tercera esposa mientras lleva una rutina diaria que consiste sobre todo en ver la televisión y jugar al golf. Entrevisté a Louis en 1962, durante una de sus visitas a Nueva York, y después de haberle acompañado en el vuelo de vuelta a Los Ángeles, donde residía, mi relato comenzaba así:

—¡Hola, cariño! —saludó Joe Louis a su mujer, al distinguirla en el aeropuerto de Los Ángeles, donde ella lo esperaba. Joe Louis volvía de Nueva York.

Su mujer sonrió, anduvo hacia él, y estaba a punto de ponerse de puntillas para besarlo... pero de pronto se detuvo.

—Joe —dijo—, ¿dónde está tu corbata?

—Verás, cariño —contestó él, encogiéndose de hombros—, ayer no me acosté en toda la noche y no tuve tiempo de...

—¡No te acostaste en toda la noche! —lo interrumpió—. Cuando estás en casa, todo lo que haces es dormir, dormir y dormir.

—Querida —dijo Joe Louis, con una sonrisa cansada—. Soy un anciano.

—Sí —coincidió su mujer—, pero cuando te vas a Nueva York, intentas volver a ser joven.

Cruzaron lentamente el vestíbulo del aeropuerto en dirección a su coche, seguidos por un mozo con el equipaje de Joe...

Tom Wolfe leyó este artículo en el *Esquire* en 1962 —se titulaba: «Joe Louis: el rey en la mediana edad»—, y lo celebró como un ejemplo pionero de lo que él denominaba «El Nuevo Periodismo». Pero yo no me sentía del todo feliz con que me señalaran como fundador del así llamado Nuevo Periodismo, porque jamás había pensado que lo que estaba haciendo fuera especialmente «nuevo». En mi caso, se basaba en el reportaje de toda la vida, mucho trabajo de campo, combinado con mucha paciencia y una cortés perseverancia; y si había que atribuir a alguien la forma y la dirección del estilo de mi escritura, era a esos escritores de ficción que ya he citado al principio de estas páginas introductorias: Carson McCullers, F. Scott Fitzgerald e Irwin Shaw.

En el último párrafo de mi artículo de 1966 del *Esquire* sobre Joe DiMaggio —cuyo título, «El silencio del héroe», se repite en la portada de este libro—, relato cómo algunos reporteros se habían congregado detrás de la jaula de bateo del campo de entrenamiento de los Yankees de Fort Lauderdale, Florida, para contemplar cómo el Joe DiMaggio de cincuenta y un años respondía a Vern Benson, un lanzador que estaba entrenando, que acababa de decirle:

—Joe, ¿no quieres golpear algunas bolas?

—Ni hablar —dijo DiMaggio.

—Vamos, Joe —dijo Benson.

Los reporteros esperaban en silencio. Entonces Di-Maggio entró muy despacio en la jaula y recogió el bate de Mantle. Se colocó en la base meta, aunque evidentemente ésa no era la clásica postura de DiMaggio; sujetaba el bate a cinco centímetros del puño, no separaba los pies tanto como antes, y cuando DiMaggio intentó golpear el primer lanzamiento de Benson y falló, no continuó el giro con aire feroz como solía hacer, el bate borroso no trazó toda la circunferencia, el número 5 no se extendió a lo largo de toda la longitud de su ancha espalda.

DiMaggio falló el segundo lanzamiento de Benson, pero le dio de pleno en el tercero, el cuarto y el quinto. Encontraba la pelota con facilidad, pero no la golpeaba con fuerza, y Benson le gritó:

—No sabía que fueras un bateador blandengue.

—Ahora lo soy —dijo DiMaggio, preparado para otro lanzamiento.

Impactó de pleno en los tres siguientes, y al cuarto se oyó un sonido hueco.

—Auu —chilló DiMaggio, dejando caer el bate con un escozor en los dedos—. Ya me lo veía venir.

Salió de la jaula frotándose las manos. Los reporteros se lo quedaron mirando. Nadie dijo nada. Entonces DiMaggio le dijo a uno de ellos, no enfadado ni triste, sino como una simple constatación:

—Hubo una época en que no me habríais sacado de la jaula ni a tiros.

Cuando oí decir eso a DiMaggio, en compañía de aquellos otros reporteros, pensé otra vez en el último párrafo del relato de Irwin Shaw, «La carrera de ochenta yardas», en la que el antiguo corredor, Christian Darling, regresa al estadio, repite sus pasos de quince años antes, y...

Sólo después de haber sobrepasado la línea de meta y haber transformado su carrera en un trote, vio a un muchacho y una muchacha sentados sobre el césped uno junto al otro, mirando asombrados. Se detuvo en seco, bajando los brazos.

—Yo... —dijo, jadeando ligeramente, aunque estaba en buena forma y la carrera no le había dejado sin resuello—. Yo... una vez jugué aquí.

Para finalizar esta introducción me gustaría dar las gracias a dos personas que han contribuido mucho a la existencia de este libro: su editor, George Gibson, cuya idea era recoger mis escritos sobre deporte, y Mike Rosenwald, del *Washington Post*, que los escogió, y cuyos comentarios sobre ellos aparecen a continuación.

El deporte según Gay

Gay Talese creció en Ocean City, Nueva Jersey, una población turística costera a un par de horas en coche de la ciudad de Nueva York. Su padre era sastre, y su madre vendía vestidos, y en su pequeña tienda, Talese Town Shop, ubicada justo debajo del apartamento donde vivían, mimaban a sus clientes. Talese era un intruso en la escuela, de manera no muy distinta a sus padres, católicos italoamericanos que se ganaban la vida en una antigua población protestante. Mientras sus compañeros de clase vestían chaquetones marineros, Talese vestía ropa buena y a medida —y siempre, chaqueta y corbata— que su padre confeccionaba en la tienda. Talese recuerda que décadas después, en una reunión de antiguos alumnos, sus compañeros de clase dijeron que en aquella época lo encontraban «distante», «estrafalario» y «como de otro mundo». Talese sacaba unas notas malísimas. Incluso suspendió inglés. «La verdad es que no había nada que me fuera bien», pensaba.

Su perspectiva cambia el día en que Lorin Angevine, editor del semanario de su población, el *Sentinel-Ledger,* cliente habitual de la tienda, sugirió al padre de Talese que su díscolo hijo enviara algún artículo a la revista. Talese se había interesado por los relatos breves tras descubrir una recopilación de Maupassant en su casa, que le llevó a componer algunos artículos aquí y allá para la revista del instituto. Le encantaba ver su nombre en letras de molde, de manera que fue a ver a Angevine, que le ofreció una columna titulada «Noticias del Instituto», con un salario de 10 centavos por pulgada de columna. «El primer golpe de suerte que tuve en mi vida consistió en trabajar para el semanario de mi población, pues me indicó cuál podía ser mi carrera profesional —dice Talese—. La verdad es que no tenía ninguna en perspectiva. No iba a ser sastre, porque el negocio de la sastrería se estaba muriendo».

Talese, totalmente ajeno a la vida social de la escuela, asistía a los bailes como reportero más que como un joven acompañado de su novia, y describía quién llevaba qué y quién se paseaba del brazo del capitán del equipo de fútbol. Aunque sabía batear, sus aportaciones a la escena deportiva de su localidad procedían sobre todo de su máquina de escribir. Escribía una columna popular llamada «Cosas del deporte». Al echar un vistazo a esos primeros intentos, atisbamos la sempiterna obsesión de Talese por los marginados y perdedores, y también su compasión. «Tiros cortos en distintas secciones», del 23 de diciembre de 1948, trata de un jugador de baloncesto novato que mide 1,97 y que entra en una pista por primera vez. Como no tiene ni idea del juego, pero es más alto que los demás jugadores, el entrenador le da orden al torpe gigantón de que permanezca debajo de la canasta y espere a que sus compañeros de equipo le pasen la bola. «No recogió muchos pases y no anotó, pero sigue aprendiendo —escribió Talese—, y poniendo voluntad».

A Talese le rechazaron todas las universidades de la región. Un cliente de su padre que se había graduado en la Universidad de Alabama hizo algunas llamadas telefónicas a la oficina de admisión de Tuscaloosa, y Talese fue aceptado unas semanas más tarde, sin saber que había solicitado el ingreso. En el trayecto en tren, Talese leyó una novela de Irwin Shaw, uno de sus escritores preferidos. Aunque no le eligieron editor deportivo del *Crimson-White* hasta su tercer año, en las asignaturas de Periodismo desde buen principio resistió los esfuerzos de sus profesores por inculcarle en su escritura la fórmula de quién-qué-cuándo-dónde-por qué del periodismo diario, incorporando a sus relatos las herramientas de los escritores de ficción: escena, personajes, diálogo, narración.

En sus columnas para el *Crimson-White,* y posteriormente en su columna «El deporte según Gay», Talese se interesó poco por el marcador final y más por los personajes que practicaban los deportes. Una vez escribió que la columna «estaba inspirada, casi hasta el plagio, en el romanticismo agridulce de los relatos de Irwin Shaw en el *New Yorker* y las líricas cavilaciones deportivas sobre el deporte de Red Smith en el *New York Herald-Tribune*». Por lo general, los perdedores eran siempre un tema más atractivo que los ganadores, y en esos retratos comienza a aparecer la voz ahora singular de Talese —diestra, precisa, amable, a veces formal, a veces ocurrente—. En un relato sobre la apabullante derrota de un equipo de fútbol americano, Talese describió a los jugadores en el vestuario como «cubiertos con pantalón corto, una toalla o nada». Acerca del primer entrenamiento de una temporada, Talese escribió: «Un sábado por la tarde, a las tres y media, bajo el granizo, un frío viento, a una temperatura de 1 grado bajo cero, el entrenador Harold "Red" Drew hizo sonar suavemente el silbato, y ochenta hombretones becados de Alabama comenzaron a atizarse y a acometerse de manera violenta». Talese se graduó en 1953, regresó al norte y consiguió un trabajo de chico de los recados en el *New York Times.*

MICHAEL ROSENWALD

Tiros cortos en distintas secciones
Ocean City Sentinel-Ledger, 1948

Es posible que el viernes por la noche vieran a ese chaval alto y torpón en la cancha de baloncesto, en el partido de novatos que precedió el encuentro contra Millville. Es posible que se fijaran en cómo el público le tomaba el pelo. Era evidente que no sabía mucho de baloncesto, ¿verdad? ¿Y quién sabe algo, cuando juega por primera vez?

Ese muchacho alto es Leslie Kelley, un novato de 1,97 que viene del interior del estado. John Carey, el entrenador de los novatos, dice que Kelley todavía no ha dejado de crecer. El viernes por la noche era la primera vez que estaba en una cancha de baloncesto durante un partido. No hizo nada más que permanecer bajo el aro del otro equipo, tal como el entrenador Carey le había indicado, esperando que sus compañeros le pasaran la pelota para poder colarla en la cesta.

No recogió muchos pases y no anotó, pero sigue aprendiendo, y poniendo voluntad. Y desde luego, hay que quitarse el sombrero ante su determinación para seguir en la pista, sobre todo cuando los espectadores se lo pasan bomba contemplando cómo metes la pata.

Sí, el chico ahora es torpe, pero es joven, ¡y quién sabe! Al igual que cualquier otro, puede acabar siendo un jugador de baloncesto. Un novato de 1,97, que puede acabar midiendo 2,10, podría resultar tremendamente valioso para cualquier equipo cuando aprenda a jugar.

Por ejemplo, Bob Kurland —a quien apodaban «la Montaña»— de joven tampoco era lo que se dice la viva imagen de la elegancia y la coordinación, pero el entrenamiento y la paciencia le convirtieron en una estrella.

¡No, no diremos que Kelley vaya a acabar convirtiéndose en un Bob Kurland!

Si creéis que Joe Verdeur, el invencible campeón de natación a braza, nació en una piscina, y fue un niño prodigio del agua, os equivocáis ni más ni menos que de parte a parte.

Verdeur, lo creáis o no, le tenía tanto miedo al agua que no se acercó a una piscina hasta los quince años. (¡A ver qué te parece esto, Ripley!)[*]

Rechazó la oferta de Yale en favor de LaSalle, a fin de poder quedarse en casa y ayudar a mantener a su madre, viuda.

A Chuck «la Garra» Bednarik se le podría denominar el miembro principal de la liga del banquete. El central de Penn ha asistido a las cenas futbolísticas y a las reuniones del equipo desde que la temporada acabó para Penn.

¡Y este americano de pies a cabeza sabe lo que es comer! El pasado miércoles apenas se zampó para cenar dos menús y tres raciones de postre. (No tenía mucha hambre.)

Los errores en los pases no han mejorado mucho para los hombres de Carey. En los últimos dos partidos (Pleasantville y Millville) apenas se percibió una leve mejora... muy leve, de hecho.

En esos dos partidos sólo anotaron 12 tiros de 34. Si lo sumamos a la media de la temporada, el equipo del insti-

---

* Elmer H. Ripley (1891-1982) fue un famoso entrenador de baloncesto universitario y profesional de la época. *(N. del T.)*

tuto local posee una media de menos de un tercio de lanzamientos acertados. Sólo han anotado 21 de 66 intentos.

The Somers Point Chiefs, que cuentan con el respaldo de Frank DeFeo, llevan cuatro partidos sin perder. En su primer año bajo la tutela de DeFeo, los Chiefs lo están haciendo bastante bien. Jack Gerety es su mánager, y hasta ahora Jack Gerety y Bill Carrol han marcado muy bien el ritmo de ataque.

El lunes llegaron al instituto dos hermosos trofeos. Los ganaron el equipo de fútbol universitario y el equipo de fútbol de secundaria, después de derrotar ambos a Cape May County.

Este año va a haber balones de oro para los campeones. Los diecisiete anotadores del campeonato universitario, además del mánager, los entrenadores, y el doctor Howard Hudson, médico del equipo, recibirán estos balones de oro tras haber derrotado a South Jersey. En cada uno de los balones se inscribirá el nombre del jugador, la posición que ocupa, etcétera.

Las competiciones de liga interna ya están en marcha. El baloncesto comenzará cuando los estudiantes vuelvan a la escuela, al igual que la natación. La de fútbol europeo ya ha terminado, y la de voleibol prácticamente también.

Hasta el momento, en la liga sénior, el equipo del instituto, capitaneado por Joe Avis, va líder con 18 puntos. Hasta el momento, este equipo está desempeñando un buen papel en todos los deportes. Ha acabado compartiendo el cuarto puesto en fútbol americano, va segundo en fútbol europeo, está entre los primeros en voleibol, y ganó en tenis. El equipo universitario, capitaneado por Bill Redrow, va en segunda posición con 15 puntos.

El equipo del instituto permanece invicto, con una serie de cuatro victorias seguidas. Ha derrotado a Egg Harbor por 49-22; a Pleasantville por 51-33; a Millville por 39-21; y a Penn Charter por 26-25.

Franny Townsend, Bill Corson, John Haines, todos ellos exjugadores del segundo año del equipo de Carey, juegan ya con equipos preuniversitarios o universitarios.

Townsend, que fue el máximo anotador local el año pasado, está en el equipo preuniversitario de Pennington. Haines ha conseguido entrar en el de Springfield, mientras que Corson está en el de Mercersberg.

Un diálogo sobre baloncesto
con Angelo Musi
Ocean City Sentinel-Ledger, 1949

Marty Glickman, el comentarista de baloncesto del Madison Square Garden, estaba retransmitiendo el partido de baloncesto profesional de la BAA entre los Warriors y los Knickerbockers. «Los Warriors llegan rápidamente al campo de ataque. Musi lleva la pelota, se prepara... lanza... ¡Y acierta! ¡Igual que el refresco de naranjas recién exprimidas Nedick!» Si el antiguo tirador de los Filadelfia Warriors, un hombre menudo con ojos de águila, es tan bueno —o mejor— que la mencionada bebida resulta totalmente irrelevante, pero no hay más que preguntar a cualquier hincha de los Warriors durante la temporada de baloncesto para descubrir que el jugador más menudo de la Basketball Association of America es sin duda el primer espada en el ataque de Filadelfia. Sus canastas desde el exterior, que van cayendo con extraordinaria precisión, han hecho que los espectadores hablen y se queden asombrados del «Pequeño Número 5», y se pregunten unos a otros por qué ese chaval es tan bueno.

Intenté descubrir un poco más acerca del señor Musi en una agradable entrevista que tuvo lugar el sábado pasado en su apartamento de la confluencia de la 17 con Asbury. Descubrí que Angelo es un tipo de lo más simpático, con una personalidad agradable, modesta e inteligente. Vive entregado a su bella esposa y a su hijo de dos años, y da la impresión de que nada le gusta tanto en el mundo como relajarse en su casa con ellos.

—¿Cómo les va a ir a los Warriors esta temporada? —pregunté.

—Todavía no puedo decirlo —me contestó—. El único jugador que han fichado es George Senesky. Este año la liga será dura, pues va a contar con quince equipos fuertes. Vern Gardener, que viene del Utah, nos ayudará mucho.

Los Warriors comenzarán a entrenar el 1 de octubre en Hershey. Por lo general, los jugadores profesionales no vuelven a encontrarse con el aro hasta finales de agosto. Angelo practicará muchos lanzamientos una o dos veces por semana desde ahora hasta octubre.

Musi fue a la Escuela Secundaria Overbrook, y fue allí donde pasó muchas horas practicando los tiros en suspensión. Posteriormente asistió a la escuela preparatoria Brown, desde donde pasó a Temple en 1938. El primer año en la universidad ya entró en el equipo. También era un buen jugador de béisbol, lo bastante bueno como para que lo nombraran capitán del equipo en tercer año, cuando jugaba como segunda base. Después de graduarse en Temple (se licenció en Contabilidad) jugó dos años en la liga de baloncesto profesional con Wilmington, de la American League. Fue un hombre clave para el equipo a la hora de llevar a Wilmington al título, derrotando a los Spahs de Eddie Gottlieb (actual entrenador de los Warriors) en un reñido final de campeonato.

En noviembre del 46 llegó a Filadelfia en la primera temporada de la Basketball Association of America.

Al igual que todos los jugadores profesionales y los hinchas, Angelo es un admirador del famoso Joe Fulks, su compañero de equipo. Considera que Joe está destinado a pasar a la historia del baloncesto como uno de los jugadores más grandes.

Le pregunté quién era el jugador más difícil de defender del campeonato.

—Yo diría que George Mikan —me contestó—. Debido a su estatura es muy difícil que un escolta lo marque.

Cuando le pregunté a qué equipo de la liga les había costado más derrotar, me contestó que Fort Wayne. En toda la temporada anterior, los Warriors no consiguieron derrotar al equipo de Fort Wayne.

En realidad, Angelo no es tan bajito como parece cuando está en la cancha de baloncesto. Mide 1,72, pero cuando se encuentra al lado de otros nueve rascacielos, da la impresión de que está metido dentro de una agujero.

—¿En qué cancha encontrasteis los seguidores más duros la temporada pasada, como equipo visitante? —le pregunté.

—Bueno, creo que los más duros de todos fueron los de St. Louis —dijo—. Aunque nuestros hinchas de Filadelfia también son bastante duros con los equipos contrarios.

Cuando le pregunté cuál era la mejor cancha de todas, me contestó:

—El Arena de Filadelfia es muy buena. Otra es el Boston Garden.

Los Warriors viajan a las otras ciudades de la liga en avión, excepto a Nueva York, Baltimore y Washington, donde van en tren.

Me interesaba saber si había algún «gracioso» en el equipo de Filadelfia.

—Ya no —me dijo—, pero durante una época tuvimos a un tipo que se llamaba Petey Rosenberg. Era bastante gracioso. Ahora está retirado. Casi todos los jugadores son gente normal.

—¿Hay algún momento de gloria que recuerdes por encima de los demás? —pregunté.

—Bien, veamos —dijo mientras cavilaba—. Mi año de novato en Temple. Jugábamos contra el Wyoming Seminary. Yo sólo jugué medio partido, pero anoté 80 puntos. Aquella noche fue tremenda. También me acuerdo del partido contra los Maple Leaf de Toronto, en mi primer año en la BAA, cuando conseguí trece canastas.

Cuando le pedí que comparara el baloncesto actual con el de antaño (la época de los Boston Celtics), me replicó:

—Bueno, el baloncesto actual es más rápido y más atractivo para el espectador. En aquella época no hubieran conseguido reunir a quince mil espectadores en una noche.

Al «Señor Media Distancia» de los Warriors le encanta Ocean City. Me habló del estupendo equipo de baloncesto que tenía el Ocean City High la pasada temporada.

Cuando me di cuenta de que ya no tenía más preguntas que formularle, me fui de casa de los Musi, no sin que antes me invitara a pasarme otro día.

Una vez hubo finalizado la entrevista, Angelo se puso a jugar con el pequeño Tommy, algo que le encanta tanto como (o quizá más que) encestar sus tiros en suspensión desde la línea roja o desde mitad de campo en el Arena: esos hermosos lanzamientos que se acumulan para formar los valiosísimos puntos que les dan la victoria a los Warriors mientras los hinchas de Filadelfia gritan: «¡Viva Angelo!».

Éste es el equipo ideal de la BAA para Angelo Musi:

Joe Fulks .... Filadelfia
George Mikan ...... Minneapolis
Max Zaslofsky ...... Chicago
Bob Davies .... Rochester
Bob Ferrick .... Washington

El vestuario
Crimson-White, 1952

Atlanta: el vapor que salía de las duchas teñía el vestuario de Alabama de un oscuro matiz gris mientras el decepcionante equipo de los Crimson Tide, que había jugado su mejor partido de la temporada, se lamentaba de la derrota por 7-3 contra el invicto Georgia Tech.

Fuera, el sol se ponía sobre Grant Field, que había sido el escenario de una batalla de fútbol americano de esas que machacan los huesos y atacan los nervios. El partido había sido vibrante y salvaje. Habían asistido cuarenta mil hinchas entusiastas en mangas de camisa, y millones de espectadores habían permanecido ante la televisión tensos y fascinados durante cada uno de los minutos del partido, hasta quedar agotados al término de éste.

Pero ahora, tras la puerta cerrada del vestuario del equipo de Alabama, la encarnizada lucha había terminado. Todo estaba tranquilo.

—En el primer cuarto sólo nos faltó esto —dijo con voz triste Clell Hobson, el quarterback, mientras se desplomaba sobre el banco del vestuario y mantenía las manos separadas un palmo—. Nos quedamos a sólo un palmo de la línea de Georgia Tech, ¡tan cerca que podía oler las flores de la Orange Bowl!

Junto a la puerta del vestuario, el entrenador Harold «Red» Drew, con su sombrero marrón ligeramente inclinado y su camisa deportiva verde abierta en el cuello, hablaba con los periodistas. No le apetecía hablar, pero lo hacía de todos modos.

—Claro que pensé que íbamos a marcar —le contestó Drew a un periodista que le había preguntado si fallar la falta que les habían pitado a favor con el tiempo cumplido dentro de la línea de 20 yardas había liquidado las opciones de ganar de Alabama—. Yo siempre pienso que vamos a marcar cuando nos movemos dentro de la línea de 20 yardas... ¿Si creo que su defensa era buena? Me ha derrotado, ¿no? ¿Qué otra cosa podría pensar?

Los jugadores de Alabama, cubiertos con pantalón corto, una toalla o nada, hablaban entre ellos con comprensible amargura y gran decepción.

—Deberíamos haber ganado, Punchy, deberíamos haber ganado —le decía el guardia Bob Wilga a su compañero Ralph Carrigan, que juega de apoyador.

—La semana que viene tenemos que DERROTAR a Maryland —contestó Carrigan.

—Ojalá pudiéramos volver a jugar contra ellos —añadió el ala Hirle Ivy, negando lentamente con la cabeza.

En el rincón, un periodista de Atlanta estaba charlando con el corredor Bobby Marlow, que se había tomado la derrota muy mal y apenas abría la boca. El padre de Marlow estaba a un lado, sujetando la chaqueta de Bobby.

—¿Realmente esperabas encontrar una defensa en equipo tan buena en Tech, Bobby? —preguntó el reportero mientras echaba el brazo sobre el hombro descubierto de Marlow.

—Sí.

—¿Te... te sorprendió un... un poco, Bobby, lo bien que ha jugado Alabama y que casi ganara el partido?

—No —contestó Bobby.

—¿Creías que Alabama iba a marcar en el último período?

—Sí —dijo Bobby.

El reportero dio por finalizada la entrevista y resumió las declaraciones de Marlow de la siguiente manera:

«Georgia Tech es bueno defensivamente, pero no tan imbatible como el equipo del año pasado».

El entrenador de los alas, Malcolm Laney, estaba apoyado contra el baúl de equipamiento del acalorado vestuario y dijo con sinceridad:

—Nunca había visto en nuestro equipo un espíritu mejor ni un juego mejor en equipo, ni tantas ganas de ganar. Nuestros chicos han estado formidables.

El grandote y duro interior George Morris, el jugador de Tech que figura en el equipo ideal de la liga, entró más tarde en el vestuario y les dijo a los jugadores de Alabama:

—Habéis jugado el mejor partido que he visto en dos años. Ha sido el partido más duro desde que nos disteis una paliza en este mismo estadio hace dos años.

Algunos jugadores caminaban como almas en pena. Otros se vistieron rápidamente y fueron a reunirse con sus padres y amigos, que los esperaban afuera. Alguien trajo la noticia de que Ole Miss acababa de derrotar al imbatido equipo de Maryland en Oxford, Misisipí, por 21-14. Eso NO era lo que los jugadores de Alabama querían oír. Eso significaba que la poderosa Conferencia del Sureste tenía tres equipos en los partidos de la Bowl de postemporada (Ole Miss, Tech y Tenn). ¿Cuáles eran entonces las opciones de Alabama para la Bowl? ¿Elegiría el comité de la Orange Bowl un cuarto equipo para la Conferencia del Sureste? Esta cuestión todavía no tenía respuesta cuando estas páginas entraron en máquinas.

—¡Ojalá el comité de la Orange Bowl espere un poco! —dijo Jess Richardson—. ¡Sólo con que derrotáramos a Maryland... tendríamos una oportunidad!

Cuarenta y ocho jugadores embarcaron en los aviones del aeropuerto de Atlanta y regresaron a Tuscaloosa en silencio, pensando en todos los «y si...» que podrían haberse dado en esta batalla ocurrida en 1952 entre Alabama y Tech... «SI Marlow hubiera marcado...» «SI hubiéramos impedido que Dick Pretz marcara para los Tech...» «SI el último pase de Hobson en la línea de las 5 yardas hubiera llegado a su destino...» «SI hubiéramos marcado en la falta que nos pitaron en las 15 yardas...» «SI-SI-SI»... Se pasarían la semana hablando de los «SI».

Pero en la soleada Atlanta, el sábado tuvo lugar un fabuloso partido de fútbol.

Una tarde en el campo de fútbol
Crimson-White, 1953

Un sábado por la tarde a las tres y media, bajo el granizo, un frío viento, a una temperatura de 1 grado bajo cero, el entrenador Harold «Red» Drew hizo sonar suavemente el silbato, y ochenta hombretones becados de Alabama comenzaron a atizarse y a acometerse de manera violenta. El sábado fue la primera sesión de contacto auténtica de la pretemporada de veinte días de primavera. Las líneas de banda estaban flanqueadas de curiosos hinchas de Tuscaloosa y de la universidad, interesados en echar un primer vistazo al equipo de Crimson Tide del próximo otoño.

Enfundado en una chaqueta de lanzador de color verde, una gorra azul de béisbol, y exhibiendo una rubicunda sonrisa, Drew no se andaba con carantoñas aquella tarde de perros. La semana anterior, había llovido durante dos días seguidos durante las sesiones de entrenamiento, el campo se había convertido en lodazal, y la pretemporada iba con retraso.

—Tenemos mucho trabajo que hacer —advirtió Drew. El equipo salió del vestuario del gimnasio, cruzó trotando la calle, pasó ante las miradas del instituto mixto Adams-Parker, y entró en el Thomas Field.

Cuando los entrenamientos comenzaron el sábado, una cosa era segura. El equipo de entrenadores de Alabama no había perdido la voz.

—Vamos, demonios, Barnes —le chilló Drew al corredor novato de Montgomery, Robert Barnes, detenido y derribado por el inmenso brazo del guardia Bob Wilga—. ¡Tropezarías con una brizna de hierba!

Los jugadores se habían dividido en cuatro equipos, todos ellos con camisetas de colores distintos. Estaban los «Rojos», los «Blancos», los «Amarillos» y los «Verdes».

Conforme transcurría la tarde, el ritmo de las melés se duplicó, los placajes fueron el doble de brutales, y los entrenadores parecía gritar el doble de fuerte.

Bart Starr, quarterback, estaba acurrucado tras el central en la formación en T y hacía señales. Los apoyadores que tenía delante se atrincheraron, dispuestos a aplastar cabezas. La pelota se puso en movimiento. Starr retrocedió, hizo la finta de entregársela al corredor Bobby Luna y se la pasó al apuesto Corky Tharp. Tharp recibió el impacto de un fuerte placaje defensivo, tropezó y acabó en el barro.

—¡Levántate! ¡Levántate! Tharp —vociferó Drew—. ¡En el suelo no sirves de nada!

—Vamos, Corky. Vamos, Corky —aulló el paternal entrenador de defensas Happy Campbell.

—Tus alas NO estaban bloqueando —intervino el amable entrenador de alas Malcolm Laney, al tiempo que dirigía una mirada lastimera al alto ala despatarrado en la tierra húmeda.

El veterano entrenador de jugadores de melé, Hank Crisp, sacudió la cabeza indignado. Por un momento vaciló, a continuación miró severamente a los dos apoyadores postrados, y chilló:

—¡ESTO NO ES UN JUEGO DE CRÍOS! Después del entrenamiento daréis diez vueltas alrededor del campo. ¡¡SÍ, VOSOTROS!!

A medida que las melés se iban haciendo más violentas, todos se acaloraban. El gigantesco placador Billy Shipp —1,90, 125 kilos y que es de Mobile— se enzarzó en un breve rifirrafe con el violento defensa Ralph Carrigan, y pareció que los dos escenificarían unos cuantos asaltos de boxeo.

Tres compañeros de equipo saltaron sobre el placador y lo apartaron de Carrigan. Este último tenía el brazo izquierdo doblado y el puño cerrado para lanzar un rápido puñetazo (por si acaso).

(Por discreción, se ha omitido el diálogo.)

(P.S.: Los dos vuelven a ser amigos.)

Más tarde, durante el entrenamiento, el central John Snoderly, un novato de Montgomery, recibió un golpe tan fuerte en uno de los saques que se quedó frito y hubo que sacarlo del campo en camilla. Pasó la noche en el hospital, pero el domingo estaba de vuelta sin ninguna conmoción. Hoy volverá al trabajo.

Al cabo de dos horas de practicar la melé, Drew hizo sonar el silbato. Ahora hacía más frío. El entrenamiento había acabado.

¿Quién dice que los jugadores de fútbol americano llevan una vida regalada?

El bateador .200

En enero de 1956, el teniente Gay J. Talese, destinado en la Oficina de Prensa del Ejército en Fort Knox, recibió una carta del editor de Deportes del *New York Times* Raymond J. Kelly, en la que le prometía que cuando acabara su servicio militar «vendrás a la sección de Deportes como reportero a prueba». Talese había hecho un buen trabajo como recadero en el periódico después de graduarse en la Universidad de Alabama, y había impresionado a sus superiores con sus escritos antes de que el ejército le nombrara oficial. «No me cabe la menor duda de que triunfará —añadía la carta—. Es usted un escritor de primera categoría, y espero que con el tiempo se convierta en uno de los mejores hombres de mi redacción. Mientras tanto, manténgase al día de las noticias deportivas».

Cuando llegó para trabajar como periodista deportivo, Talese llevó su cuaderno de notas en dirección opuesta a las noticias. Evitaba encargos que pudieran acabar en primera página, donde sabía que la noticia era más importante que el relato. Talese quería construir sus propias historias, escribir relatos que fueran verdaderos acerca de personajes desconocidos e ignorados por la prensa y por los grandes escritores de no ficción del momento.

Encontró personajes como Ruby Goldstein, un árbitro de boxeo que era «el tipo más solitario del boxeo», que había roto con todos sus amigos del mundillo para mantener su integridad, y una *troupe* de luchadores enanos que se desplazaban en un Cadillac «en el que caben cómodamente ocho enanos y un conductor». Talese construyó sus relatos verídicos con la voz formal y sin embargo no exenta de humor que ha llegado a definir su trabajo. La estrella del roller derby Gerry Murray era «una mujer de abundantes curvas que rondaba los cuarenta con el refinamiento de un matón de los muelles». Acerca de Mike Gillian, fabricante de herraduras, Talese escribió: «Muchos de los caballos campeones que han corrido esta semana por el Madison Square Garden llevan años comprando el calzado de Gillian».

Aunque Talese a menudo afirma que Fitzgerald, Shaw y O'Hara fueron su inspiración, habría que añadir otro nombre a la lista: Gilbert Millstein, alguien que casi nadie recuerda. Millstein fue editor de la sección dominical del *New York Times*. Él también escribía un poco, y Talese admiraba su estilo formal, sobre todo sus introducciones, que se alargaban durante párrafos y párrafos. «Le decía lo grande que era —nos cuenta Talese—. Me convertí en un protegido suyo». Millstein editó muchos de los artículos de Talese para la revista dominical del periódico. «Recuerdo que una vez leí que Hemingway rehacía una y otra vez sus frases para darles tensión, con lo que todo acababa siendo tan esencial que no podías añadir ni quitar nada sin que el conjunto se desmoronara, y vi hacer eso mismo a Millstein con uno de mis textos —recuerda Talese—. Eliminaba algunas palabras y lo tensaba todo. Dios, esto es maravilloso, pensaba».

Animado por Millstein, Talese comenzó a arriesgarse cada vez más con sus relatos. No siempre conseguía convencer a sus editores, y acabó apodándose a sí mismo un bateador .200: un jugador de béisbol que consigue un sencillo* 2 veces de cada 10. Pero cuando se arriesgaba y conseguía salir adelante, los relatos de Talese no se parecían a nada de lo que se publicaba en el *New York Times*. Uno de sus relatos más destacados apareció el 12 de octubre de 1958. En «Retrato de un joven púgil», el perfil que hizo Talese de

---

* Un sencillo es un golpe dado por el bateador que le permite avanzar una base. *(N. del. T.)*

José Torres, no revela el nombre del luchador hasta el último párrafo. «A los veintidós años —escribió Talese—, el púgil tiene unos ojos tristes y oscuros. Exhibe unas cicatrices faciales pequeñas e irregulares y una nariz aplastada que ha recibido los golpes de desconocidos boxeadores amateurs cuyos nombres ya ha olvidado». El relato que escribió acerca de Torres —y los que escribió acerca del fabricante de herraduras, la campeona de roller derby, y muchos otros— era tan distinto que muchos reporteros pensaban que se lo inventaba. Sin embargo, lo que hacía era, simplemente, mirar donde los demás reporteros no miraban: en los rincones, en las sombras.

MR

El tipo más solitario del boxeo
New York Times, 1957

Cuando Ruby Goldstein era un boxeador de los pesos ligeros, hace de eso más o menos una generación, era el niño mimado del Lower East Side, y algunas personas lo llamaban la Joya del Gueto y el Paderewski de los Guantes. Sólo con que hubiera sido capaz de encajar un puñetazo tan bien como lo daba, quizá habría conseguido llegar a campeón, pero a veces parecía que tenía la mandíbula hecha de porcelana de Dresde. Cuando Ace Hudkins lo tumbó en 1926, alguien dijo que Ruby Goldstein se desplomó «igual que alguien que cae de un edificio». Aquel puñetazo cambió el curso de toda su vida. Se apagó como boxeador, y dos años más tarde se hizo árbitro. En la actualidad se considera a Ruby Goldstein el mejor árbitro del boxeo. Allí donde va, miles de aficionados le observan en el cuadrilátero y por televisión. Sin embargo, su trabajo como tercer hombre del ring lo ha convertido posiblemente en el tipo más solitario del boxeo.

Durante catorce años, ha rehuido a mucha gente. Casi nunca habla ya con sus viejos conocidos del boxeo, y se sabe que cambia de acera, de vagón de metro y se marcha de un restaurante para evitar a sus amigos. Han pasado diez años desde que paseaba por la calle Cuarenta y nueve entre Broadway y la Octava Avenida, una manzana tradicionalmente poblada por gente del boxeo. Hace años, antes de una importante pelea, un periodista deportivo vio a Goldstein, con el ala de su sombrero gacha, caminando a toda prisa hacia la puerta para la prensa, cubriéndose la cara con un pañuelo como si ahogara una tos.

—No puedo arriesgarme —explica Ruby con aire serio, aunque no a la defensiva—. Como árbitro, no quiero codearme con la gente del boxeo. Es mejor para mí, y mejor para el boxeo.

Como considera que ésa es la mejor manera de mantener su reputación de árbitro escrupulosamente honesto, su vida se ha vuelto una rutina solitaria e interminable de esquivar gente, sobre todo corredores de apuestas; dobla con mil ojos las esquinas y se desplaza vigilante entre grandes multitudes.

Incluso cuando está en el centro del cuadrilátero antes de un combate, rodeado de miles de espectadores, Goldstein se siente solo. Se le acercan los boxeadores y se inclinan ligeramente en cuanto comienza a darles instrucciones, pero para un árbitro, hasta los boxeadores dejan de ser individuos. Ha leído en los periódicos que uno de los boxeadores es un muchacho simpático que lleva una vida sana, mientras que el otro es un tipo taimado y mezquino, pero Goldstein ahora se olvida de todo eso y se olvida de sus nombres para decir, por enésima vez: «Los dos conocéis las reglas... No quiero que os agarréis... y cuando yo diga separaos, quiero que os separéis... y ahora estrechaos la mano...».

El discurso es absurdo. ¿Quién lo escucha? Los boxeadores, desde luego no. Durante sus catorce años de árbitro profesional, Ruby a menudo se ríe un poco por dentro cuando suelta el discursito y observa que los boxeadores no le prestan atención. Miran al suelo, o miran a su mánager, o miran la tribuna para calcular el aforo, o miran hacia las luces del cuadrilátero contando las polillas.

La pelea comienza y los asaltos parecen pasar rápidamente para Ruby.

Y entonces la pelea termina.

Se anuncian las decisiones del árbitro y los dos jueces. Ruby sale del cuadrilátero y se dirige al vestuario. Si los dos jueces están allí, a lo mejor intercambia algún saludo, pero éstos nunca tienen gran cosa que decir, y posteriormente nunca comentan el combate entre ellos.

Sin embargo, Goldstein jamás olvidará el 5 de diciembre de 1947. Fue la noche en que Jersey Joe Walcott, que en las apuestas iba 10 a 1 por debajo, tumbó por dos veces al campeón de los pesos pesados, Joe Louis. Goldstein votó siete asaltos a favor de Walcott y seis a favor de Louis, y dos empatados. Los dos jueces votaron por Louis.

—Aquella noche, mientras me cambiaba en el vestuario, los jueces no me dirigieron la palabra —recordaba Ruby—. Ni yo tampoco a ellos. Había un silencio rebosante de furia. Salí y me marché a casa.

Cuando llega a Brooklyn, su mujer, May, y Herbert, su hijo de trece años, generalmente duermen, pero Ruby nunca puede dormir después de un combate. La única razón por la que consigue dormir antes de la pelea es que nunca sabe con un día de antelación que hará de árbitro. La Comisión Deportiva Estatal generalmente no notifica quién arbitrará hasta la tarde de la pelea, y nadie sabe en este momento quién será el árbitro de la pelea por el título de los pesos medios que se celebrará dentro de una semana y un día en el Yankee Stadium entre Sugar Ray Robinson y Carmen Basilio. Pero Ruby se quedará en casa esa tarde por si suena el teléfono.

—Y después de un combate, se me hace más difícil dormir si la decisión ha sido por un margen estrecho y me han abucheado —dijo. Cuando un árbitro es abucheado, siempre se sorprende—. No lo puedes comprender. «He votado correctamente, lo he visto correctamente, ¿por qué entonces la gente me abuchea?», no dejas de preguntarte. Y te pasas la noche en vela. Esperas a que salgan los periódicos de la mañana para ver lo que dicen los periodistas deportivos acerca del combate. Cruzas los dedos y esperas que hayan visto la pelea igual que tú. Imagino que los productores teatrales de Broadway sienten lo mismo tras una noche de estreno, mientras esperan leer lo que han dicho los críticos. No te puedes ir a la cama hasta que lo sabes.

Es durante esas horas silenciosas cuando Ruby revive cada pelea.

Cuando está en el cuadrilátero permanece muy cerca de los boxeadores —a veces apenas a un palmo de ellos—, pero nunca ha recibido ningún golpe. A los cincuenta y un años todavía es de movimientos elegantes y veloces, y finta, se cubre y esquiva puñetazos en el ring como si volviera a combatir. Desde su privilegiado primer plano, puede mirar a los ojos de los púgiles, y si contempla un púgil vencido, es capaz de leer la derrota en sus ojos.

—Es una expresión dolida y extraña —dice Goldstein—, y sabes que falta muy poco para que se derrumbe. También te das cuenta de que la boca le cuelga entreabierta por culpa del castigo que ha recibido en ella. Al púgil derrotado le cuesta respirar, y cuando intentas separarlo de su adversario, trata de resistirse. Se agarra. Intenta ganar todos los segundos que puede en el abrazo para que no vuelvan a pegarle. Le preguntas al boxeador vencido cómo se encuentra, y tiene miedo de que pares la pelea, de manera que te contesta con descaro y se enfada contigo, y dice: «Estoy bien, estoy bien», y entonces es cuando te das cuenta de que no está tan seguro.

—Y cuando llega el gran puñetazo, y el boxeador vencido comienza a caer, si lo miras atentamente, eres capaz de saber si volverá a levantarse, aun cuando todavía no haya tocado la lona. Si un púgil va a levantarse, comienza a prepararse para ponerse en pie antes de aterrizar. Gira la mano y la pierna de una manera concreta para quedar en posición de levantarse. Pero cuando ves que el cuerpo simplemente se desmorona y queda tendido en la lona, sabes que no se va a volver a levantar. Cuando vi a Rocky Marciano derribar a Joe

Louis contra las cuerdas en 1951, no conté más de cuatro segundos. Sabía que Joe ya no se iba a levantar.

Cuando intentan atizarse en el cuadrilátero, los púgiles a veces hablan, o incluso se insultan, y Ruby trata de cortarlo inmediatamente, porque no quiere que se oiga por la radio y la televisión. Durante un combate por el título de los pesos pesados celebrado el 31 de julio en el Polo Grounds, Tommy «Huracán» Jackson no dejaba de repetirle a Floyd Patterson: «Ven a pelear, vagabundo», hasta que Ruby le hizo una advertencia.

Mientras está en el cuadrilátero, Ruby oye las voces del público lanzando comentarios variados: «Para la pelea, Ruby», «Golpe bajo», «Machaca al vagabundo», «Mátalo», «Ojalá te caigas ya de culo». Ruby no presta atención a lo que dice la gente, puesto que sabe que los aficionados que más a menudo chillan «¡Golpe bajo!» generalmente han apostado por el púgil que recibe el supuesto golpe bajo. Tampoco presta atención a las cartas injuriosas que recibe de aficionados que han visto el combate por televisión y le escriben: «¿Qué te pasa, estás ciego? DeMarco estuvo dando golpes bajos toda la noche». Goldstein afirma que sólo un golpe bajo entre un millón es intencionado, y que por televisión resulta casi imposible distinguir uno.

Son extremadamente raras las veces en las que Ruby Goldstein tiene la impresión de estar arbitrando un combate «amañado», pero sospecha que hace varios años se dio el caso de uno en el Madison Square Garden. Durante un combate, un púgil que, sabía Ruby, era bastante certero en sus golpes no dejaba de fallar continuamente. Goldstein observó atentamente al púgil durante un par de asaltos, y en el cuarto se dirigió al rincón y le dijo: «Mira, tengo la sospecha de que estás combatiendo con las esposas puestas. Más vale que te las quites, pues de lo contrario haré que te suspendan en todo el país».

Goldstein dijo que el púgil mejoró considerablemente después de su advertencia y ganó la pelea con facilidad.

—Si un combate estuviera amañado —dijo—, estoy seguro de que me lo olería.

Casi todos los expertos y periodistas deportivos generalmente coinciden en que el dictamen de Goldstein en el cuadrilátero es infalible. Durante el reciente combate por los pesos pesados en el Polo Grounds, Goldstein se interpuso entre Patterson y Huracán Jackson en el décimo asalto de los quince previstos porque los golpes de Floyd estaban anestesiando a Jackson. Aunque éste estaba en pie cuando detuvo el combate, Ruby no veía motivo alguno para que el aspirante acabara masacrado. El desafortunado Huracán también protestó a gritos. Sin embargo, al día siguiente los periódicos coincidían de manera unánime con la decisión, y un diario de Nueva York llevaba el siguiente titular: «¡Bravo por Ruby!».

Las decisiones de Goldstein incluso han sido aclamadas por los comentaristas de televisión. En 1952, Ruby se convirtió en «la verdadera respuesta a las oraciones de los espectadores», porque detuvo una pelea horriblemente aburrida (a veces denominadas «sin golpes») en el séptimo asalto y les ahorró un tremendo aburrimiento a miles de aficionados bien afeitados que engullían cerveza tras cerveza. Aun cuando Ruby votó en contra de Joe Louis en su primer combate con Walcott, se cuenta que Louis declaró posteriormente: «Si ésa fue la decisión de Ruby, es porque él lo ve así».

Ruby Goldstein es un hombre un tanto nervioso que mide 1,72 de alto, de pelo castaño oscuro y ya ralo, dentadura irregular, voz suave y nariz aplastada porque alguien se la dejó así durante su segundo combate como aficionado, hace tres décadas. Ruby se parece a Peter Lorre.

Nació en un pequeño apartamento de tres habitaciones en el 409 de la calle Cherry, que se alquilaba por siete dólares al mes, y en el que vivían su madre, que era viuda, dos hermanas y un hermano. Ruby fue un chaval pacífico, evitaba las peleas callejeras y, durante el verano, para dejar un poco más de sitio en aquella vivienda donde todos estaban apretujados, dormía en la escalera de incendios —algo muy corriente en el Lower East Side en la época— o incluso en la azotea. Sin embargo, tenía que levantarse temprano cuando dormía en la azotea, pues en cuanto salía el sol se derretía el alquitrán y echaba a perder la manta. Pero sobre todo, le encantaba jugar a ese béisbol sin bate y con pelota de goma que se organizaba por las tardes después de la cena. El campo era una calle marcada con tiza, las bases también estaban marcadas con tiza, y la base neta generalmente era una boca de alcantarilla.

Es comprensible que Ruby se sintiera atraído por el boxeo, porque muchos soberbios púgiles habían salido de su barrio, incluyendo el difunto Benny Leonard, que fue el ídolo de Ruby. Éste comenzó su carrera profesional en 1925, enlazando veintitrés victorias consecutivas hasta que se topó con Ace Hudkins, «el Lince de Nebraska», el 25 de junio de 1926. Cuando Ruby cayó a la lona en el cuarto asalto, el East Side se puso de luto.

En total, Ruby Goldstein participó en cincuenta y tres combates y sólo perdió cinco (todos por K.O.), y se retiró en 1932 para entrar en el período más sombrío de su vida. En 1933 estaba arruinado. Según sus propias palabras, era un «parásito» de la calle Cuarenta y nueve, aceptaba cualquier trabajillo en los gimnasios de la Octava Avenida. Regresó a los cuadriláteros, volvió a retirarse, entrenó a unos cuantos púgiles e incluso formó parte del séquito de Billy Conn. No sabe dónde fue a parar su dinero —aunque perdió mucho durante la crisis del 29—, pero en 1934 «tenía suerte si podía comer».

Lo mejor que le ocurrió fue el ejército. Se alistó en 1942, y, mientras estaba en Fort Hamilton, le pidieron que arbitrara una pelea, y así fue como empezó. Posteriormente lo escogieron para que acompañara a Joe Louis en una gira de tres meses por las islas Aleutianas. Louis y Goldstein se hicieron buenos amigos, y los periodistas deportivos lo recordaron en 1997 cuando Goldstein votó en contra de Louis en su famoso combate contra Walcott. Goldstein admite que el hecho de votar a favor de Walcott le hizo famoso, y que recibió felicitaciones de toda la nación, y afirma que le pidieron que se convirtiera en miembro honorario de todas las organizaciones a excepción del Ku Klux Klan.

Goldstein no tiene ni idea de cuántos combates ha arbitrado, pero afirma que ha estado en veinticinco combates de campeonato, de los que el más espectacular tuvo lugar el 27 de septiembre de 1946, y fue el violento combate que enfrentó a Tony Zale y Rocky Graciano, y que acabó en el sexto asalto, cuando Zale tumbó definitivamente a Rocky. Ruby gana unos 75 dólares por una pelea en recinto cubierto, 200 por una pelea al aire libre, y se saca una media de 1.000 al año. Gana bastante más como representante comercial (un «misionero») de una destilería, toma alguna copa de vez en cuando y fuma diez cigarrillos al día, todos ellos con boquilla de plástico. Su trabajo como representante de whisky le obliga a viajar, y raras son las ocasiones, nos cuenta, en que no recibe una invitación del salón de belleza del hotel dirigida a la «señorita» Ruby Goldstein.

Pero es sorprendente la frecuencia con que la gente reconoce a Goldstein cuando viaja, y no deja de asombrarle el hecho de que recuerden su cara, como boxeador y como árbitro. Una vez que estaba en Seattle, un hombre se le acercó y le preguntó: «¿No es usted Ruby Goldstein, el boxeador?». Ruby al principio vaciló, pero luego dijo que sí. «¿Es usted el mismo Ruby Goldstein que fue no-queado en 1926 por Ace Hudkins?» Esta vez la vacilación de Ruby se alargó unos segundos más, aunque finalmente dijo que sí, y acto seguido añadió: «¡Pero si pretende que le devuelvan el dinero, es demasiado tarde!».

N.Y.U. gana a pesar del frío gélido
New York Times, 1958

Los jugadores de béisbol de la Universidad de Nueva York vieron ayer cómo sus amigos los evitaban escrupulosamente en Ohio Field, donde Wagner College fue derrotado, de manera contundente pero silenciosa, por 5-0.

N.Y.U. tiene 31.068 estudiantes, y es la tercera universidad más grande del país. Pero sólo dieciocho hinchas aparecieron en el partido. Sólo uno se quedó hasta el final. Y no era ningún estudiante.

Era un ingeniero de la empresa Consolidated Edison llamado Joe Fernandez, al que no le gusta especialmente el béisbol, y tampoco N.Y.U. Ayer Fernandez salió temprano de trabajar para ver jugar a su sobrino, Tony Diaz, que juega de receptor. Pero Diaz ni siquiera acabó jugando.

Durante un rato Fernandez tuvo compañía en la tribuna. A su lado había tres carteros, algunos alumnos de las clases superiores y dos novatos, uno de los cuales iba provisto de un termo que contenía whisky. Gloria Maurikis, una estudiante de segundo año, también asistía al encuentro.

Gloria, una morena de diecinueve años y ojos color avellana, estaba allí sólo para ver a Dick Reilly, el tercera base de N.Y.U., al que había conocido cinco meses atrás en Sociología I, una asignatura obligatoria. Al igual que todos los demás, Gloria temblaba, pues la temperatura era de 4 grados, y en la séptima entrada, después de que Reilly hubiera anotado dos carreras, Gloria se marchó.

El viento soplaba procedente de la izquierda del campo, pasaba por encima del local de la fraternidad estudiantil Zeta Psi y golpeaba la cara de los bateadores, el receptor y los carteros que estaban de pie, con las manos en los bolsillos, detrás de la base meta.

Mientras no lanzaba, Art Steeb, el lanzador diestro de N.Y.U., se envolvía con una manta del ejército. Los jugadores que calentaban el banquillo de Wagner se abrigaban con gruesos chaquetones, cubriéndose la cabeza gacha con la capucha, con lo que por detrás parecían monjes en oración.

Los jugadores exteriores, que apenas se movían, llevaban las manos enfundadas en guantes y metidas en los bolsillos del pantalón.

El entrenador de N.Y.U., Bill McCarthy, que iniciaba su temporada trigésimo séptima, dijo que no era el comienzo de temporada más frío que recordaba, y se remontó a una ocasión en que N.Y.U. jugó contra Dartmouth en mitad de la nieve, a mediados de los años treinta.

En la parte izquierda del campo, sin que Gloria, McCarthy y los carteros se fijasen en él, estaba sentado Sal Carillo, un novato elegido para encargarse del marcador, que era de color verde.

—Estaba sentado en el banquillo antes de que empezara el partido, y el mánager me dice: «¿Quieres ganar tres dólares?». Y yo le contesto: «Claro». Y me manda aquí.

A Carillo, de dieciocho años, le habían entregado siete planchas de hojalata con un 1, cinco con un 2, y dieciséis con un 0, entre otras cifras diversas. Puesto que en el partido no marcó nadie durante cuatro entradas y media, Carillo previó que aquello acabaría 0-0 y que no tendría suficientes ceros.

En la segunda mitad de la quinta, Al Wise consiguió una carrera para N.Y.U., y Sy Faitell, un zurdo, consiguió un *home run* lanzando la pelota a 115 metros hacia el viento y por encima de la cerca de Gould Hall, un colegio mayor. Eso puso por delante a los Violet Viking, 2-0.

El marcador permaneció inalterado hasta que en la séptima Reilly marcó dos más y mandó a Gloria a casa.

Judy es muchas cosas, sobre todo sincera
New York Times, 1958

Puesto que los héroes del deporte tradicionalmente han atribuido su éxito a cosas como una vida sana y desayunar cereales, resulta reconfortante, para variar, hablar con Judy Frank, una campeona de golf que declara acostarse tarde, fumar demasiado y tomarse una copa de vez en cuando.

Si lo que dice parece un poco exagerado, es sólo porque la señorita Frank lleva años diciendo y haciendo cosas que llamarían la atención o escandalizarían a la gente. A los ocho años, mientras las demás niñas jugaban a las casitas, Judy jugaba de medio en el equipo de béisbol del barrio; quarterback en el equipo de fútbol; y, además, robaba las llaves de los patines.

Las mujeres que vivían en el barrio de Baker Field sentían una aversión por Judy casi tan intensa como la que Judy sentía por ellas. Cuando Judy pasaba dando brincos junto a sus ventanas, ellas asomaban la cabeza y le soltaban: «Ahí va Judy Frank, la marimacho, la marimacho». Judy levantaba la barbilla, apuntaba la nariz hacia el cielo y no les hacía caso.

—Aquellas mujeres me molestaban —admitió el otro día la señorita Frank en el club de campo Old Oak, del que es socia—. Pero nunca entendí por qué lo decían. Lo único que sabía era que tenía ocho años y quería ser famosa. Recuerdo una vez, mientras me dirigía con mi madre a Bloomingdale, que la paré y le dije, de manera muy dramática: «Madre, quiero decirte una cosa. Y quiero que la recuerdes. Voy a ser famosa».

Animada por su padre, que era abogado, Judy comenzó a jugar al golf a los once. Cinco años después era ya una jugadora excelente, tenía un hándicap de ochenta y pico y ganaba a su padre por 15 golpes. Ahora, a los veintitrés, lleva tres años alzando el título Metropolitano femenino y se ha convertido, sin ninguna duda, en la gran dama del golf de Nueva York.

El éxito no sólo no ha echado a perder a Judy Frank, sino que tampoco la ha cambiado. Todavía sigue siendo esa muchacha cautivadora y nada convencional que era a los quince años, y sigue habiendo muchas mujeres que no la soportan. «Judy es demasiado engreída», chismorreaba una mujer. «Judy Frank se cree que nadie puede vencerla», se quejaba otra que había sido derrotada por Judy.

Para ser honesto, Judy Frank no me parece en absoluto engreída; aunque sí es cierto que rebosa seguridad en sí misma. Si algún periodista le preguntara a Judy antes de un torneo: «¿Quién va a ganar?», Judy contestaría con toda franqueza: «Probablemente ganaré yo».

Esta semana, por ejemplo, cree que probablemente ganará el campeonato Tri-County que se celebra en Old Greenwich. La semana que viene, en el neoyorkino Cooperstown, dice que probablemente ganará el campeonato femenino del Estado de Nueva York.

Aunque algunas jugadoras consideran esta abrumadora seguridad en sí misma un tanto exasperante, los seguidores de la señorita Frank —y son muchos— la encuentran deliciosa. En el club de campo Old Oaks, las mujeres «la adoran» y la llaman «querida». Los hombres le prestan la misma atención que le prestarían a Lady Godiva.

La señorita Frank pesa 58 kilos, mide 1,62 y tiene unos cabellos rubios y luminosos, y unos ojos que a veces son azules, y a veces verdes. Graduada en Barnard, ahora vive sola en un apartamento del East Side, acompañada de un aparato de alta fidelidad y de estantes llenos de libros de tapa dura, casi todos los cuales los compró el año pasado con un 60 por ciento de descuento mientras trabajaba de secretaria de la secretaria de Alfred A. Knopf.

En torno a las dos de la mañana, después de alguna cita, a veces camina sola por el puente de la calle Cincuenta y nueve. Puesto que las chicas que conoce son casi todas casadas o aburridas, o casadas *y* aburridas, su vida social generalmente gira en torno al golf, a los hombres que lo practican, ya sea profesionalmente o como diversión.

Se despierta a eso de las diez de la mañana, lee el periódico, a continuación se dirige al aparcamiento de la Segunda Avenida, donde está su automóvil, un vehículo largo y blanco no descapotable en cuyo asiento trasero se desperdigan viejas pelotas de golf, soportes para la bola, lápices amarillos y una docena de calcetines sucios y sudados.

El otro día, mientras conducía hasta el club de campo de Old Oaks, la señorita Frank dijo, con toda tranquilidad, que está en paro, y que si no encuentra pronto un trabajo probablemente tendrá que empeñar el centenar de premios y trofeos de golf que ha ganado desde 1949.

A las once de la mañana ya estaba en el primer hoyo de la pista de Old Oaks, a punto para dar el primer golpe, en compañía de una mujer mayor y dos hombres también mayores. La mujer lanzó su golpe, que voló lentamente por el aire y acabó a unos 50 metros. A continuación, Judy dio su primer golpe sobre el *tee* de los hombres, que está más atrás que el de las mujeres.

—Judy, querida —dijo uno de los hombres, adoptando un tono paternal—, no hay manera más rápida de perder a un hombre que comenzar un partido en el *tee* de los hombres.

—Sí, Judy —dijo la mujer—. Primero eres una mujer. Que no se te olvide. Primero eres una mujer.

Judy sonrió, sin hacer caso a ninguno de los dos. A continuación lanzó un golpe recto y bajo que fue a parar a unos 205 metros. Acogotados, los hombres se acercaron al *tee*. Uno de ellos lanzó su bola a la maleza, el otro la lanzó oblicuamente hacia los árboles y frunció el ceño.

La última vez que la vieron, Judy Frank estaba entre los árboles, con su simpatía habitual, intentando ayudar a todo el mundo a encontrar sus bolas perdidas. El hombre que había hecho pasar la pelota entre las ramas todavía estaba ceñudo.

Un giro maravilloso para Gerry
New York Times, 1958

Ayer por la noche, Gerry Murray, una mujer de abundantes curvas que rondaba los cuarenta, con el refinamiento de un matón de los muelles, llevó a golpes y codazos a los Chiefs de Nueva York a la victoria sobre los Westerns de Chicago por 21-17 en el primer partido de la temporada de roller derby en el Ninth Regiment Armory.

Fuera de la pista de patinaje, la señorita Murray es una persona encantadora de una belleza inquietante, pero una vez se planta sobre los patines, es el terror de las mujeres, se desliza por la pista a casi 55 kilómetros por hora, dando golpes de cadera a sus oponentes y zigzagueando de manera implacable, con su pelo rojo atado con una cinta ondeando detrás de ella.

Lleva veinte años compitiendo en el patinaje, pero sin que el tiempo parezca haberle afectado, la noche pasada estaba en plena forma. Anotó 6 puntos y, para alegría de sus 2.380 seguidores, mostró muy malos modos.

El roller derby es una competición alocada y sin complicaciones en la que hombres y mujeres juegan bajo las mismas reglas. La competición tiene lugar en una pista oval y peraltada. Cada equipo dispone de dieciséis jugadores: ocho hombres y ocho mujeres.

En la pista hay cinco patinadores por equipo, y los hombres y las mujeres patinan en períodos alternos. Para marcar, el jugador debe dar la vuelta a toda la pista y adelantar a un miembro del otro equipo.

Cuando un jugador intenta adelantar, los demás procuran desanimarlo dándole codazos, empujándolo o profiriendo comentarios desagradables.

Los aficionados a los deportes en los que hay golpes de codo y de cadera son grandes seguidores de este noble deporte, que ha experimentado un meteórico ascenso durante la última década gracias a la ayuda de la televisión.

Por ello tienen tanta devoción por la señorita Murray. Ayer por la noche estaba claro que era la estrella de las mujeres. Incluso su hijo de diecisiete años, Mike, al que ella ha entrenado desde que tenía dos, entró en combate con los Chiefs. Gerry Murray está casada con Gene Gammon, otro patinador de los Chiefs, al que ella se refiere cariñosamente como el «Número 22».

—Patino porque hay acción —dice—. Cuando era niña en Iowa siempre jugaba con los niños, y nunca leía libros de cocina. Jugaba al béisbol con ellos, y supongo que era una marimacho.

A causa de su espectacular atractivo, más de la mitad del público de ayer por la noche eran chicas jóvenes, entre dieciséis y diecinueve años, y muchas de ellas llevaban una cola de caballo y armaban mucho alboroto.

—Nos gusta este deporte por la velocidad —dijo Pat Cotter, de veinte años, que vive en Queens.

—Se las tienen tiesas —comentó Terry Scarpati, de veinte años.

—Es un deporte en el que las mujeres se sienten necesarias —dijo Pat Dillon, actriz de televisión casada con James A. Farley Jr., el propietario de los Chiefs.

Retrato de un joven púgil
New York Times, 1958

Casi cada día, al joven boxeador se le dice que necesita descansar mucho, no fumar, vigilar su dieta, evitar las mujeres y mantenerse en forma para que, cuando lo tumben, tenga la fuerza suficiente para levantarse y seguir encajando.

A los veintidós años, el púgil tiene unos ojos tristes y oscuros. Exhibe unas cicatrices faciales pequeñas e irregulares y una nariz aplastada que ha recibido los golpes de desconocidos boxeadores amateurs cuyos nombres ya ha olvidado.

Ha participado en seis combates profesionales como peso medio. Nadie le ha derrotado. En el armario de su habitación amueblada del 340 de la calle Union, Brooklyn, por el que paga 11 dólares por semana, encontramos ocho trajes, una docena de camisas de seda y catorce pares de zapatos. Tiene una novia llamada Ramona. Los dos nacieron en Puerto Rico.

Cada semana, Ramona —que también tiene veintidós años— y su madre vienen a limpiar la habitación del púgil. La madre se queja de que siempre está sucia, de que el muchacho nunca recoge los calcetines y de que tiene demasiados zapatos. Él enseguida dice que se casará con Ramona y se mudarán a Manhattan, cerca del gimnasio de Stillman, lejos de la madre.

Mientras el púgil reconoce que se pasa el día discutiendo con la madre, jamás tiene una palabra más alta que la otra con el mánager, Cus D'Amato, que es también mánager del campeón de los pesos pesados, Floyd Patterson.

—Cus es un segundo padre para mí —dijo ayer el joven boxeador en una pequeña habitación de la Octava Avenida.

D'Amato, un hombre de espalda cuadrada que vestía un traje azul oscuro, sonrió y preguntó:

—¿Alguna vez has estado en desacuerdo con algo que yo te haya dicho?

—No —dijo el púgil.

—¿Acaso no he escuchado siempre tus sugerencias?

—Sí —dijo el púgil.

D'Amato volvió a sonreír y añadió:

—Este muchacho me parece extraordinario. Este muchacho impulsará el boxeo en Nueva York. Será el héroe del pueblo portorriqueño y contribuirá a erradicar el problema de la delincuencia juvenil.

—Este muchacho también puede tener tirón entre la gente —dijo Teddy Brenner, el promotor de boxeo—. Cuando derrotó a Otis Woodward el 29 de septiembre en St. Nicks, tuvimos una recaudación de 7.200 dólares, la mayor en diez años.

Mientras los hombres hablaban, el púgil permanecía sentado en silencio en una silla, escuchando. Luego se levantó y bajó un tramo de escaleras hasta la calle Cincuenta y uno, y se dirigió al gimnasio de Stillman.

Los portorriqueños, cuando reconocían al púgil, lo saludaban, y algunos lo siguieron al gimnasio para ver cómo se entrenaba. Es un boxeador rápido e inteligente que mide 1,75. Los músculos del pecho le temblaban mientras se movía por el cuadrilátero, lanzándole golpes a su sparring, sin mala intención.

Al lado del ring, algunos de los portorriqueños chillaban en español: «¡Pega duro, pega duro!».

Media hora más tarde estaba en el vestuario, el cuello envuelto con una toalla, hablando de lo mucho que detestaba el ejército, de cuánto le gustó formar parte del equipo olímpico de 1956, y de que, a principios de este año, había salido en los titulares de todo el país por, supuestamente, haber derribado a Floyd Patterson en un entrenamiento en California antes de que éste combatiera por el título con Roy Harris.

—Se desequilibró un poco —dijo el joven púgil—. Y cuando le golpeé, se cayó. También boxeé en Greenwood Lake con Sugar Ray Robinson. Creo que conseguí darle una vez.

En sus primeros cinco combates profesionales, el púgil recibió una media de 250 dólares, pero el 29 de septiembre, cuando atrajo a los portorriqueños al St. Nicholas Arena, consiguió una bolsa de 1.500. Mandó 300 a su padre, que vive en Playa Ponce, Puerto Rico, y metió el resto en el banco.

A las tres de la tarde puso en marcha el motor de su Plymouth gris de 1952, aparcado en la calle Cincuenta y uno, y se dispuso a dirigirse a Brooklyn, donde se echaría una siesta. Hoy se relajará, pero mañana por la noche, en St. Nicks, participará en su séptimo combate profesional, el que le enfrentará a un boxeador de Filadelfia llamado Kid Anslem.

El joven púgil cree que noqueará a Anslem. También cree que, con el tiempo, ganará el campeonato mundial de los pesos medios.

El joven púgil se llama José Torres. Pero en realidad piensa, habla y sueña como docenas de otros profesionales sin experiencia que se entrenan cada día en el gimnasio de Stillman, se golpean unos a otros entre anuncio y anuncio de televisión, y parecen coincidir en que, a pesar de los golpes que reciben, es mejor boxear que trabajar para vivir.

El herrador del Garden trabaja deprisa
New York Times, 1958

Mike Gillian, el Capezio de los herradores,* es un imperturbable caballero de sesenta y cuatro años que ha pasado casi toda su vida intentando complacer a los animales más costosos, altaneros y mimados de las afueras de la ciudad.

Es evidente que le ha ido bien en la vida, y él será el primero en dar fe de ello. Nunca le han devuelto ninguna de sus herraduras hechas a medida. Muchos de los caballos campeones que han corrido esta semana por el Madison Square Garden llevan años comprando el calzado de Gillian.

—El secreto de mi éxito es sencillo —declaró ayer mientras clavaba uno de sus calzados especiales de 25 dólares el par en una gran hembra—. Todo lo que necesitas para sobresalir en este trabajo es ser fuerte de espaldas y débil de mollera.

Gillian, que nació en County Cavan, Irlanda, y cuya mordacidad y sonrisa ovejuna parecen calcadas de las de Barry Fitzgerald, cuenta con el favor de ciento setenta y cinco caballos, casi todos ellos cazadores o animales de exhibición que viven en Long Island.

Dice que para calzar uno de sus productos hay que ser un caballo de entre uno y tres meses. Para reemplazarlos cobra 10, 25 o 50 dólares el par... o más, «si me los pagan». (Para ajustar una herradura cobra entre 3 y 5 dólares.)

---

* Salvatore Capezio (1871-1940), fundador de Capezio, una de las empresas más importantes de fabricación de zapatillas y zapatos de baile. *(N. del T.)*

Su tienda se halla en Split Rock Road, Syosset, Long Island, pero siempre lleva sus accesorios al establo del caballo. Entre los animales que han quedado satisfechos con él, dice, están los caballos de Jock Whitney y Marshall Field.

Los espectadores del concurso hípico de esta semana puede que no se hayan fijado en Mike Gillian, pero estuvo sentado junto a la pista desde las diez de la mañana hasta las once de la noche por si había alguna queja. Tuvo una el miércoles por la noche, una de las herraduras de Gillian se desprendió de un caballo. Fue entonces (y sólo entonces) cuando Gillian salió a la pista, un hombrecillo de paso arrogante con un mandil de cuero, para solucionar el problema.

Según las normas, tiene siete minutos para arreglarlo. Si tarda más, el animal queda descalificado. Como siempre, Gillian hizo su trabajo dentro del tiempo límite.

Ha sido el herrador oficial de los últimos seis concursos típicos del Garden, e invariablemente uno o dos caballos han perdido una herradura, e invariablemente Gillian ha entrado en acción, regresando acto seguido al anonimato.

Lleva cuarenta y dos años herrando caballos. Comenzó en Nueva York en 1916, con los caballos de los carros que transportaban la leche. De ahí pasó a los animales de caballería durante la Primera Guerra Mundial, y desde entonces se dedica a los caballos de exhibición. Dice que gana mucho dinero. Es viudo y vive solo en una casa de ocho habitaciones en Jackson Heights, Queens. Durante los momentos que pasa en el Garden sin hacer nada, se repantiga en su asiento y lee algún tabloide o una revista. Los concursos hípicos le aburren.

El último de los boxeadores sin guantes
aún rebosa energía a los noventa y tres años
New York Times, 1958

Hay ancianos que atribuyen su longevidad a cualquier cosa, ya sea a una vida sana o a la marihuana, pero Billy Ray lo achaca a su larga vida peleando en la calle y en los cuadriláteros, y a las mujeres.

Billy Ray, que ya era boxeador cuando Harrison era presidente, era tan duro que cuando los guantes de boxeo se popularizaron, en la década de 1880, se retiró. Aquel deporte se estaba ablandando demasiado. Ahora ya va por los noventa y cuatro años. Todos aquellos a quienes atizó han muerto. Billy Ray es el último de los púgiles sin guantes.

Aparte del hecho de que no tiene dientes y oye muy poco, todavía es una persona bulliciosa, rubicunda y llena de energía de 55 kilos. En ese peso ganó 130 de 150 peleas sin guantes, hace ya más de setenta años. Casi nunca se va a la cama antes de las dos de la mañana.

Se ha casado siete veces. Su última mujer murió hace diecisiete años, cuando él trabajaba de gorila en un bar. Cuando se retiró del boxeo fue propietario de quince bares, casi todos ellos en Brooklyn, donde ha sido un destacado residente sin que jamás le afectara la discreción.

Sus comentarios sobre la vida son, por no decir otra cosa, sucintos.

Sobre el café: «Te matará».

Su cura para los problemas cardiacos: «Dos chatos de whisky al día».

Acerca de los boxeadores actuales: «No tienen ni idea».

Sobre el boxeo: «Casi todos los combates están amañados».

Billy Ray, nacido en el Lower East Side el 21 de febrero de 1865, comenzó a pelear por dinero siendo un adolescente. Boxeaba en barcazas, tabernas y en el tercer piso de Pete's Hall, delante del Cementerio del Calvario en Queens. En la segunda planta, Pete celebraba peleas de gallos. En el sótano había peleas de perros.

—Los sepultureros también venían a vernos pelear —me decía ayer Ray—, y después de cada combate los boxeadores pasábamos un cesto. La mitad del dinero que nos daban era falso. Los sepultureros nos lanzaban monedas de un centavo con más hierro que níquel.

Aunque nunca fue campeón, en tres ocasiones acabó en tablas con el rey de los pesos gallo, George Dixon.

Cuando recuerda su juventud, el anciano cierra los ojos un poco y comienza a divagar:

—... Lillian Russell... preciosa... En los ochenta cortarse el pelo sólo costaba 10 centavos... Echaron a Florence Burns del hipódromo de Sheepshead Bay por fumar... Las mujeres irlandesas fumaban sus pipas de arcilla en los velatorios... Ah, antes me encantaba bajar hasta la calle Catorce y oír cómo Maggie Cline cantaba *Thow 'Em Down, McCloskey*...

—Antes me empapaba las manos con salmuera y mis puños eran como un ladrillo... Una jarra de cerveza costaba tres centavos... Voté por Coolidge... En 1888 boxeé con Johnny Williams durante treinta y seis asaltos... gané setenta y un dólares... Dicen que Steve Brodie no saltó del puente de Brooklyn. Mienten. Yo lo vi. Yo estaba allí... Podría pasarme el día contándote cosas... Jersey Jimmy, el famoso carterista, tenía una taberna en el Bowery. A veces te encontrabas a algún muerto sentado en la barra. Después del velatorio traían a los muertos, los sentaban en la barra y comenzaban a beber. Cuando acababan, el camarero preguntaba: «¿Quién paga?». Todos señalaban al muerto que estaba en la barra y se marchaban.

Billy Ray ahora vive con su hermana y su cuñado en el 130 de la calle Ashford, Brooklyn. Evita las peleas, desprecia la televisión, y le encanta sobre todo charlar en la taberna. El día de su noventa cumpleaños apareció en el bar Neutral Corner, en la Octava Avenida, cerca del gimnasio de Stillman, y no dejó que nadie pagara ni una ronda.

La *troupe* de luchadores enanos
no trabaja por calderilla
New York Times, 1958

Tito Infanti, que desde lejos no parece mayor que una botella de whisky, es uno de los enanos luchadores más rápidos, inteligentes y ricos del país.

Pesa 42 kilos, mide 1,37, y viste como Cisco Kid. Gana 70.000 dólares al año luchando con enanos pigmeos, y diversos gnomos de todo el país durante once meses al año.

Mañana por la tarde Tito llegará de Florida en un Cadillac conducido por un chófer. Mañana por la noche formará equipo con otro hombrecillo, Farmer McGregor, en un combate de catch-a-cuatro que se celebrará en el Madison Square Garden. Este combate precederá a la lucha principal en la que participan hombres de gran tamaño: el equipo de Antonino Rocca y Miguel Perez contra los Hermanos Graham.

Tito y McGregor se enfrentarán a Pee Wee James, un enano que mide 1,07, y el Comandante Tom Thumb, un exartista de las ferias ambulantes que mide 1,15.

Tito Infanti, que nació en México hace treinta años de un padre que medía 1,80 y una madre de 1,65, es uno de los veintiséis luchadores enanos que ahora trabajan una media de tres o cuatro noches por semana. Afirma que ha llegado hasta donde está después de miles de combates, todos los cuales los ha ganado... excepto unos pocos aquí y allá.

Para recortar gastos de viaje, Infanti a veces va al trabajo con otros luchadores enanos. En el Cadillac caben cómodamente ocho enanos y un conductor. El conductor suele ser un sujeto fornido llamado Lou Klein. De vez en cuando Klein participa en los combates como «villano», pero sobre todo es para los enanos una mezcla de chófer, ayuda de cámara y encargado de cambiar las ruedas pinchadas.

Cuando Tito queda con alguna chica, y desea tener el coche para él solo, coloca una extensión de veinte centímetros en los pedales del freno y el acelerador.

Tito, que en una ocasión cortejó a una belleza de 1,67, ahora se ha encaprichado de una camarera de 1,47 que se llama Daisy y con la que planea casarse en enero.

—En todas partes las mujeres persiguen a los enanos —dijo Tito—. Les parecen una monada. Todo el dinero que no ahorro me lo gasto en mujeres, trajes y zapatos —posee cuarenta trajes y diecisiete pares de zapatos de la talla 34.

Cuando comprendió que nunca sería torero, y como no deseaba trabajar en el circo, Tito Infante decidió desde muy temprano que, si quería conseguir algo en la vida, tenía que aprender lucha libre.

Así que hace diez años se puso en contacto con Bert Ruby, el famoso representante de luchadores enanos de Detroit, y, después de siete meses de trabajo del gimnasio y entrenamiento, estaba preparado para la gira.

La televisión contribuyó a hacerle popular, y también a otros luchadores enanos: Fuzzy Cupid, Lord Littlebrook, Cowboy Bradley, Little Beaver, y, entre otros, el famoso Sky Low Low, un enano de 39 kilos del que se dice que es capaz de levantar 208 kilos sobre las espaldas.

Poseedor de la agilidad de una mangosta, y la habilidad para retorcer a los oponentes como si fueran una trompa de pistones, Tito Infante triunfó de inmediato. Después de unos cuantos años más en este negocio, Tito tiene planeado retirarse forrado de dinero y vivir como un señor en California, donde se le conoce por su verdadero nombre, Danny Frian.

El rey de las halteras: más músculo que cerebro
New York Times, 1958

Siempre había algún bruto musculoso que aporreaba al escuálido Bob Hoffman, le daba de patadas y le robaba la chica. Así que Bob se compró un juego de halteras, y los bíceps no tardaron en abultarle la camiseta. Cuantos más tenía, más pesas se compraba, hasta que al final se compró una fábrica en Texas. Entonces tuvo unas palabras con Charles Atlas.

—Una vez Atlas afirmó que levantar pesas te hacía tener demasiado músculo —me dijo el otro día Hoffman en su fábrica de músculos de York, Pennsylvania—. Le amenacé con darle un puñetazo en la nariz, pero se disculpó.

Nadie se ha metido con Bob Hoffman desde que pasó de ser el debilucho que en el anuncio vemos bajo las letras de «antes» a habitar el hermoso cuerpo que aparece bajo las letras de «después». Aunque hace unos días cumplió los sesenta, todavía es capaz de levantar 115 kilos con una mano, y romper una cadena con su pecho de 130 centímetros de diámetro.

De vez en cuando, para divertirse, se ata un yunque al estómago, se echa en el suelo y hace que sus hercúleos colegas le aporreen el duodeno con una almádena.

De hecho, seguir durante mucho tiempo una política de más músculo que cerebro ha convertido a Bob Hoffman en millonario. Ahora que el país está tan obsesionado por la salud, la York Barbell Company de Hoffman ha vendido este año, de momento, más de setenta mil halteras, un récord para el negocio.

La fama de Hoffman entre los hombres musculosos se ha propagado de aquí a Moscú. Entrena a los levantadores de pesas del equipo olímpico de los Estados Unidos, fabrica diversos tipos de comida saludable y ha escrito conocidos libros sobre temas variados: *Cómo estar fuerte y sano*, *Hombros anchos*, *El gran libro de los pectorales* y *Tu vida sexual antes del matrimonio*.

La vida de Hoffman antes de descubrir las pesas era, según su propia descripción, desgraciada e insegura. De adolescente nunca se quitaba la camisa en las playas públicas.

—Tuve fiebres tifoideas, estaba esquelético, y a menudo se reían de mí —recordaba Hoffman.

A estas tribulaciones hay que añadir que su padre, un hombre de amplios pectorales que a menudo se quitaba la camisa, presumía de músculos y aplastaba cosas.

—Como no era fuerte, intenté triunfar en los negocios —dijo Hoffman—. Y lo conseguí —en Pittsburgh, su ciudad natal, comenzó vendiendo estufas de carbón y ganando dinero, pero siempre estaba fatigado—. A los treinta años me sentía como un hombre de sesenta —dijo. Entonces fue cuando se compró la haltera.

A los cuarenta, su 1,87 ha llegado a los 108 kilos, y es capaz de levantar 119 kilos con una mano. Comenzó a ir a sitios, a hacer cosas, olvidar nombres, pero se acuerda del físico. Con el dinero que tenía, invirtió en el negocio de las pesas, y su fábrica ahora da empleo a cien trabajadores.

Bob Hoffman se levanta a las siete y media de la mañana, pero nunca se va a dormir antes de las dos. Duerme en una cama dura, con los pies colgando por el borde para aliviar la tensión de las piernas. Es un hombre robusto y rubicundo.

—El ejercicio es lo único que importa —dijo—. Si haces ejercicio, luego puedes hacer cualquier cosa: fumar, beber, comer sin mesura y armar follón.

Un dentista que saca pasta del boxeo
New York Times, 1958

Cada vez que el doctor Walter H. Jacobs ve que golpean a un boxeador en la boca, le alcanzan en los dientes o le atizan en las encías, inmediatamente comienza a preocuparse, no por el púgil, sino por el protector. El doctor Jacobs es un dentista que fabrica protectores, y nada le altera más que ver los golpes que recibe su trabajo.

A menudo asiste a los combates expresamente para vigilar sus protectores frente a los de otros dentistas.

—Como es natural, me gusta ver ganar a los boxeadores que llevan mis protectores —me decía ayer en su consulta del 124 de la calle Noventa y tres Oeste—. Pero cuando dos púgiles que llevan mis protectores se enfrentan, por supuesto, he de permanecer neutral.

El doctor Jacobs, ex peso ligero *amateur,* comenzó a fabricar protectores en 1936. También se interesa por la carrera pugilística de sus pacientes. La otra noche presenció cómo Harold Johnson, un paciente, noqueaba a Sonny Ray en el décimo asalto. Esta noche piensa ir al Madison Square Garden a observar su protector en la boca de Len Matthews, que se enfrentará a Willie Toweel.

Joe Louis y Floyd Patterson, excampeones de los pesos pesados, han visto protegidos sus dientes por los protectores a medida del doctor Jacobs, que hasta el momento ha fabricado 2.030. Están hechos de una suave membrana de goma, y el doctor Jacobs guarda uno en su escritorio para utilizarlo como borrador.

—Algunos de los boxeadores más duros del mundo se quedan aterrados cuando están en la silla del dentista —dijo el doctor Jacobs, contemplando abstraído el molar superior de su borrador.

—¿Quién, por ejemplo? —le preguntaron.

—Lew Jenkins —dijo, evocando la imagen de las toscas facciones del excampeón de los pesos ligeros—. Se ponía a sudar.

—¿Qué boxeador tenía la boca más grande?

—Abe Simon, el peso pesado —dijo.

—¿Y la más pequeña?

—Fred Apostoli, el campeón de los pesos medios de 1938.

—¿Qué protectores han sido los más difíciles de hacer?

—Bueno, yo diría que los de Panama Al Brown —contestó—. Panama Al no tenía dientes en la encía superior cuando era campeón de los pesos gallo en 1929. Primero hago un molde de plástico de la boca del púgil, sabe, y el protector encaja perfectamente. Cuando Panama Al volvió a los cuadriláteros en 1938, no tenía dientes.

El doctor Jacobs ha intentado repetidamente conseguir que los New York Rangers lleven protectores bucales, pues al equipo de hockey le faltan algunos dientes.

Pero el club lo ha rechazado. Los jugadores hablan y gritan entre ellos mientras están en acción, afirma la dirección del equipo, y esas conversaciones serían imposibles o incomprensibles con la boca llena de goma.

La ventaja de un protector es que impide que los dientes corten los labios, la lengua y la mejilla. También evita que los dientes se astillen. No protege a un boxeador del K.O.

Nadie sabe quién inventó el protector, pero el doctor Jacobs afirma que el primer púgil que lo utilizó fue Ted

Kid Lewis, el peso wélter, en 1921. Antes de eso, dijo, los boxeadores a menudo mordían pequeños trozos de palillo cuando combatían.

Los púgiles al principio se mostraron reacios, por vanidad, a la hora de utilizar el dispositivo protector. Dos boxeadores que lo rechazaron de plano fueron Jack Dempsey y Gene Tunney. Pero los sucesivos campeones de los pesos pesados —Schmeling, Sharkey, Carnera, Baer, Braddock y Louis— los utilizaron.

El doctor Jacobs comenta con excusable orgullo que ninguno de sus protectores se ha roto, astillado o partido. Pero de vez en cuando, alguno sale volando de la boca de un púgil a causa de un golpe, pasa por encima de las cuerdas y casi aterriza en el regazo del doctor Jacobs.

Un cronometrador tan imperturbable como un reloj

New York Times, 1959

Los relojes pueden fallar; los relojes de sol, ser poco fiables; los de arena, resultar imperfectos, pero George Bannon, el cronometrador oficial del Madison Square Garden, no ha fallado ni un segundo a lo largo de medio siglo.

Desde 1898 ha funcionado como un imperecedero reloj de pared al lado del cuadrilátero, con su polvorienta visera verde, su cara en las sombras, sus dedos huesudos sujetando un reloj que centellea bajo las luces del ring.

George Bannon, que tiene setenta y ocho años, ha respirado el humo de puro de siete mil peleas. Ha hecho sonar la campana más de cien mil veces. Ha acompañado los momentos gloriosos de Jack Dempsey, Gene Tunney, Beau Jack y Tony Zale. Y volverá a estar en el Garden el viernes por la noche para el combate de los pesos wélter entre Charley Scott y Benny Paret.

Aunque ha sido parte oficial de más combates que cualquier otro hombre en el mundo, George Francis Bannon es un tipo que pasa desapercibido. Es discreto. Evita las entrevistas. La gente que le conoce desde hace treinta años no sabe gran cosa de él. ¿Qué se puede decir de George Bannon? Que siempre está allí.

Estaba allí cuando Joe Louis derrotó a Max Schmeling, cuando Benny Leonard cayó muerto en la lona, cuando Floyd Patterson fue derrotado por Ingemar Johansson. Estaba allí cuando los dientes salían volando, cuando el público arrojaba sillas al cuadrilátero y cuando la sangre que salía del ojo de Alex Miteff le manchó su reluciente traje oscuro y el reloj de plata.

—A veces —dice Bannon—, me doy la vuelta, miro las localidades y me acuerdo de quién se sentaba en la primera fila. Hoy en día algunos me preguntan: «¿Cómo lo llevas?». Y yo simplemente digo: «Llego tarde».

George Bannon, que antes fabricaba pianos en el Bronx, siempre ha tenido buen oído para el sonido. En su tiempo libre, cronometraba competiciones atléticas y combates en el Fairmont Athletic Club en la calle Ciento treinta y siete Este, y luego aceptó el trabajo de cronometrador en el antiguo Madison Square Garden de la avenida Madison, en los años veinte.

Si George Bannon hubiera estado involucrado en algo parecido al famoso incidente de la «larga cuenta» de Chicago, o si el reloj de Bannon de repente se parara una noche, quizá habría un poco más de drama en la vida del Padre Tiempo del boxeo.

Pero no. George es una persona anodina, aunque correcta. Antes de la pelea parece que está durmiendo junto al cuadrilátero. Entonces se oye un sonoro «¡Boing!». George está despierto. El reloj deja oír su tictac. Los asaltos de tres minutos pasan rápidamente para George, y también la pelea.

—¿Nunca te emocionas en un combate? —le preguntó alguien hace poco tras uno en el Garden.

—Ya no —contestó George. A continuación recogió su cronómetro y sus dos relojes de pulsera, y sin decir nada más se dio media vuelta y se encaminó al Bronx.

Los diamantes son el mejor amigo de un muchacho

New York Times, 1961

Hace poco, un día en que un fotógrafo de una agencia publicitaria iba a sacarle una foto a Roger Maris fumando un Camel, el poderoso bateador de los Yankees levantó la mano en señal de protesta.

—No, no —dijo—. No me cojas de ese lado. Hazlo del otro. Ahí tengo la nariz más recta.

Esta preocupación por las sutilezas de posar por dinero es buena prueba del arma más reciente del béisbol: la promoción. Las estrellas del béisbol de la actualidad, sin duda influidas por el Tetley Tea Taster y el comandante Whitehead,* se han convertido en árbitros de la excelencia. Respaldan productos alimenticios que van desde el *paté de foie gras* hasta la mantequilla de cacahuete Skippy. Sugieren que se fumen prácticamente todas las marcas de cigarrillo menos Hierba (marihuana).

Esta semana las ventas se dispararán cuando las mandíbulas patilludas de las estrellas asomen a las cámaras de televisión durante la Serie Mundial. Se les verá llenos de energía, se sentirán llenos de energía, y se llevarán quizá 1.000 dólares por anuncio. Y en los meses siguientes habrá más para muchos de ellos.

Maris, Mickey Mantle y las otras estrellas este año ganarán más dinero fuera del campo que en el pasado. Una de las razones ha sido el derroche de *home runs* de Mantle y Maris, que revivió el interés por el béisbol en zonas comerciales donde había permanecido aletargado. La segunda

---

* El comandante Walter Edward Whitehead fue un oficial de la armada británica que en los años sesenta se hizo famoso anunciando la tónica Schweppes. *(N. del T.)*

razón, quizá la más importante, es la actividad de un hombre menudo, imaginativo y afablemente avasallador que antaño fue el chaval que repartía agua al equipo de fútbol de la Universidad de Pittsburgh. Se llama Frank Scott, y es agente comercial de sesenta de los mejores jugadores de béisbol (y también de unos cuantos golfistas, futbolistas y jugadores de baloncesto) en el ámbito profesional.

Scott, que tiene cuarenta y tres años y viste de manera no más conservadora que un jockey rico, es una figura conocida y bien recibida en los vestuarios de los estadios, pues —por tomar prestada una frase de Scott Fitzgerald— sonríe con la cara llena de dinero.

—Hey, Scottie —le gritan los jugadores cuando ven su chaqueta de pata de gallo y sus pantalones color Chartreuse paseándose por el vestuario—, ¿dónde está mi botín?

—De camino —dirá Scott, o, como tantas otras veces, sacará un manojo de cheques y los distribuirá entre los jugadores a quienes correspondan.

Scott es rápido a la hora de capitalizar cualquier incidente relacionado con un jugador —aunque no sea especialmente espectacular— en su esfuerzo por conseguir un dinero extra para el deportista, así como un 10 por ciento para él. Hace unos años, cuando un cámara de la Associated Press fotografió a Mickey Mantle haciendo un globo con su chicle en la zona exterior del campo, muchos de los críticos de Mantle vieron en ello otra prueba de que no era más que un hombre grandote y con mucho músculo, pero con una mente inmadura. Mantle se avergonzó de la foto, que apareció en centenares de periódicos. Sin embargo, Scott inmediatamente llamó a la empresa de chicles Bowman y consiguió que Mantle promocionara su producto a cambio de 1.500 dólares.

Cuando Joe Adcock, de los Milwaukee Braves, recibió un pelotazo en la cabeza durante un partido contra los

Dodgers, y no sufrió ninguna lesión grave gracias a que llevaba casco, Scott consiguió que Adcock y su casco aparecieran en tres programas de televisión en los tres días siguientes. En otra ocasión, cuando Adcock, en un arrebato de descomedido optimismo, intentó marcar desde la segunda base mientras el receptor tenía la pelota, Scott consiguió que apareciera en el programa matinal de Dave Garroway (a cambio de 250 dólares) para explicar su estúpida jugada.

Y cuando Dale Long, de Pittsburgh, logró *home runs* en ocho partidos consecutivos, Scott rápidamente le procuró 3.108 dólares entre televisión y las revistas antes de que se rompiera su racha.

El año pasado consiguió que Bill Mazeroski, la estrella de Pittsburgh en la Serie Mundial, cobrara 1.000 dólares como invitado en una serie de suspense de la televisión, y este año vendió los derechos para publicar las memorias de Casey Stengel en una revista por una cantidad de seis cifras, según se cuenta, más dinero del que Stengel había ganado durante sus veinte años en el béisbol.

—No hay ningún límite a la cantidad de dinero que pueden ganar los deportistas profesionales famosos fuera del deporte —ha afirmado Scott—, siempre y cuando estén en boga. Cuando Don Larssen se subió al montículo para lanzar en el sexto partido de las series de 1956, su valor por una aparición fuera del estadio era de 150 dólares. Mientras se desarrollaba la sexta entrada, y todavía no había ganado la primera base, su precio se había duplicado. En la novena, la cifra había descendido a 500 dólares. Cuando remató aquel partido perfecto, el precio mínimo para cada una de sus apariciones era de 1.500, y los pagaban.

Es posible que Scott nunca hubiera creado este alocado negocio si no lo hubieran echado de su puesto como secretario de desplazamiento de los Yankees en 1950. (Había pasado de repartir agua a los jugadores de Pittsburgh a convertirse en secretario de desplazamiento para el equipo de fútbol de los Brooklyn Dodgers, y luego, tras cuatro años en la Marina, para los Yankees.)

Scott atribuye su despido a una «diferencia de opinión acerca de la política del club» con el director general de entonces, George Weiss, quien consideraba que su secretario de desplazamiento se estaba haciendo demasiado «colega» de los jugadores. Pero eso era casi inevitable, afirma Scott, pues parte de su trabajo consistía en comprobar la disponibilidad de los jugadores cuando les solicitaban que hablaran en un banquete, aparecieran en televisión o patrocinaran algún producto.

A veces, cuando los jugadores de los Yankees recibían dinero por salir en televisión, le decían a Scott lo que les habían pagado y le preguntaban: «¿Te parece suficiente?». Scott no sabía qué decir. «Hoy en día no hay ningún criterio —afirma—. A veces los jugadores no reciben nada por su patrocinio, sólo algún producto del patrocinador».

Scott se enteró una noche mientras visitaba a Yogi Berra. El reloj de Scott se había parado, y le pidió a la señora Berra si le podía decir la hora. Ella dijo que esperara un momento y le daría un reloj.

—Regresó con un cajón lleno de relojes —recuerda Scott—. Le pregunté a Yogi de dónde sacaba tantos, y él me contestó: «He estado en muchos programas. Me pagan en relojes». Yo le dije: «¿Quieres decir que esos chicos nunca te dan un cheque?». Yogi asintió un tanto avergonzado.

Poco después Scott fundó Frank Scott Associates. Firmó un contrato con los jugadores que conocía mejor —Phil Rizzuto, Berra, Ed Lopat— y se puso a la labor de conseguir un poco de dinero extra para ellos. Dejó bien claro que no pensaba interferir con la primera responsabilidad del jugador hacia el club. También dejó claro que no podía prometer grandes cantidades para sus clientes.

—Jamás les garantizo un centavo —dice—. Tan sólo les digo que represento sus intereses a la hora de negociar cualquier trato fuera del campo, y que deben hacerlo lo mejor posible *en* el campo si esperan sacar algún dinero *fuera* de él. Les digo: «Si no ganas, no sacarás nada, y yo tendré un 10 por ciento de nada».

Cuando firmó con Willie Mays, Jackie Robinson, Johnny Mize y otros, los dirigentes de los clubs no tardaron en comprender el valor de tener cerca a Frank Scott. Cuando las empresas y organizaciones llamaban a la puerta solicitando los servicios de un jugador para salir en un programa o promocionar un producto, sólo tenían que decirles: «Llama a Frank Scott». Conocían a Scott desde sus días en los Yankees, y confiaban en él.

A pesar de todo esto, sin embargo, Scott no prosperó de verdad hasta la temporada que hizo Mantle en 1956. Aquel año Scott consiguió ingresar para Mantle alrededor de 70.000 dólares gracias a su patrocinio de una masa para crepes llamada «Batter-Up», el jabón Lifebuoy (para el que Mantle posó en una ducha ataviado sólo con espuma de jabón), pijamas Ainsbrooke, cereales Wheaties y cigarrillos Viceroy, entre otros. Por no hablar del contrato de la Charles Antell Company que Scott casi perdió cuando, en la época en que Mantle debía hacer el anuncio de televisión del tónico capilar, tuvo un despiste y se cortó el pelo a cepillo. Tardó seis semanas en crecer lo suficiente para poder hacer el anuncio.

En cualquier caso, después de ese fabuloso año, Scott se encontró con que ya no necesitaba buscar clientes; ellos le buscaban a él. Esta temporada probablemente conseguirá más de 80.000 dólares en comisiones.

Exceptuando a Mantle y Maris, que son los que cobran los honorarios más altos, Scott ha establecido precios bastante rígidos. Los jugadores ya no le preguntan: «¿Te parece suficiente?». Antes de que un jugador se embarque en una proposición comercial, el precio está fijado y el contrato firmado.

Si alguno de los clientes de Scott obtiene el galardón al Jugador Más Valioso, éste no acepta menos de 1.500 dólares por patrocinar un producto en un acuerdo de un año. Si su cliente ha hecho una buena temporada, Scott no espera menos de 1.000. Si el jugador ha hecho una temporada mediocre, Scott pide unos 750.

Por lo que se refiere a Mantle y Maris, Scott considera que cada uno podría ganar hasta 500.000 dólares en regalías durante los próximos tres años.

Si estos días uno busca a Frank Scott, lo más probable es que le encuentre entrando o saliendo de un taxi. Cada vez que Mantle o Maris tienen una mañana o una tarde libre, Scott los acompaña, junto a otras estrellas, a los estudios de publicidad.

El otro día, acompañado de Mantle, Maris y Whitey Ford, llegó a un estudio de Manhattan en el que los jugadores iban a ser fotografiados luciendo los pantalones Big Yank. A Ford le entregaron unas bermudas, y a los jugadores exteriores unos pantalones largos. Mientras se vestían, media docena de ayudantes de los fotógrafos arreglaban el decorado.

—Los míos me aprietan —dijo Maris.

—Los arreglaremos —le aseguró el publicista.

—¿Luego podemos llevarnos estos pantalones a casa? —preguntó Mantle, introduciendo sus gruesas piernas en ellos.

—Claro, claro —dijo el publicista, con una sonrisa radiante.

—Si me siento con los míos, los reviento —dijo Maris.

—Los arreglaremos, no se preocupe —dijo otro publicista.

En cuanto acabaron con las fotos, los tres fueron acompañados a otra parte de la sala para grabar unas palabras que se reproducirían en las reuniones de ventas de Big Yank. Una agradable anciana le entregó a Mantle una hoja escrita a máquina, a continuación puso en marcha el aparato y observó, con una suerte de pavor reverencial, cómo Mantle comenzaba a leer lentamente:

—Sólo quiero saludar a los chicos de Big Yank de parte de los Yankees —leyó Mantle—. Ha sido una gran temporada para nosotros y espero que sea tan grande... tan... tan grande a su manera para vosotros. No pararemos de hablar de los Yankees y Big Yank...

—Maravilloso, señor Mantle, simplemente maravilloso —exclamó la anciana.

A continuación leyó Maris. Al cabo de una hora los tres jugadores habían ganado 5.000 dólares cada uno.

A continuación Scott se llevó a empujones a Maris a una cita con Camel. Después de estrechar la mano a los de la empresa de cigarrillos, colocaron al astro del béisbol delante de la cámara y Scott se fue a llamar por teléfono.

—Sabemos que Maris hace tiempo que fuma Camel —le confió un hombre de la agencia—. Pero no le habríamos contratado para este trabajo de no haber estado absolutamente seguros de que seguía fumándolos, y que no era de esos que van cambiando de marca.

»Oh, a veces llegamos a extremos ridículos antes de contratar a los jugadores. Es como un trabajo detectivesco. Tenemos hombres que se pasean por los vestuarios para ver qué marcas tienen los jugadores en sus taquillas. Cuando vemos fotos de gente fumando en los periódicos, las ampliamos para ver qué marca es. Tenemos un archivo.

»Mantle pasó de Camel a Viceroy, y ahora patrocina Bantrons. Elston Howard no fuma. Yogi, Whitey y Skowron fuman Camel. Roy Sievers fuma muy poco. Hoyt Wilhelm iba cambiando de marca, pero lo dejó.

»Sí —dijo—, en este negocio hay que andarse con cuidado. No puedes permitir que estos jugadores patrocinen Camel y luego fumen otra marca, o puros, o no fumen. La Comisión Federal de Comercio nos vendría detrás, y la gente hablaría. Por puro resentimiento. Los taxistas dirían: "Sí, menudo fumador de Camel. Pues en mi taxi estaba fumando en pipa, y le pagaron noventa mil".

Cuando Maris hubo terminado de posar, él y Scott se acercaron.

—Un día estaba no sé dónde firmando autógrafos y fumando un Camel —dijo Maris—, cuando se me acercó una mujer, me vio fumar y me echó una bronca porque fumaba. Yo le dije: «Mire, señora, ocúpese de sus asuntos, y yo me ocuparé de los míos». Cada uno tiene que vivir su propia vida.

Scott estaba a punto de marcharse acompañado de Maris cuando, al igual que cualquier otro aficionado al béisbol, de repente lo miró y se detuvo.

—Hey, Rog —dijo Scott—, ¿te importaría si nos sacaran una foto juntos?

—La bella y la bestia —dijo Maris, levantándose lentamente para posar.

—Es para mi estudio —le explicó Scott. A continuación, sentándose junto a Maris y mirando al fotógrafo, dijo—: Eh, Dick, no quiero parecer un... haz que parezca... un auténtico hombre de negocios, ¿vale, Dick?

De viaje, a ninguna parte, con los Yankees
New York Times, 1979

Aunque no van a ninguna parte en la Liga Americana, los Yankees viajan en primera clase, y la semana pasada subieron a bordo de un reactor privado en el aeropuerto de La Guardia y volaron hasta el gélido Medio Oeste para jugar con menguada pasión un partido de verano mientras se acercaba el otoño.

El último viaje del año de los Yankees, que ocupan el cuarto lugar en la liga, y su última juerga como campeones del mundo de 1978, comenzó en Cleveland contra los Indians, que van sextos. Fue una serie de cuatro partidos ante un público escaso pero agradecido, en un viejo estadio cavernoso en el que la zona exterior del campo tenía agujeros causados por los tacos de las botas de fútbol y las marcas de las yardas estaban dibujadas con tiza: los vítores de los aficionados durante el partido fueron tenuemente corteses, y los golpes con el bate resonaban con más fuerza de lo habitual en aquel vacío lleno de ecos, y los *home runs* que acabaron en los asientos más lejanos en muchos momentos no hubo quien los recogiera.

Sin embargo, los focos bañaban el campo de juego con la luminosidad de siempre, y la música disco que atronaba en los amplificadores del tejado durante el calentamiento anterior al partido impuso un vivo ritmo al que los jugadores respondieron, sobre todo las jóvenes promesas de las ligas inferiores que viajan con los Yankees: uno de ellos es un apuesto receptor educado en Stanford que se llama Bruce Robinson y se parece a Warren Beatty; otro es un zurdo de Nueva Jersey que se parece a Travolta y se llama Paul Mirabella; y también hay un enjuto y moreno bailarín de tango que es jugador de cuadro y nació en la República Dominicana: Dámaso García.

Los jugadores más veteranos también parecían seguir las vibraciones y melodías del campo. Dentro de sus límites precisos, están seguros. Después de muchos años viajando en un mundo sin esposas, con compañeros de cuarto masculinos, mánagers, entrenadores y masajistas, los jugadores veteranos se sienten más a gusto en los campos de hierba, en los vestíbulos del hotel y en los vestuarios que en las casas de las afueras que la mayoría de ellos comenzará a compartir con sus mujeres e hijos la semana que viene.

Para los Yankees, este desplazamiento es algo más que la última gira como campeones del año pasado. Es el fin de una camaradería, al menos por el momento; y durante los inminentes meses de invierno, muchos jugadores esperarán, callados e inquietos, la llegada de un contrato que les garantice su regreso a ese mundo especial que rodean las tribunas.

Mientras tanto, cuando el jueves pasado los Yankees viajaban de Cleveland a Minnesota, y luego a Toronto, para la serie del fin de semana con los Blue Jays que finalizó ayer, los jugadores intentaban ganar los partidos, más por orgullo que por los puntos. Pero, tal como ha ocurrido con los Yankees durante todo el año, ganar fue difícil; y las payasadas y acusaciones de sus principales atracciones —su propietario, George Steinbrenner; su mánager, Billy Martin; y su superestrella, Reggie Jackson— acabaron copando los titulares tal como suele ser habitual.

Y sin embargo, al menos por lo que se refiere a Martin y a Jackson, las recientes noticias en la prensa aireando la aversión que Martin siente por Jackson no parecen coincidir con el comportamiento que ambos mostraron la semana pasada. Un día Jackson y Martin se sentaron juntos amigablemente en un autobús que se dirigía al aeropuerto, y en el banquillo y el campo se comunicaban cada día sin aparente tensión ni rencor.

Los demás jugadores no suelen hacer caso de estas polémicas que aparecen en la prensa, pues se concentran en asuntos más próximos a su propio ego y a sus intereses económicos. En el avión que llevaba el equipo de Minneapolis a Toronto, Lou Piniella estaba concentrado en las páginas del *Wall Street Journal,* analizando las cotizaciones en Bolsa. Bobby Murcer, Luis Tiant y otros jugaban al black-jack, colocando naipes y billetes de 5 dólares en perfectos montoncitos a lo largo del pasillo. Jim Kaat, Fred Stanley y Willie Randolph escuchaban la música que salía de los radiocasetes con AM y FM que la mayoría de jugadores ahora llevan con ellos en todos los desplazamientos.

De hecho, hoy en día la manera más fácil de identificar a un club deportivo en un aeropuerto es buscar a un grupo de hombres negros y blancos que caminan juntos por los pasillos y llevan de la mano un radiocasete portátil Sony, Panasonic o Sanyo, objetos que muchas matronas y muchos porteros de la Quinta Avenida creyeron, durante una época, que eran propiedad exclusiva de los chicos de reparto de Gristedes.

Aunque algunos Yankees tienen gustos eclécticos en música, generalmente es cierto que los jugadores negros más introspectivos (como Randolph, Roy White y Chris Chambliss) prefieren el jazz a la música country, que es la preferida de blancos como Rich Gossage, Ken Clay y Jim Beattie. Y los Yankees más enrollados que calzan zapatos con plataforma (como Oscar Gamble, Bucky Dent y un receptor reserva de Brooklyn llamado Dominic Scala, cuyo ejercicio favorito cuando no está en el campo parece ser cepillarse el pelo) se ven más atraídos por el ritmo potente y chillón de la música disco. En opinión del difunto Thurman Munson, Neil Diamond era un cantante sin igual; fue la música de este artista la que se escuchó durante el funeral de Munson.

Los jugadores siguen escuchando sus radiocasetes mientras se cambian en el vestuario. Y como una prueba más de cómo estos hombres, cuando están de gira, llevan la vida doméstica a su refugio privado debajo de las tribunas, es interesante observar que los estantes de todas las taquillas están abarrotados de los mismos productos personales que podrían encontrarse en el botiquín o en el armarito de una casa residencial: hay diversas marcas de espray para el pelo, desodorantes, cepillos, champús, frascos de vitaminas, cremas para la piel, esprays nasales e hilo dental. En el estante de la taquilla de Murcer en Cleveland encontramos latas de tabaco de mascar Skoal, y en el de Luis Tiant hay varios largos puros venezolanos, Bauza n.º 1, por cada uno de los cuales pagan 1,50 dólares, y que prefieren a los especiales cubanos de 3 dólares, que quizá ya no podrá pasar de contrabando en la aduana de entrada a Toronto. En el estante de Garcia hay una estatuilla de San Martín de Porres, y en el de casi todos los jugadores actuales de las Grandes Ligas encontramos secadores eléctricos.

Jackson, al igual que muchos otros jugadores negros de las Grandes Ligas, luce un peinado afro, pero lo que le distingue sobre todo es la cantidad de joyas que lleva en torno al cuello. Se adorna con tres cadenas de oro de las que cuelgan medallas religiosas, símbolos de los Yankees y baratijas de sus amiguitas; y cada vez que corre a toda velocidad por la zona exterior, o hace un veloz giro después de haber golpeado con el bate, emana de su cuello un tintineo metálico que vale más de 3.000 dólares.

Las lecturas que se ven en el vestuario van desde Hermann Hesse hasta el *Playboy;* y el lenguaje que se oye no es sólo impublicable en un periódico familiar, sino posiblemente también en las publicaciones periódicas del señor Larry Flynt.

Cuando comienza el partido, al menos durante estos últimos días de una temporada perdida, en las últimas entradas los titulares de los Yankees a menudo son sustituidos por los novatos. Los mánagers quieren ver cómo se desenvuelven los novatos en una Gran Liga, y como consecuencia, los suplentes habituales se ven especialmente inactivos y a menudo frustrados conforme la temporada toca a su fin. Pero la otra noche, media hora después del definitivo 2-0 de Tommy John sobre los Indians —cuando los asientos del estadio estaban completamente vacíos y sólo unos cuantos encargados pasaban el rastrillo por la base—, bajo las intensas luces apareció una figura solitaria con el uniforme de los Yankees corriendo por el borde exterior del campo de juego. Era un individuo robusto y de hombros anchos, un negro recio que corría con velocidad y energía. Corrió una vuelta por todo el campo, siguiendo la pista exterior: de derecha a izquierda; a continuación rodeó el borde exterior del cuadro y continuó, ahora más deprisa, rodeando todo el campo una segunda vez, y luego una tercera. Eran cerca de las once de la noche, y en el vestuario los periodistas entrevistaban a John, y los utilleros sacaban las bolsas de lona con los bates al autobús que esperaba fuera.

Respirando pesadamente, el hombre que había en el campo dejó de correr, y fue trotando hasta el camino de cemento que comunica con el vestuario, sudoroso pero sintiéndose relajado por primera vez aquella noche. Era un versátil jugador de cuadro llamado Lenny Randle. Aunque llevaba semanas sin jugar, y no esperaba volver a jugar esta temporada con los Yankees, quería mantenerse en forma, por si acaso, por si mañana ocurría un milagro y lo sacaban al campo... Estaría a punto.

El relato que hay detrás de la señal para lanzarle
un tiro intimidador a Cliff Johnson
New York Times, 1979

El suceso más desastroso del frustrante año de los
Yankees fue una reyerta en el vestuario ocurrida después
del partido, en la que el lanzador suplente de la estrella del
equipo, Rich Gossage, se lesionó la mano de lanzar en una
pelea con un grandote y fornido receptor suplente llamado
Cliff Johnson. Posteriormente Gossage se perdió casi toda
la temporada, y aunque ya han pasado cinco meses desde
el incidente —durante los cuales Johnson fue traspasado a
los Indians de Cleveland—, existe todavía una enemistad
latente por parte de algunos Yankees hacia su antiguo compañero de equipo. Y cuando la semana pasada Cliff Johnson bateó contra los Yankees en Cleveland, en un partido
en el que los Indians ganaron por 16-3, recibió un lanzamiento intimidador que le golpeó en el brazo izquierdo,
que había levantado de repente para taparse la cara.

Johnson, al parecer momentáneamente confuso, se
dirigió a continuación con paso firme hacia la base de lanzamiento y, frotándose el brazo, le dirigió una mirada furibunda al lanzador de los Yankees, un diestro llamado Bob
Kammeyer, y le gritó: «¡Sé que sabes controlar mejor la pelota!». Johnson repitió esa frase varias veces mientras se
acercaba a Kammeyer, pero antes de que pudiera llegar
hasta el lanzador, intervinieron varios jugadores y un árbitro, y le ordenaron que regresara a la primera base.

Kammeyer, un graduado en Stanford que se está
quedando prematuramente calvo, es casi tan alto como
Johnson, que mide 1,90, aunque, en comparación, parece

tremendamente frágil. Kammeyer permaneció en la base sin decir nada, y desde luego sin admitir que había lanzado la pelota de manera intencionada, siguiendo la señal de su receptor, que había recibido la señal de «lanzarle un tiro intimidador» del mánager que estaba en el banquillo, Billy Martin.

Después de que el siguiente bateador de Cleveland consiguiera avanzar una base y llegar al jardín central, Bob Kammeyer, que ya había regalado siete bases y todavía no había retirado ni un solo bateador durante su calamitosa cuarta entrada, fue sustituido por otro lanzador de los Yankees. Pero mientras Kammeyer se dirigía muy despacio hacia el banquillo, Martin no parecía especialmente molesto con la actuación de su lanzador. Por el contrario, momentos después Martin se acercó al abatido lanzador, al que dirigió unas palabras de aliento y le entregó cinco billetes de 20 dólares.

La escena fue observada, al menos en parte, por algunos jugadores de los Yankees. Y otra persona que había deducido lo que estaba ocurriendo era el locutor de los Indians de Cleveland, Ned Welc, cuya cabina estaba al lado del banquillo de los Yankees y le permitía ver lo que ocurría en el interior de éste. Tras haber presenciado con atención centenares de partidos de béisbol durante sus cinco años como locutor de los Cleveland, no se le pasaba nada por alto, y consideraba que podía distinguir perfectamente entre un lanzamiento intimidador ex profeso y otro sin querer.

Cuando acabó la entrada, Welc se acercó a la barandilla y habló con el chaval que se encarga de los bates del club visitante, un estudiante de secundaria de Cleveland al que conocía y que aquella noche estaba ayudando en el banquillo de los Yankees. El chaval de los bates le dijo a Welc que estaba al lado de Martin cuando el mánager de los Yankees, con una voz perfectamente clara, expresó que deseaba que «dejaran fuera de combate» a Cliff Johnson, y que el lanzador de los Yankees, Bob Kammeyer, luego recibió 100 dólares, supuestamente por cumplir con tanta eficacia los deseos de Martin.

Welc telefoneó al relaciones públicas de los Indians de Cleveland, que estaba en la cabina de prensa, y le dijo:

—¡Acaba de ocurrir algo increíble! ¡Billy Martin le ha dicho a su lanzador que le lanzara una pelota intimidadora a Johnson, y luego le ha pagado por hacerlo!

El relaciones públicas de Cleveland, Joe Bick, lo escuchó con interés, pero no les dijo nada a los reporteros sentados junto a él en las filas de prensa del piso superior.

Al día siguiente, aunque Cliff Johnson y otros jugadores de los Indians se habían enterado de la entrega de dinero, no la comentaron abiertamente. Sin embargo, los jugadores tienen su propia manera de arreglar las cosas; y como los Indians tienen una serie de tres partidos contra los Yankees en el estadio de éstos en la última semana de la temporada, es razonable suponer que Cliff Johnson en concreto querrá llevar a cabo alguna represalia parecida, al menos en forma de fructífero golpeo, contra una organización que, en su opinión, este año lo ha tratado de manera inmerecida.

Mientras que nadie en los Yankees querría que lo relacionaran públicamente con la táctica que guio el lanzamiento de Kammeyer contra Johnson la noche del martes pasado en Cleveland, en privado dirán que dicho comportamiento forma parte del juego, y es algo tan corriente hoy en día como en la época más salvaje del béisbol, antes de la televisión. En los Yankees actuales, al igual que en otros equipos del béisbol profesional, hay señales que los mánagers o entrenadores pueden impartir a sus lanzadores, a través de los receptores, para que le dirijan un peligroso lanzamiento intimidatorio al bateador.

Como la puntería de un lanzador es a menudo imperfecta, un lanzamiento intimidador a menudo impacta directamente en el bateador. De hecho, cuando le lanzaron ese golpe a Johnson en Cleveland, sentado en el banquillo de los Yankees, había un jugador de cuadro novato de Nueva York llamado Dennis Werth, que en 1977 perdió varios dientes y al que tuvieron que dar veinticinco puntos en el labio después de que una pelota le alcanzara en la boca mientras jugaba en las ligas menores con los Chiefs de Siracusa. Como resultado, Werth todavía visita regularmente a su ortodoncista.

Sin embargo, la semana pasada, algunos Yankees que estaban en Cleveland pusieron de manifiesto que Cliff Johnson, antes de que Bob Kammeyer le lanzara esa pelota envenenada, en el partido anterior había lanzado dos pelotas fuera del estadio; así pues, tampoco era de esperar que Kammeyer, el tercer lanzador de los Yankees en cuatro entradas, viera a Johnson con buenos ojos, en la medida en que todavía perduraba en el banquillo de los Yankees el recuerdo del papel que había jugado Johnson en el altercado con Gossage en el vestuario, que había perjudicado las opciones del equipo a la hora de defender los títulos que había ganado en las dos Series Mundiales anteriores.

El altercado entre Johnson y Gossage ocurrió el 19 de abril en el Yankee Stadium, después de haber perdido aquella tarde con los Orioles de Baltimore, cuando apenas habían transcurrido dos semanas de la temporada. Después del partido, en el vestuario de los Yankees había muchas caras largas, y el que estaba más triste era el receptor suplente, Cliff Johnson, el cual, aunque a Thurman Munson le habían dado un día de descanso, tampoco había acabado jugando, pues un novato llamado Jerry Narron había ocupado su lugar.

Era un momento frustrante en la carrera de Johnson. Había llegado a los Yankees procedente de los Astros de Houston a mediados de verano de 1977, y había contribuido de manera significativa a que los Yankees ganaran el campeonato, con un porcentaje de bateo del .299 en 51 partidos, después de haber conseguido 12 *home runs* y 31 carreras, y debía desempeñar el papel de receptor cada vez que Munson necesitaba un descanso. Pero en 1978 tuvo un mal año, pues sólo participó en 78 partidos y su porcentaje de bateo bajó al .200, y su actuación en la primavera de 1979 tampoco fue nada del otro mundo, lo que le hizo pasar más tiempo en el banquillo. Ese poderoso bateador, ahora en el dique seco, estaba constantemente deprimido, y a menudo meditaba la posibilidad de que, a los treinta y un años, su carrera estuviera prácticamente acabada y pronto tuviera que pensar en otra manera de mantener a su mujer y sus dos hijos, que vivían en San Antonio.

Después del partido de Baltimore, mientras Johnson estaba sentado delante de su taquilla, desvistiéndose despacio y cavilando, una bola de cinta adhesiva voló en su dirección, aunque no le dio y golpeó contra el suelo. Quien la había lanzado era Rich Gossage, haciendo lo que hacen normalmente los jugadores en el vestuario, una broma tan antigua como el propio juego. Pero aquella tarde en concreto, Cliff Johnson no estaba para bromas. Sin embargo, siguió sentado en el banco, mascullando en voz baja en dirección a Gossage:

—Tío, con lo que controlas, no he de preocuparme de que me des.

Reggie Jackson, que se estaba cambiando a su lado, preguntó en voz alta:

—Oye, Cliff, ¿cómo te fue contra Gossage cuando los dos estabais en la Liga Nacional?

Gossage había estado de lanzador con Pittsburgh antes de quedar libre y firmar con los Yankees por 2 millones de dólares. Es un chaval de campo rubio y grandote, con un gran desparpajo a la altura de su talento, y antes de que Cliff Johnson pudiera contestar a Jackson, Gossage replicó:

—Es incapaz de darle a lo que no puede ver —cuando vio que Cliff Johnson ponía mala cara, añadió—: Lo único que hizo fue oír el sonido de la bola al chocar contra el guante del receptor.

Después de haberse manifestado con tanta displicencia acerca de las proezas de Johnson como bateador, Gossage se dirigió hacia las duchas. Pero segundos más tarde, mientras estaba de pie cerca del urinario, detrás de él oyó a Johnson que le preguntaba:

—¿Crees que puedes defender tus palabras?

Gossage se lo pensó un momento, mientras estudiaba la cara sombría y ceñuda de Johnson, y a continuación contestó:

—Sí, creo que puedo.

Gossage y Johnson, los dos hombres más corpulentos del equipo de los Yankees —Johnson pesaba 98 kilos, y Gossage sólo 3 kilos menos— se quedaron mirándose. A continuación, tal como recordaría luego Johnson, éste lanzó una palmada en la espalda a Gossage, un gesto que implicaba repulsa más que un intento de provocar daño físico. Pero Gossage lo recordaba de otra manera. Afirmó que Johnson le había dado una palmada en un lado de la cabeza, tras lo cual, en un arrebato de furia, Gossage le lanzó una combinación de puñetazos, uno de los cuales impactó a Johnson en la boca y le hizo sangrar los labios.

De repente los dos se estaban dando de tortas, forcejeaban y maldecían. Cuando Gossage resbaló y cayó al suelo, continuaron forcejeando y aporreándose. El único jugador que había cerca era un jugador de cuadro, Brian Doyle, que pesa 75 kilos. Y mientras hacía un breve intento de separar a los dos hombres, la furia y el tamaño de éstos desalentó su entusiasmo como pacificador. Otros jugadores, al oír el ruido, llegaron por fin para separar a los combatientes, pero por entonces Gossage ya se había hecho daño en el pulgar de su mano de lanzar, y para él la temporada prácticamente había terminado, y lo mismo acabaría ocurriendo para los Yankees.

Los Orioles de Baltimore, después de su victoria por 6-3 en el Yankee Stadium aquel día de abril, ganarían 51 de sus 67 partidos siguientes. Los Yankees, privados de la presencia de su lanzador suplente, que tan importante había sido la temporada victoriosa del año anterior, ganaron poco más de la mitad de los partidos.

Aunque Cliff Johnson jugó esporádicamente para los Yankees mientras Gossage permanecía inactivo, y no se anduvo con chiquitas cuando saltó al campo —se dislocó dos dedos al lanzarse hacia la base para marcar en Kansas City, y en otra ocasión derribó y hospitalizó a un árbitro al marcar—, fue traspasado a mediados de junio a los Indians de Cleveland. Allí resultó ser muy compatible con el equipo y productivo como jugador. Cuando los neoyorquinos llegaron a Cleveland la semana pasada, en 61 partidos había conseguido 13 *home runs,* 46 carreras y un porcentaje de bateo superior al .260.

Mientras los Yankees calentaban en la banda antes del primer partido de los cuatro de la serie, vieron a Cliff Johnson en la jaula de bateo lanzando golpes muy fuertes y casi horizontales hacia los asientos de la zona izquierda del campo.

Unos pocos jugadores —Fred Stanley, Reggie Jackson y Luis Tiant— mantuvieron con él lo que en la liga pasa por ser un amistoso diálogo humorístico.

—Eh, hamburguesa con queso, hamburguesa con queso —lo llamó Stanley imitando al cómico John Belushi en *Saturday Night Live*—. ¿Procuras no meterte en líos?

—Eh —le gritó Reggie Jackson—, tengo entendido que el capitán del barco quiere que vuelvas.

—¿Ah, sí? —contestó Johnson, de manera agria—. Pues le costará un barco lleno de dinero.

Johnson, al observar que George Scott, de los Yankees, fichado recientemente a los Red Sox, llevaba ahora su antiguo número en los Yankees, el 41, frunció el ceño, pero enseguida sonrió y le dio una palmada a Scott en la espalda. A continuación Johnson se volvió al escuchar, detrás de la jaula de bateo, la voz de Jerry Narron que lo llamaba. De repente Johnson estaba furioso.

—Hey, tío, he oído que has estado diciendo cosas desagradables de mí.

Narron se retiró y no dijo nada más. A Gossage no se le veía por ninguna parte.

Pero diez minutos después, mientras el suplente de los Yankees practicaba en el diamante, Johnson, sentado en el banquillo, divisó a Gossage, que estaba de pie tras una pantalla protectora en la primera base. Fue trotando hacia él, quien se volvió lentamente.

—¿Cómo estás? —le preguntó Johnson.

—Bien —contestó Gossage.

—Veo que has vuelto a la normalidad —añadió Johnson, refiriéndose a que en las últimas semanas estaba volviendo a jugar de suplente.

—Sí —dijo Gossage. Hubo un silencio, y los dos se separaron.

Comenzó el partido. Rick Waits estaba lanzando para Cleveland. Y con Cliff Johnson bateando en lo que resultó ser la carrera ganadora con un doble, Cleveland ganó el primero de los cuatro partidos de la serie por 5-1. Cleveland también ganó el segundo partido de los dos encuentros seguidos celebrados al anochecer por 6-5. La noche siguiente, en la primera de sus dos tandas como bateador, Cliff

Johnson consiguió varios *home runs*. En la cuarta entrada se enfrentaba al tercer lanzador suplente de los Yankees, Bob Kammeyer. El partido iba 2-2 cuando este último lanzó la bola contra la cabeza de Johnson: el lanzamiento intimidador que había solicitado Martin.

Los Yankees ya perdían por 10-0. Ninguno de los dos equipos tenía opciones en la Liga Americana, y en la siguiente entrada Martin sacaría del campo a sus jugadores habituales. Sin embargo, ordenó que intentaran hacerle daño a Johnson, y al día siguiente, después de verificarlo con los pocos jugadores de los Yankees con los que todavía mantenía buena relación, Johnson sabía a ciencia cierta que el lanzamiento de Kammeyer había sido intencionado.

Dos días más tarde, los Indians estaban en Baltimore jugando con los Orioles, y alrededor de la jaula de bateo —que es donde los jugadores del equipo visitante y el local invariablemente intercambian chismorreos acerca de cuestiones que casi nunca llegan a las páginas de Deportes— se inició una discusión acerca de la táctica de Martin contra Johnson. Aquello no sorprendió especialmente a nadie. A todos les parecía algo que Martin era de sobra capaz de hacer. Sólo que en este caso, la información podría no ser del todo correcta. Martin sin duda ordenó un lanzamiento intimidador contra Johnson; y Martin sin duda le entregó a Kammeyer 100 dólares cuando regresó al banquillo, sólo que sus 100 dólares no se los entregó como recompensa por haber golpeado a Johnson. Lo que dijo Martin, en un tono comprensivo que no suele atribuirse a su carácter, fue:

—Ten, coge esto, y esta noche emborráchate con Mirabella y Anderson [los otros dos abatidos lanzadores]... Emborráchate y olvídate del día de hoy, y vuelve con fuerzas mañana.

Raza, reporteros y responsabilidad
New York Times, 1997

En el día de hoy, en el auditorio de una escuela de Fairfax, Virginia, el comité asesor del presidente Clinton en cuestiones raciales llevará a cabo otro debate. Probablemente suscitará observaciones constructivas y polémicas en los portavoces que representan muchos aspectos de la vida social y comercial de los Estados Unidos. Aunque con una excepción: los deportistas que se ganan la vida en la National Basketball Association (NBA).

Y sin embargo, a riesgo de parecer frívolo, sugiero que la NBA es una de las industrias menos racistas del país; aunque los críticos de la liga definan el baloncesto profesional como una esclavización de la energía negra por parte de unos gestores blancos. Yo creo que hay pocos lugares del país donde miles de hinchas blancos y negros y cientos de jugadores se sientan más cómodos que en las noches de partido en cualquiera de los estadios de la NBA.

Aquí los expertos liberales y conservadores no pintan nada. No hay cuotas para minorías en la NBA. Durante los partidos, los hinchas blancos pueden gritar —y gritan— críticas contra un jugador negro sin preocuparse demasiado por que a sus comentarios se les dé una interpretación racial.

No hay ningún otro lugar en los Estados Unidos donde la gente preste menos atención al color. Por lo que me sorprende que los medios de comunicación sugieran que Latrell Sprewell, un jugador negro, podría haber reaccionado a un comentario racista cuando intentó estrangular a P. J. Carlesimo, su entrenador blanco, en una sesión de entrenamiento que tuvo lugar este mes en Oakland.

También me sorprendió que algunos comentaristas creyeran que el racismo tuvo algo que ver en la reacción de represalia de los Golden State Warriors cuando el equipo canceló su lucrativo contrato y los dirigentes predominantemente blancos de la liga le suspendieron durante un año.

Uno de los asesores legales del jugador, Johnnie Cochran, un exponente sin igual del racismo como arma defensiva, aparecía a menudo en los noticiarios de la televisión y la prensa, condenando la decisión de la liga como un ataque al sentido común.

Pero este ataque al sentido común, en mi opinión —la de alguien que ha sido testigo del baloncesto profesional durante más de cuarenta años, y que comenzó en los años cincuenta como periodista deportivo—, fue fomentado por los propios medios de comunicación al apresurarse a ceder su tiempo de emisión y su espacio en las noticias a gente que busca llamar la atención y que utiliza los hechos para sus propios fines y con cualquier valor publicitario que pueda extraerles.

Así es como el reverendo Al Sharpton consiguió reconocimiento hace una década, en su papel de extravagante agitador racial y portavoz de Tawana Brawley, la joven negra que afirmaba que en 1987, cuando tenía quince años, fue violada y sodomizada por un grupo de hombres blancos.

Un gran jurado especial consideró que la acusación había sido una invención, pero la señora Brawley vuelve ahora a ocupar otra vez los titulares, junto con el señor Sharpton, con más acusaciones de racismo. En la Corte Suprema Estatal de Poughkeepsis, el señor Sharpton y dos de los partidarios negros de la señora Brawley, Alton H. Maddox y C. Vernon Mason, se defienden a sí mismos en una demanda por difamación presentada por Steven A. Pagones, uno de los hombres blancos a los que anteriormente identificaron como violadores de la señora Brawley.

Las acusaciones han adquirido un tinte más desagradable. William E. Stanton, el abogado blanco del señor Pagones, fue denunciado por racista en un tribunal por el señor Maddox.

—Está claro que el señor Stanton es un racista, un racista descarado —afirmó el señor Maddox—. No cree nada de lo que dice una mujer negra.

—Yo serví en Vietnam con hombres de color y los he visto morir —replicó el señor Stanton.

—Probablemente incluso los mató —replicó el señor Maddox, suscitando en sus partidarios lo que un periodista describió como murmullos de aprobación.

Se dijo que posteriormente, en las escaleras del tribunal de justicia, el señor Stanton se mostró lleno de amargura y apenado al dirigirse a la prensa: «Publicáis todo lo que dice esa gente», afirmó.

Yo soy un absolutista de la Primera Enmienda, y no defiendo ninguna restricción exterior a la prensa. Lo que propongo, en cambio, es que los editores y los directores de noticiarios televisivos actúen con más imparcialidad, que se contengan un poco más a la hora de difamar a las personas acerca de las que informan. ¿Por qué se debería permitir que Alton Maddox acuse de racista al señor Stanton en la prensa, cuando no hay absolutamente nada que lo justifique?

¿Y por qué debería obligarse a un entrenador del baloncesto blanco a defenderse de acusaciones de racismo, algo que además parece poner en peligro su puesto —como lo recuerdan constantemente estos días las páginas deportivas—, tan sólo porque no consigue encontrar una fórmula ganadora para un equipo encabezado por una estrella negra que parecía decidida a decapitarle?

E insisto, ¿dónde está la prueba de que hubiera ningún sentimiento racial entre esas dos personas? Los deportistas y sus entrenadores a menudo han desahogado sus frustraciones por medio de la violencia física. El mundo del deporte está poblado de personas muy fuertes y muy agresivas. Pero sus altercados no deberían identificarse como racistas simplemente porque algún oportunista en busca de noticias sugiera que es cierto.

Si el boxeador Mike Tyson le hubiera mordido la oreja a un contrincante blanco en lugar de a Evander Holyfield, ¿podríamos haberlo proyectado como un acto de odio racial? Si la estrella del baloncesto de Indiana, Reggie Miller, se hubiera burlado de una hincha blanca junto a la pista del Madison Square Garden, en lugar de burlarse de Spike Lee, como pasó hace unos años, ¿se habría dado la noticia como si fuera un incidente racial?

Durante este mes y el que viene, a medida que los debates del presidente sobre la cuestión racial prosigan por todo el país, ¿no sería el momento adecuado para que la prensa revisara los métodos mediante los cuales evalúa e informa acerca de este tema conflictivo y no siempre definible, un tema que tantos malentendidos ha provocado en nuestro país?

El hijo del púgil
New York Times, 1998

Había una vez un púgil siciliano de ojos azules, tatuado y rubicundo llamado Martin Sinatra,* el cual, deseando incrementar sus oportunidades de empleo en los Estados Unidos en un momento en que no había ninguna ventaja apreciable en tener un apellido italiano (excepto en la mafia), se presentó en el cuadrilátero como «Marty O'Brien».

No pretendo faltarle al respeto a este hombre, que comprometió su identidad en interés del comercio, pues históricamente ha sido una práctica muy común, seguida por muchas personas de este país nacidas en el extranjero, siempre que han intentado integrarse en la sociedad estadounidense; y, en el caso concreto del señor Sinatra y su apodo, para atraer a gran número de promotores de boxeo norteamericanos de ascendencia irlandesa y a los muchos otros irlandeses norteamericanos que, en una época ya lejana, se encontraban entre los seguidores más ardientes del boxeo en nuestro país.

En el caso del hijo único del púgil, sin embargo, cualquier tipo de compromiso sería siempre anatema, y así quedó destinado a llevar una vida que sería tan truculenta como triunfal, una existencia siempre en los titulares, que, a lo largo de medio siglo, inspiraría a los demás (sobre todo a los que somos americanos de antepasados italianos), pues nos proporcionó el valor para, finalmente, reconocer de lleno quiénes somos y respetarlo.

---

* Anthony Martin Sinatra (1892-1969) fue bombero, barman, boxeador profesional y padre de Frank Sinatra. *(N. del T.)*

El perdedor

Los artículos que escribió Gay Talese acerca de Floyd Patterson —treinta y siete— bastarían para llenar un pequeño volumen. Ni antes ni después ha mantenido una relación con un personaje comparable a la que mantuvo con Patterson. El púgil y el séquito que lo rodeaba le recordaban a Jed y Buster, dos negros que habían trabajado planchando ropa en la empresa de sus padres, Talese Township. «Esos tipos eran una ruina —dice Talese—. No los había querido ni el servicio militar». Talese a menudo trabajaba con ellos, colocando percheros en un raíl.

Al igual que Patterson, muchas de las personas que lo rodeaban eran gente derrotada, ya fuera como boxeadores o en el combate de la vida. «Todos habían acabado derrotados en algún momento, quizá sólo en una pelea de barrio, pero todos estaban hechos polvo —afirma Talese del séquito de Patterson—. Eran un grupo de marginados de dudosa reputación. Lo que me parecía maravilloso de ellos es que fueran tan humildes, a pesar de ser armas ambulantes. Cuando alguien les hablaba con amabilidad, como en mi caso, afloraba en ellos una tristeza, y entonces se te abrían completamente».

La capacidad de conseguir que la gente se sienta lo bastante cómoda como para contarle cosas que jamás habían revelado a sus esposas o amantes es uno de los puntos fuertes de la carrera de Talese. Para empezar, nunca ha vestido de manera distinta sólo porque la gente acerca de la que escribe no comparta su aprecio por los ternos. «Eso sería faltarles al respeto —dice—. Sería presuponer que los conoces, que sabes lo que les gusta ver. Yo no tengo pretensiones sociales, pero tengo movilidad. Socialmente soy móvil. Creo que puedo meterme en un territorio cualquiera sin tener que quitarme el chaleco. Lo que considero importante, y lo que influye en la gente a la hora de abrirme la puerta, es que soy educado con ellos. Quiero que me cuenten sus vidas. Quiero escuchar».

Los textos de esta sección hablan del asombroso K.O. de Patterson en el primer asalto a manos de Sonny Liston: los preparativos de la pelea, el diálogo en los confusos momentos posteriores («Ha sido un derechazo, ¿verdad? Creo que sí»), el largo regreso a casa disfrazado. En última instancia, su extraordinario relato aparecido en *Esquire*, «El perdedor», se abre en un «club de campo abandonado que tiene una polvorienta pista de baile». Talese expresó en palabras el monólogo interior que corría por la cabeza del púgil. En el relato de Talese, Patterson *piensa*. Y Patterson revela cosas que los boxeadores nunca expresan en palabras, como la euforia que sientes cuando te noquean, y el dolor, la sensación de derrota que llega inmediatamente después.

MR

Retrato del campeón ascético
New York Times, 1961

El dramático triunfo de Floyd Patterson sobre Ingemar Johansson el pasado junio —un retorno que a nivel internacional sólo fue superado por el de Haile Selassie— volvió a convertirle en un gran héroe, aunque no cambió su manera de ser; sigue siendo un peso pesado ascético, un hombre cuyos hábitos ya hace mucho que desconciertan a los epicúreos del boxeo, a los gorrones y a los listillos de las finanzas.

A Patterson le sientan bien la soledad y meditación, y a menudo reza. Antes del primer asalto de cada combate hace la señal de la cruz, pero nunca reza para ganar; lo único que pide es que ni él ni su oponente sufran ninguna lesión grave, y eso mismo es lo que hará antes del primer asalto el 13 de marzo en Miami Beach, la noche en que arriesga su título contra Johansson.

Los dos hombres son muy distintos. A Johansson le gusta la publicidad y la buena vida, y posiblemente sabe tanto de la forma femenina como cualquier hombre desde Vesalio. Cuando tumbó a Patterson hace dos años, aquello supuso un revés para la austeridad, una victoria para el Copacabana. Puesto que casi todo el mundo pensaba que Johansson también ganaría el segundo combate, Patterson fue muy impopular el invierno pasado, y en una ocasión quedó aislado por la nieve durante tres días en su refugio de entrenamiento, situado entonces en Connecticut, antes de que nadie se apercibiera de su apurada situación y fuera a rescatarlo.

Naturalmente, las cosas han cambiado. La recuperación del título por parte de Patterson lo devolvió al estado de gracia, y este invierno, su refugio de entrenamiento —anteriormente en Spring Valley, Nueva York, y ahora en Miami Beach, donde permanecerá hasta el combate— es un lugar concurrido. Cada día lo visitan líderes cívicos, aduladores y periodistas deportivos que le rinden homenaje, le hacen las preguntas de siempre y obtienen la respuesta de siempre: Sí, creo que el tercer combate con Ingemar será duro; No, no me estoy confiando demasiado; Sí, atacaré en cuanto suene la campana; Sí, señor, adiós, gracias por venir.

Entonces, a medida que los coches desaparecen, Patterson entrena un poco más, ve la televisión o lee. Cuando encuentra una palabra que no entiende, la busca en el diccionario de dos kilos de peso que siempre tiene sobre su escritorio. Hace poco, mientras todavía estaba en Spring Valley, buscó la palabra *enigma,* que es como le calificó hace poco una revista de boxeo en un artículo. Patterson encontró divertido descubrir que era «algo desconcertante o inexplicable», así que telefoneó a su mujer, que estaba en Long Island, para preguntarle si era consciente de que estaba casada con un hombre desconcertante o inexplicable. Ella dijo que no.

Aunque Patterson no es inexplicable, a sus veintiséis años es una persona tremendamente sensible y tímida.

—Siempre he sido tímido —dice—. Muchas veces, en la escuela, cuando el maestro preguntaba y yo sabía la respuesta, me decía: «Levanta la mano, idiota, lo sabes». Pero era incapaz. Y finalmente, si nadie sabía contestar, el profesor tenía que decir la respuesta a la clase. Y en mi fuero interno yo me daba de patadas. Podría haber sido el chaval más listo de la escuela... sólo con que hubiera sido capaz de levantar la mano.

Es extraño —o quizá no tanto— que el mejor púgil del mundo sea un hombre en gran medida dominado por una sensación de inferioridad. Durante muchísimo tiempo fue incapaz de ir con la cabeza alta, de mirar a los ojos de los demás púgiles en el pesaje, de hablar con seguridad en sí mismo.

—Mi lucha principal —admitió no hace mucho— ha consistido en convencerme de que era tan bueno como los demás. Bueno, no sabes cómo me gustaba sentarme y ver hablar a Cus [D'Amato, su mánager], y cómo admiraba que fuera capaz de mirar a los demás directamente a los ojos, y supiera expresarse. Cuando yo tenía que hablar delante de un grupo, me ponía a sudar.

»Ahora han mejorado mucho, pero recuerdo la extraña sensación que tuve el año pasado en Roma mientras esperaba a que el Papa me recibiera en audiencia. Cuando salió, me arrodillé y le besé el anillo. Le toqué la mano, y yo estaba sudando. Me daba miedo liarla. Era la misma sensación que tuve una vez en Nueva Jersey mientras estaba al fondo de una iglesia durante la misa, antes de la primera pelea con Johansson, cuando me preguntaron si me gustaría pasar el cepillo para recoger las limosnas. Dije que muy bien, pero entonces me vi pasando el cepillo y dándole un golpe a una anciana en la cara, y derramando dinero por el suelo. Entonces decidí no pasar el cepillo. Pero —añadió— cuando estuve con el Papa no la lié.

Hasta hace muy poco, su extrema timidez le impedía ponerse en pie para reclamar sus derechos cuando estaba fuera del cuadrilátero; en más de una ocasión se ha visto insultado y provocado por borrachos y graciosillos, y la única vez que respondió a una agresión fue cuando alguien le cortó con un cuchillo.

—En 1957, el año después de ganar el título —recordaba—, estaba yendo en coche a recoger a mi mujer, Sandra, para ir al cine. En la avenida Lewis de Brooklyn me fijé en un taxi que iba a toda velocidad detrás de mí y hacía sonar la bocina como un loco. Me detuve en un semáforo, y había muy poco espacio para que me adelantara y tomara la curva a la derecha; de todos modos lo intentó y me rompió una de las luces traseras.

»Yo aparqué el coche, y estaba metiendo la mano en la guantera para sacar los papeles del seguro y el registro cuando vi que el taxista salía a toda prisa de su coche. Era un tipo grandote, mucho más que yo, y metió la mano por la ventanilla y me agarró del cuello. Intenté explicarme, pero él me sujetó, sacó un cuchillo y me cortó la mano —Patterson mostró una cicatriz en un ñudillo de la mano derecha.

»Así que salí del coche, le solté un gancho de izquierda y un derechazo, y a continuación lo empotré contra una cerca. Debería haber llamado a la policía, pero estaba asustado. Estaba asustado porque teóricamente tenía que estar en el campo de entrenamiento (Cus no sabía que había salido), y aunque sólo estaba a unas cuantas manzanas de donde me esperaba Sandra, di media vuelta y regresé al campo de entrenamiento. Luego le telefoneé para contar lo que había ocurrido. Estaba tan nervioso...

Es natural, pero incorrecto, que la gente confunda el retraimiento de Patterson con falta de seguridad en sí mismo. Como púgil, está absolutamente seguro de su talento. Antes del segundo combate con Johansson, cuando las apuestas estaban muy en su contra, le dijo a Sandra: «Esta noche van a tener que sacar a alguien del ring, y no creo que sea yo». Pero nunca diría algo así en público, y habría sido embarazoso verlo impreso. Es extremadamente modesto.

Si ahora Patterson parece más decidido en público, se debe en parte a que ha aprendido que la modestia en su profesión es objeto de burla; que los promotores y los que redactan los contratos en la Octava Avenida consideran que mostrarse amable es un signo de debilidad.

—En las conferencias de prensa me fijaba en la manera en que hablaba Ingemar —dijo Patterson—. Decía: «Haré esto», «Haré lo otro», «Yo diré cuándo». Y yo pensaba:

«¿No se da cuenta de que no puede hablar así a la gente?». Pero podía. Aunque yo nunca hablaría así a la gente, aprendí bastante de él. Bastante. Imagino que mucha gente aprendió bastante de él.

Floyd Patterson también ha aprendido bastante de la vida, desde sus combates con Johansson. Antes de ellos era un alma cándida; desde entonces se convirtió en experto en identificar a los que son amigos tuyos sólo cuando las cosas van bien, y a distinguir entre sus verdaderas amistades y las falsas por la manera en que le trataron, hablaron de él y escribieron acerca de él después de que Johansson le ganara por K.O. en el primer combate.

Nada le resultó más gratificante durante esos solitarios meses de derrota que los centenares de cartas procedentes de Suecia en las que, aunque se alegraban de que Johansson hubiera ganado, también lamentaban que Floyd hubiera perdido, pues le seguían considerando un excelente boxeador. En su propio país no le mandaron tantas cartas de aliento.

Patterson decidió que cuando volviera a ser campeón, visitaría Suecia y correspondería a la amabilidad de los suecos. Fue lo que hizo el verano pasado.

—Cuando mis sparrings y yo aterrizamos en Suecia, la hija del intérprete me besó en la mejilla —dijo—, y una anciana me besó la mano. Me conmovió tanto que yo también le besé la mano y le dije: «Gracias, gracias». Mientras estuve en Suecia no presencié ninguna discriminación racial.

Sin embargo, durante su gira europea recibió una llamada de larga distancia de su mujer en la que le contaba que había tenido problemas para que la dejaran entrar en un salón de belleza de Rockville Centre, Long Island.

—Concertaban citas con ella, y las incumplían repetidamente —dijo Patterson—. Así que telefoneé a la esposa de mi abogado, la señora de Julius November, y ella consiguió que la atendieran sin cita previa. Quería que el incidente se conociera; no quería que la gente de color fuera por ahí y tuviera que pasar la misma vergüenza que había pasado mi mujer. Pero peor aún fue cuando mi mujer dijo: «Sabes, los propietarios de ese local son suecos». Y yo contesté: «No, no es posible que sean suecos». Ella volvió a comprobarlo y era cierto. Yo no sabía qué decir.

Desde entonces, Floyd ha soportado otros desaires raciales. Hace un mes, un amigo telefoneó para decir que sería mejor que los Patterson dejaran de pensar en comprarse una casa en Scarsdale. Y hace poco, cuando otro amigo dijo que había encontrado un hotel en Florida que estaría orgulloso de tener entre sus huéspedes al campeón de los pesos pesados, Patterson lo rechazó amablemente con las siguientes palabras: «¿Y si pierdo el campeonato? ¿Podré regresar al hotel a recoger mi ropa?».

Patterson no es ningún demagogo, pero le cuesta mucho tolerar la hipocresía. De manera que resultó comprensible que exigiera una garantía de que en el siguiente combate se rechazaría la segregación a la hora de asignar las localidades. Sus exigencias se han cumplido.

—Antes pensaba que Jesús era un hombre blanco —dijo—. Todas las imágenes que había visto de él lo mostraban como blanco. Pero ya no acepto que sea blanco. O bien Jesús no tiene ningún color, o en su piel están todos los colores.

A continuación añadió:

—Es muy fácil herir mis sentimientos. Puedes darme un puñetazo, y me quedaré igual. Pero tus palabras pueden llegar a afectarme muchísimo.

En parte a consecuencia de lo mucho que le afectaron las pullas de los periodistas deportivos —antaño amigos—, y en parte a causa de su propio carácter, Patterson lleva una vida tranquila e introvertida. Evita los clubs nocturnos y generalmente asiste sólo a cenas de beneficencia. Además de su familia, entre sus escasos amigos íntimos están su abogado Julius November; un sacerdote de Brooklyn, el padre Archibald McLeese; sus entrenadores, Dan Florio y Buster Watson; y su mánager, D'Amato. Promotores de boxeo y escritores han solicitado que se rompiera la alianza Patterson-D'Amato, con la excusa de que D'Amato ha echado a perder las opciones de Patterson de conseguir más combates y convertirse en un campeón mejor. Pero púgil y mánager mantienen una sólida relación.

—Cus nunca me ha engañado —dijo Floyd, una afirmación que en el mundo del boxeo es el mayor halago que puede recibir un mánager.

La relación de Patterson con su mánager se inició cuando comenzó a entrenar en el gimnasio de D'Amato del Lower East Side. Al principio, según D'Amato, Floyd «estaba como fuera de lugar». A los quince años entrenaba con regularidad, y tenía grandes esperanzas de que el boxeo le permitiera salir a él y a su familia del suburbio de Brooklyn en el que habían acabado después de abandonar Carolina del Norte.

Floyd, que tenía diez hermanos y era hijo de un peón y una empleada del hogar, había vivido una sombría infancia en un apartamento abarrotado. Antes de los once años, parecía encaminado a una ilustre carrera como delincuente juvenil. Hacía novillos de manera habitual, no sabía leer ni escribir, casi nunca hablaba y era incapaz de mirar a la cara a cualquiera que le dirigiera la palabra.

Lo mandaron a la escuela Wiltwyck para niños incorregibles, cerca de Esopus, Nueva York. Allí conoció a una profesora, la difunta Vivian Costen, que le dio clases particulares.

—Fue como una madre para mí —dijo Floyd—. Empecé a comprender las cosas. Aprendí a leer. Incluso me gustaba la escuela.

En Wiltwyck, la señorita Costen y el director de Deportes, Walter Johnson, animaron a Patterson a que se dedicara al boxeo, y desde entonces su interés por ese deporte nunca ha menguado; finalmente había encontrado algo que sabía hacer bien, y puso en ello todo su empeño.

Siguió entrenando mientras asistía a la Escuela Pública 614, una de las escuelas de Nueva York para niños inadaptados, y a la escuela de formación profesional Alexander Hamilton, hasta que a los dieciséis años ganó los Guantes de Oro, el título abierto del peso medio. A continuación ganó nueve títulos como aficionado, y en 1952 ganó el campeonato olímpico de los pesos medios.

Con D'Amato como mánager, Patterson se pasó al boxeo profesional ese mismo año, y tras ganar peso y mejorar su técnica, comenzó su ascenso hacia el campeonato de los pesos pesados.

Sin embargo, ninguno de sus triunfos fue apabullante. Un peso semipesado llamado Dick Wagner le dio una buena tunda en el Eastern Parkway Arena en 1953 antes de perder un combate reñido, y posteriormente Patterson perdió por puntos allí mismo con Joey Maxim. Pero D'Amato escogía con mucho cuidado los oponentes de Patterson —algunos críticos decían que con demasiado cuidado—, y después de noquear a Archie Moore en 1956, Patterson ganó el título de los pesos pesados a los veintiún años y cerró la boca a los enteradillos.

Con el título en su poder, el nuevo campeón tenía muy pocos adversarios dignos de mención. La primera vez que Patterson defendió el título, en 1957, fue contra

Tommy «Huracán» Jackson, un púgil poco ortodoxo que tenía una gran audiencia televisiva, pero que no era buen boxeador; el árbitro detuvo aquella aburrida pelea en el décimo asalto. A continuación se sacaron de la manga un tigre blanco llamado Pete Rademacher, que nunca había combatido como profesional. Rademacher consiguió lanzar un sorprendente golpe que por un momento dejó a Patterson en la lona en el segundo asalto, pero Rademacher no hizo nada más y acabó noqueado en el sexto.

En 1958 Patterson combatió contra un pueblerino llamado Roy Harris, vástago de una familia tejana, amantes de los armadillos y mascadores de tabaco. La pelea, que también fue aburrida, acabó con la victoria de Patterson en el duodécimo asalto, aunque Harris consiguió tumbar de manera discutible a su adversario en el segundo.

Patterson ha dicho que el puñetazo de Rademacher definitivamente lo tumbó, pero que antes del de Harris había perdido el equilibrio. Es un boxeador que combate agazapado, con los guantes delante de la cara, los ojos asomando por encima del cuero, y a menudo se desequilibra. En sus primeros combates, a veces pegaba un salto y golpeaba con los dos pies en el aire.

Aunque puede que sea relativamente fácil de derribar, también es cierto que consigue ponerse en pie con asombrosa facilidad, tal como demostró en su primera pelea con Johansson, cuando se puso en pie siete veces, e iba a hacerlo otra vez cuando el árbitro paró la pelea.

Floyd ha afirmado que el 50 por ciento de los puñetazos que encaja no le hacen daño. El otro 50 por ciento, sobre todo los que llegan a las costillas y el plexo solar, duelen mucho, y a menudo los siente hasta cuatro días después de la pelea.

—Pero a pesar de lo doloroso que sea ese 50 por ciento, siempre debes mantener la misma expresión en la cara —dice—. A veces un boxeador recibe un golpe en la cabeza, y sonríe para que el otro no sepa que le ha hecho daño, aunque se lo haya hecho. Cuando un púgil consigue soltar un buen golpe, observa al otro para estudiar la reacción de su cara: si la expresión cambia, y parece que le ha hecho daño, entonces el boxeador que ha soltado el puñetazo no deja de acecharlo.

»Un buen púgil debe aprender a mantener el gesto imperturbable tras haber recibido un buen puñetazo.

Cuando él se sienta en la esquina entre asalto y asalto, asistido por los hombres que le curan las heridas y le enjuagan la boca, el mánager normalmente intenta animarlo, indicarle lo que está haciendo mal, y a menudo le dice que está perdiendo si va ganando o ganando si va perdiendo. A veces lo que se dice en el rincón durante o antes de la pelea ejerce un efecto sorprendente en el desarrollo del combate.

—Antes del segundo combate con Johansson —recuerda Floyd— mi entrenador, Buster Watson, que es un tipo muy gracioso y siempre me hace reír, de repente se puso muy serio. Me miró justo antes de que sonara la campana y me dijo: «Ha llegado la hora de la verdad, Pat». No sabría explicar lo que sentí. Quizá porque Buster nunca habla de esa manera. No lo sé. Pero consiguió que tuviera la mentalidad adecuada al comienzo del combate.

Aquel combate duró hasta el minuto 1 y 51 segundos del quinto asalto; entonces Johansson se derrumbó en la lona y ya no se levantó. Para Patterson —el primer hombre que recuperaba el título de los pesos pesados— la victoria fue más que una venganza contra el sueco: una bofetada a todos esos periodistas deportivos que le habían llamado campeón de pacotilla; contra los supuestos amigos que lo habían abandonado; contra la gente que no fue a ayudarle con una pala cuando estaba aislado por la nieve en Connecticut.

Pero la victoria no fue su regreso más espectacular. Floyd Patterson, nacido en una cabaña de Waco, Carolina del Norte, y nacido con más desventajas que ventajas, había ganado una lucha mucho más importante contra la ignorancia, la delincuencia, la pobreza y la inseguridad.

Con el dinero que ha amasado —muchos boxeadores lo han derrochado en frivolidades, o han visto cómo se lo robaban mánagers sin escrúpulos— ha garantizado la educación universitaria de sus hijos, el bienestar de su mujer, y permitido que sus padres y parientes salieran de los suburbios.

—Mi madre parece más joven ahora que hace ocho años —afirma orgulloso Patterson—. Y ello se debe a lo que pude darle de mis ganancias en el boxeo.

Y todo esto ha compensado el dolor de las caídas, todas las humillaciones y decepciones del boxeo.

Patterson, indiferente al principio, demuestra que también sabe ladrar
New York Times, 1962

Elgin, Illinois, 19 de septiembre—. Cada tarde, Floyd Patterson da un paseo de seis kilómetros por una estrecha carretera a través de los campos de maíz, e invariablemente un escandaloso perro blanco, en una granja, lo oye y le persigue, hostil y con ganas de morder.

Patterson siempre ha hecho caso omiso del perro, pero ayer, tras haber encajado todos los improperios que es capaz de tolerar en un animal, se volvió rápidamente y se quedó esperando a que atacara. El perro se retiró. Patterson soltó una carcajada; confirmaba el tópico de perro ladrador poco mordedor, y hoy se preguntaba si Sonny Liston no tendría algo en común con ese perro.

—Por la manera en que Liston se ha comportado y se ha jactado en su refugio de entrenamiento —dijo Patterson—, tengo la impresión de que pretende demostrar algo. A lo mejor está preocupado —y a continuación añadió—: Yo estoy tan confiado como él. Pero su confianza está en la superficie, y la mía en mi interior.

Patterson, el campeón, no estaba prediciendo quién iba a ser el ganador de su pelea por el título mundial de los pesos pesados, ni tampoco estaba adoptando una actitud de gallito. De hecho, admitió que su adversario podría noquearlo, y dijo que su mujer, Sandra, había decidido volar a Chicago para ver la pelea del próximo martes —en lugar de verla en televisión por circuito cerrado desde su casa—, para poder consolar a su marido en caso de que Liston ganara.

Pero estos días, en el campamento de Patterson hay una falta de tensión y una serenidad a todas luces ausentes en el refugio de Liston, donde la mayor molestia son los periodistas deportivos; en el refugio de Patterson, la única molestia son los mosquitos.

Mientras que el comportamiento de Liston es impredecible, Patterson aparece cada tarde en una conferencia de prensa, paciente y tranquilo, para contestar a las mismas preguntas que contestó ayer, que son las mismas que contestará mañana. ¿Cómo te sientes? ¿Cuánto pesas? ¿Cuántos asaltos has entrenado?

Hoy en día incluso tienen una cinta para medir el puño (34 centímetros), que han comparado de manera desfavorable con el de Liston (35), y hasta un erudito recordó que el de Primo Carnera medía 36,2, y que tuvo suerte de derrotar a Victor Mature en las películas sobre el Antiguo Testamento.

Incluso después de que la conferencia de prensa de media hora hubiera terminado, y después de que las cámaras y los artilugios de aluminio hubieran regresado a las furgonetas y recorrido los 60 kilómetros de polvorienta carretera hasta Chicago, algunos se quedaron en el refugio de Patterson. Tenían la impresión de que no lo habían visto todo, y que tampoco se había dicho todo. Pensaban quizá que Patterson revelaría el desánimo o la tristeza imaginables en alguien que supuestamente va a ser destruido por Liston.

Pero tras una sonrisa y una despedida, Patterson se dirigió en solitario hacia su pequeña casa de madera y desapareció. A continuación sus sparrings jugaron una partida de ping-pong a la sombra de un árbol o se echaron la siesta. Y el mánager, Cus D'Amato, siguió leyendo su libro sobre la guerra de Secesión («Lee me recuerda a Joey Maxim», afirmó). El abogado, Julius November, celebró un cónclave con los promotores en el porche y hablaron de dinero.

Y luego todo el campamento, enclavado en esta inmensa planicie verde de tallos de maíz en permanente susurro, se sumió en esa atmósfera aletargada del Sur profundo. Así que los hombres de Chicago abandonaron el campamento.

Una hora más tarde, Patterson, ataviado con unos pantalones color caqui, una camiseta y una gorra, salió de la casa y fue a dar su paseo por la carretera que atraviesa las granjas, donde le esperaba el perro.

Generalmente va a pasear solo. Pero hoy tenían dos visitantes, uno de ellos el novelista James Baldwin, que acababa de regresar de África, donde había investigado para su próximo libro, y que ahora intentaba aprender algo del mundo del boxeo. Una hora antes le había regalado a Patterson dos de sus libros más vendidos, *Otro país* y *Nadie sabe mi nombre,* con la inscripción: «Para Floyd Patterson... Porque los dos sabemos de dónde venimos, y tenemos cierta idea de adónde vamos...».

A continuación, Ted Carroll, uno de los asesores de prensa de Patterson, lo llevó a dar una vuelta por el campamento y le explicó:

—Señor Baldwin, éste es el campamento donde entrena Floyd. Y este paisaje es fiel reflejo de la personalidad del campeón. Aunque su oficio es violento, señor Baldwin, su personalidad es serena, bucólica. ¿Le parece una buena palabra, señor Baldwin? —Carroll es un hombre que habla muy bien.

Baldwin asintió.

—¿Alguna pregunta?

—No se me ocurre ninguna —dijo el novelista.

—No sea vergonzoso —dijo el asesor de Patterson, a lo que añadió—: En un lugar de entrenamiento hay sparrings, un cocinero, un pinche y dos entrenadores. Uno de los entrenadores es Dan Florio, y el otro Buster Watson, un viejo amigo del campeón, un antiguo benefactor de la familia. ¿No sé si usted utilizaría esa palabra?

Baldwin no parecía capaz de decidirse en ese momento.

A continuación el novelista y Floyd Patterson dieron un paseo, y dos horas más tarde regresaron. Patterson le estrechó la mano a Baldwin y se retiró a la casa. Baldwin le dio las gracias y comentó de Patterson: «Hay un tipo de amabilidad y un tipo de dureza que he visto toda mi vida».

Los asesores de Liston ensalzan su alegría, benevolencia y tosquedad
New York Times, 1962

Aurora, Illinois, 20 de septiembre——. Sonny Liston, al que se ha proclamado el hombre más duro que ha tenido en Chicago desde Dillinger —incluso se ha sugerido que Liston no le tiene un gran aprecio a Robert Frost—, de hecho es un alma enormemente sensible y amable, ha dicho hoy su mánager, y a continuación ha intentado demostrar su afirmación.

—Liston —dijo Jack Nilon— tuvo el otro día de visita a seis u ocho grupos de chavales de los reformatorios de Chicago, y les hizo sentar a todos para darles un buen sermón.

—A todos les regaló fotos firmadas y una Coca-Cola —dijo Archibald Pirolli, el relaciones públicas de Liston.

—Una Pepsi Cola —dijo Nilon.

—Pero —añadió Pirolli— el público sólo quiere saber el historial delictivo de Liston. Hasta ahora se han escrito 9.635.721 palabras acerca de sus antecedentes.

»Si conocierais a Liston —prosiguió—, si lo vierais con su mujer, que parecen dos tortolitos (cuando no se entrena, nunca se separan más de metro y medio), os daríais cuenta de lo buena persona que es, y de cómo le gusta hacer el payaso, y reír, y tomarnos el pelo, y...

—Y —intervino Nilon— cuando llegue a campeón de los pesos pesados, le dará un poco de vida al deporte del boxeo.

Casi todos los que hoy han visitado su campamento han estado de acuerdo en que Liston le ganaría el título a Floyd Patterson el próximo martes. Y algunos incluso recibieron con los brazos abiertos esa «vida» que aportaría al deporte del boxeo.

—La verdad es que estoy un poco harto de oír hablar del «ello» de Patterson y de todo ese rollo de psicólogo aficionado —afirmó un observador del boxeo a bordo de la limusina que iba de Chicago al campamento de Liston, situado a unos 65 kilómetros de distancia—. Al menos, en el caso de Liston tendremos a un camorrista capaz de acabar una pelea de un puñetazo.

A lo largo de todo el día, y en todas partes, continúa el debate entre aquellos que sostienen que el triunfo de Patterson sería una victoria del bien sobre el mal.

Otros afirman que el boxeo, después de todo, no es un deporte para élites, y que Liston es precisamente el tipo de gladiador que se necesita para abarrotar los estadios igual que lo estaban en los tiempos de las orgías de leones de Roma.

En estas discusiones a Liston inevitablemente se le asigna el papel de «tosco», a pesar de que Nilon y Pirolli afirmen lo contrario.

Cuando Liston ha aparecido hoy, llevaba una gorra blanca, un traje sport azul y una sonrisa jovial.

—¿Cuál ha sido tu pelea más dura, Sonny? —le preguntaron.

—Mi pelea más dura está siendo ésta —dijo Liston, complacido.

—¿Defenderás el título una vez al año?

—Probablemente.

Hubo más preguntas interesantes, pero cuando todo terminó, Nilon dijo:

—Algo que al parecer nunca mencionáis, chicos, es lo bien que encaja los golpes Liston. Podéis golpearle con un hacha sin que se inmute.

—O con un bate de béisbol —dijo Pirolli—. Y luego irá a por vosotros.

Patterson también tiene cuatro amigos, pero tendrá que pelear solo

New York Times, 1962

Elgin, Illinois, 23 de septiembre—. El martes por la noche, en el rincón de Floyd Patterson habrá un entrenador que entre asalto y asalto le ensanchará el elástico de sus pantalones de boxeo. Otro se ocupará de la botella de agua, el protector y los cortes, y un tercero vigilará todo lo que está haciendo el aspirante.

Un cuarto individuo (el mánager) será el que principalmente hablará entre asalto y asalto. Es posible que le diga a Patterson que va perdiendo cuando vaya ganando, o ganando cuando vaya perdiendo.

A las nueve de la noche, hora de Nueva York, los cuatro hombres estarán tensos e inquietos cuando acompañen a Patterson a Comiskey Park y comiencen a vendarle las manos y ayudarle a vestirse. Después, Patterson, el hombre más tranquilo del mundo en su rincón, probablemente dormirá una hora.

Poco antes de las diez y media, los cuatro seguirán a Patterson hasta el cuadrilátero, y durante el combate sus voces serán estridentes y sus miradas intensas. Cuando termine cada asalto, sus ocho manos se moverán frenéticas durante los sesenta segundos de intermedio.

El mánager, Cus D'Amato, el que coloca el taburete, será el primero en saltar al ring. Mientras Patterson permanezca sentado, Buster Watson, el ayudante del entrenador, tirará de la cintura de los pantalones del campeón para ayudarle a respirar.

A la izquierda de Patterson estará el entrenador, Dan Florio, que fue un púgil de primera hace cuarenta años. Limpiará la cara de Patterson con almohadillas esterilizadas, le sujetará el protector bucal, le entregará la botella de agua, y aplicará sales aromáticas a la nariz de Patterson si el púgil está grogui.

De pie a la derecha de Patterson, y aplicando una bolsa de hielo a las sienes del campeón, estará el hermano de Dan, Nick Florio. Nick es un genio a la hora de detectar los defectos de la táctica del oponente.

—A Nick no se le pasa por alto ningún truco —dijo Dan—. ¿Te acuerdas del segundo combate con Johansson? Nick se dio cuenta de que Johansson dejaba caer la mano izquierda, y así fue como Floyd primero le dio un golpe de arriba abajo y luego un gancho. Después de eso Johansson ya no fue el mismo.

Los cuatro hombres que hay en el rincón de Patterson tienen en común su dedicación al púgil, pero como individuos son muy distintos. Dan Florio es de los que se preocupan en silencio. Nick parece del todo carente de emoción. D'Amato es todo emoción, y prácticamente el único que habla en el ring.

Watson, el mejor amigo de Floyd, posee una cualidad esquizofrénica.

Hasta el día del combate es un tipo cómico, charlatán y frívolo. Se pasea por el campamento con llamativa ropa de deporte o circula por la carretera a toda velocidad con su elegante Cadillac. A Patterson le divierte mucho. Es lo que desea todo campeón: una combinación de compañero y bufón de corte.

El día de la pelea, sin embargo, los grandes ojos de Watson parecen agrandarse aún más. Comienza sentándose solo, o junto a Ernest Fowler, el chófer de Patterson. Se quedan mirándose en silencio, y a veces simplemente intercambian una mirada y menean la cabeza, y luego vuelven la vista al techo.

Watson, Dan Florio y Fowler viven con Floyd Patterson ocho meses al año, descuidando a sus familias y sus vidas privadas. Dan controla los entrenamientos, supervisa las comidas de Patterson, regula el horario y contrata y despide a los sparrings.

D'Amato por lo general vive fuera del campamento hasta un mes antes del combate, aunque siempre va y viene, generalmente sin previo aviso, con noticias de las polémicas, los planes y los proyectos, que explica con gestos mientras camina arriba y abajo.

Todas las cuestiones legales, como es lógico, las maneja el abogado de Patterson, Julius November, que también habla a diario por teléfono con Patterson, o en persona.

Patterson generalmente atiende, aunque no siempre, a la incesante actividad que hay a su alrededor. Sin embargo, toma sus decisiones, dentro y fuera del cuadrilátero.

Hoy ha estado jugando a las cartas, ha visto la televisión, leído, dado un paseo, y no parecía en absoluto preocupado por el combate con Sonny Liston.

El martes por la noche, sin duda, se sentirá mucho mejor teniendo a alguien que le ayude en el rincón, le lave la cara, le cuide las heridas y demás. Pero probablemente ni siquiera oirá el ruido que hay en su rincón, ni el movimiento. Sólo estará atento a Sonny Liston.

El campeón habla del sueño, la lluvia
y observa a su séquito cerca del campamento
New York Times, 1962

Elgin, Illinois, 24 de septiembre—. Floyd Patterson caminaba por la sinuosa carretera rural, y pasaba junto a las vacas y los caballos que se arracimaban tras las rústicas cercas. De vez en cuando la voz de algún granjero resonaba desde más allá de los verdes campos:

—Buena suerte, Floyd. Espero que ganes, campeón.

Patterson saludaba con la mano y seguía su paseo de tres kilómetros casi en silencio. Pero esta tarde, cuando comenzó a lloviznar un poco, preguntó a los que le acompañaban:

—Si llueve tanto antes del combate, no lo aplazarán, ¿verdad?

—Lo dudo —dijo alguien.

Eso era lo que el campeón quería oír.

—¿Alguna vez has peleado bajo la lluvia?

—Sí, en el primer combate contra Johansson —dijo Patterson—. Me llovió y me noqueó —a continuación añadió—: Es una triste sensación cuando llueve el día de la pelea.

—¿Te pone nervioso?

—No se me nota —dijo—. Simplemente me entra sueño. Cuanto más nervioso estoy, más sueño tengo. En 1956, en Chicago, me quedé dormido en el coche mientras nos dirigíamos al combate con Archie Moore. Durante mi época de aficionado, antes del combate, me dormía sentado en una silla. Tengo una mesa en el vestuario. Es más cómodo para dormir.

Una hora más tarde, cuando Patterson regresaba hacia la granja blanca donde ha estado entrenando este último mes, vio que los sparrings y entrenadores acarreaban maletas hacia los coches.

Los carpinteros desmantelaban el cuadrilátero que había en lo alto de la colina. El cocinero, tras haber vaciado la cocina y descongelado la nevera, ahora dejaba el pan en el césped de la parte de atrás para que se lo comieran los pájaros. Era día de mudanza.

Por la noche, Patterson y su séquito se alojarían en un hotel de Chicago. Esta tarde, mientras todo el mundo hacía las maletas y salía, había un ambiente meditabundo, como la gente del circo cuando desmonta las carpas.

A las dos y media, mientras Dan Florio, el entrenador de Patterson, estaba en el pueblo recogiendo la ropa de la lavandería, uno de los sparrings se fue a una tienda de Elgin en busca de un último refresco.

Patterson dio una vuelta alrededor de la casa. A continuación dijo:

—El día antes de la pelea siempre es igual. ¿Lo sientes?

Era difícil no darse cuenta. Ayer por la noche era un campamento alegre. A la hora de la cena todo el mundo reía los chistes del hilarante amigo y entrenador de Patterson, Buster Watson. Luego todo el mundo jugó al gin rummy y Patterson ganó 18 dólares.

Pero hoy, por primera vez en meses, no han oído el ritmo del saco de arena, ni el chasquido de la cuerda de saltar a la comba al golpear el suelo. Ningún coche lleno de periodistas ha invadido la quietud para preguntarle a Floyd cómo se sentía y si podía derrotar a Sonny Liston.

Así que hoy lo único que hace la gente es deambular por ahí. Patterson ha recorrido centenares de kilómetros en sus paseos, ha boxeado docenas de asaltos, ha saltado a la comba miles de veces para prepararse para este combate. Pero hoy, lo único que se puede hacer es esperar.

«Un buen golpe» sorprende a Floyd
New York Times, 1962

Chicago, 25 de septiembre—.

—¿Qué pasó, Floyd? —le preguntaron. El excampeón se encogió de hombros y a continuación, sentado con la espalda recta sobre un banco ante la multitud que se agolpaba en su vestuario, afirmó:

—Me ha lanzado un buen golpe y me ha sorprendido.

—Ha sido un derechazo, ¿verdad?

—Creo que sí.

—¿Has oído contar al árbitro?

—Al principio no muy claramente —dijo Patterson—. Cuando empecé a oírlo, creo que dijo ocho y me puse en pie de un salto.

—¿Cuándo volverás a pelear con él?

—Pronto —dijo Patterson.

—Sugiero, caballeros —dijo Cus D'Amato, su mánager, situado a su lado—, que limiten sus preguntas al combate de hoy.

—¿Ibas a castigarle el cuerpo?

—Sí —dijo Patterson—. Ése era mi plan, sí.

—¿Estabas castigado antes de ese derechazo?

(Liston dijo posteriormente que ganó con ganchos de izquierda, pero nadie en el vestuario de Patterson —ni siquiera el campeón y su séquito— recordaba ninguno. Sólo hablaban del derechazo.)

Patterson no estaba castigado. La única marca que había en su cara era la de la decepción. En su contrato tiene el derecho de volver a combatir con Liston dentro de doce meses. El promotor, Tom Bolan, dijo que las primeras palabras de Patterson al abandonar el cuadrilátero fueron: «¿Cuándo va a ser la próxima?».

Patterson reconoció que en ningún momento fue capaz de entrar en el combate. Todo el mundo sabe que es lento a la hora de entrar en calor, y su estrategia era permanecer alejado de Liston durante unos cuantos asaltos, luchar agazapado y protegerse del aluvión de golpes de Liston hasta que pudiera lanzar su propia combinación de golpes.

Pero esta noche no ha tenido la menor oportunidad.

Después del K.O., la madre de Patterson ha saltado al cuadrilátero y ha abrazado a su hijo. Luego, después de que lo llevaran al vestuario, Patterson ha permanecido encerrado con los suyos durante media hora.

Quince minutos más tarde, Sandra, la esposa de Patterson, ha salido del vestuario con los ojos enrojecidos y la cabeza gacha.

Luego han salido algunos de sus parientes —sus hermanos y sus primos— en compañía de sus entrenadores. Les han hecho todo tipo de preguntas. No tenían nada que decir.

El excampeón disfrazado
New York Times, 1962

Floyd Patterson estaba tan humillado después de que, el martes pasado en Chicago, Sonny Liston le ganara por K.O. en el primer asalto, que hizo todo el camino en coche hasta Nueva York disfrazado de barbudo *beatnik*. Se pegó una barba de *beatnik* a la barbilla, un grueso bigote en el labio superior, se colocó unas gafas oscuras y se encasquetó un sombrero que, inclinado hacia delante, le sombreaba la cara.

—Simplemente no quería que nadie me viera —explicó ayer en Highland Mills, Nueva York, el campamento donde entrenó para la pelea contra Liston, al que llegó el miércoles por la noche, ya tarde, después de un viaje en coche prestado de veintidós horas desde Chicago.

Lo acompañó su amigo de toda la vida, el cantante Mickey Alan, que cantó el himno norteamericano antes de la pelea contra Liston. El bigote que Patterson llevaba era el mismo que tenía en el bolsillo cuando entró en el Polo Grounds antes de su segunda pelea contra Ingemar Johansson; de haber perdido una segunda vez contra el peso pesado sueco, Patterson habría intentado escabullirse entre la multitud sin que lo reconocieran.

Las derrotas en el ring, especialmente aquellas en las que no ha peleado bien, suelen dejarle una sensación de vergüenza y culpa. En esas ocasiones no quiere enfrentarse con la gente. Lo que desea es ocultarse, al igual que de niño se ocultaba en un agujero encima de las vías de la estación de metro de High Street, en Brooklyn: un agujero al que trepaba mediante una escalera y dentro del cual se quedaba sentado durante horas en la oscuridad, escuchando el estruendo de los trenes al pasar, imaginándose a salvo de todo lo que temía.

Antes de su primer combate con Johansson, Patterson elaboró su plan de huida; contrató a un experto en disfraces de Newtown, Connecticut, para que le hiciera una barba y un bigote que, en caso de derrota, se pondría cuando saliera del vestuario y se metiera en el coche.

También planeaba tener dos coches esperándole fuera tras cada combate. Si ganaba, se subiría al coche que le llevaría a su hotel y en compañía de la gente; si perdía, se subiría al segundo coche, en dirección a la ruta más rápida para salir de la ciudad.

El segundo coche estaría provisto de ropas y víveres suficientes para el viaje, explicó ayer Patterson; no se pararía para no correr el riesgo de encontrarse a nadie tras la derrota, y tener que explicar por qué había perdido.

Y esos mismos preparativos fueron los que hizo en Chicago el lunes pasado, el día antes del combate contra Liston. Patterson había dispuesto dos coches a la puerta de Comiskey Park: uno en dirección a la avenida que conduce a Nueva York; el otro en dirección al hotel en el que celebraría la victoria si ganaba.

En el bolsillo guardaba el bigote que no tuvo que ponerse tras el segundo y tercer combate contra Johansson, pues ganó ambos. La barba que había encargado para esos combates se había enmarañado con el tiempo, y el día antes de la pelea hizo que un vendedor de barbas de Chicago le llevara una al hotel donde se alojaba.

Le costó 65 dólares, y le regaló al vendedor de barbas una entrada de 50 dólares para la pelea, contó ayer el excampeón.

Cuando el combate finalizó dos minutos y seis segundos después de iniciado el primer asalto, y después de que

Patterson celebrara una breve rueda de prensa en su vestuario, se escabulló de Comiskey Park a través de una ruta que ya había planeado y se metió en el coche rumbo a Nueva York. Al volante iba Alan, el exboxeador que se hizo cantante gracias a una importante ayuda económica de Patterson.

Los dos cruzaron Illinois y se adentraron en el estado de Ohio antes de que nadie reconociera a Patterson, dijo ayer el boxeador. Afirmó que hubo un momento en que paró el coche para estirar las piernas, y un policía se detuvo a su lado y le pidió a Patterson su permiso de conducir.

No lo llevaba. Entonces Patterson se quitó parte de su disfraz, lo que despertó aún más las suspicacias del policía... hasta que lo reconoció. El policía no detuvo a Patterson; le deseó buena suerte en el próximo combate contra Liston, y un rápido viaje de vuelta a casa.

Patterson, como no quería ir a su casa de Yonkers, se dirigió directamente al refugio de entrenamiento de Highland Mills, y él y Alan pasaron la noche allí, dijo.

—Al día siguiente le pedí a Mickey que se marchara —dijo Patterson—. Me pasé el día viendo la televisión. Desde luego, no quería oír la radio, que no dejaba de hablar de Liston, y luego me fui a dar un paseo. Entré en el gimnasio. Y de repente, sentí el impulso de entrenar, lo creáis o no, aunque parezca absurdo. Por desgracia, no había traído equipo.

»De modo que me fui a dar una vuelta, y me puse a pensar en todo lo que había entrenado, en todas las horas que me había pasado preparándome para el combate contra Liston; ahora todo tirado por la borda.

El jueves posterior, por la tarde, Patterson dijo que llegó su chófer, Ernest Fowler, al que le había dado órdenes de llevar el Lincoln de Patterson a Highland Mills. Esa misma noche, Patterson y Fowler abandonaron el campamento para ir a casa de Patterson.

Sandra, su esposa, comentó ayer que «apenas lo reconocí, con ese poblado bigote negro. En aquel momento ya se había quitado la barba, porque dijo que le irritaba la barbilla. Jugó un rato con los críos y a continuación se fue a ver al señor November».

Julius November, el abogado de Patterson, tenía que llegar al Aeropuerto Internacional de Nueva York a las nueve de la noche, procedente de Chicago, dijo el boxeador; tras recoger al abogado, Patterson dijo que hablaron de negocios, pero no reveló los detalles de su conversación.

Patterson dijo que luego regresó a Highland Mills, pero que hoy planea volver a su casa.

Dijo que ya no seguiría escondiéndose, como al parecer hizo tras sufrir un K.O. en su primer combate contra Johansson. Dijo que pronto planea reanudar los entrenamientos para el combate de revancha con Liston, y dijo que tampoco tiene la sensación de que se haya acabado el mundo.

—No digo que en el próximo combate el resultado vaya a ser diferente —afirmó Patterson—, pero una cosa sí os garantizo: veréis una versión de mí mucho, pero que mucho mejor.

El perdedor
Esquire, 1964

Al pie de una montaña de la zona norte de Nueva York, a unos 90 kilómetros de Manhattan, hay un club de campo abandonado que tiene una polvorienta pista de baile; también se ven taburetes boca abajo y un piano desafinado; y el único sonido que se oye en ese lugar por la noche procede de una casa blanca y grande que hay detrás: el sonido metálico de los cubos de basura cuando los vuelcan los mapaches, las mofetas y los gatos salvajes que bajan de las montañas para llevar a cabo sus razias nocturnas.

La casa blanca también parece abandonada; pero de vez en cuando, si los animales arman demasiado alboroto, se ve brillar la luz de una linterna, se abre una ventana y una botella de Coca-Cola sale volando, cruza la oscuridad y golpea contra los cubos de basura. Pero por lo general, nada perturba a los animales hasta el amanecer, cuando se abre la puerta trasera de la casa blanca y un negro de hombros anchos aparece vestido con un chándal gris y una toalla en torno al cuello.

Baja corriendo los escalones, pasa rápidamente junto a los cubos de basura y se aleja al trote por el camino de tierra que hay detrás del club de campo, en dirección a la autopista. A veces se detiene por el camino y arroja una salva de puñetazos a un enemigo imaginario, cada golpe puntuado por el sonido del grito entrecortado en que se convierte su respiración —*ej, ej, ej*—, y luego, al llegar a la autopista, da media vuelta y desaparece montaña arriba.

A esa hora de la mañana, las camionetas de los granjeros ya están en la carretera, y los conductores saludan al corredor. Y más tarde lo ven otros motoristas, y algunos se detienen en el arcén y le preguntan:

—Oye, ¿tú no eres Floyd Patterson?

—No —dice Floyd Patterson—, soy su hermano, Raymond.

Los motoristas siguen su camino, pero hace poco, un hombre que iba a pie, un hombre bastante desarreglado que parecía haber pasado la noche al raso, persiguió tambaleándose al corredor por la carretera y le gritó:

—¡Eh, Floyd Patterson!

—No, soy su hermano, Raymond.

—No me vengas con que no eres Floyd Patterson. Sé perfectamente cómo es Floyd Patterson.

—Vale —dijo Patterson, encogiéndose de hombros—, si quieres que sea Floyd Patterson, seré Floyd Patterson.

—Venga, dame tu autógrafo —dijo el hombre, y le entregó un arrugado trozo de papel y un lápiz.

Patterson firmó: «Raymond Patterson».

Una hora más tarde, Floyd Patterson regresaba corriendo por el camino de tierra hacia la casa blanca. Llevaba la toalla encima de la cabeza, absorbiendo el sudor de la frente. Vive solo en un apartamento de dos habitaciones en la parte de atrás de la casa, y ha permanecido allí en un aislamiento casi completo desde que fue noqueado una segunda vez por Sonny Liston.

En la habitación más pequeña hay una cama grande que se hace él mismo, varios discos que casi nunca pone, un teléfono que casi nunca suena. La habitación más grande tiene una cocina a un lado, y en el otro, junto a un sofá, hay una chimenea de la que cuelgan calzones de boxeo y camisetas puestas a secar, y una fotografía suya de cuando era campeón, y también un televisor. El aparato generalmente está encendido, excepto cuando Patterson duerme, o cuando entrena al otro lado del camino, dentro del club (el cuadrilátero está instalado en lo que antes era la pista de baile), o cuando, en algún momento esporádico de dolorosa honestidad, le revela al visitante lo que se siente al ser el perdedor.

—Oh, daría lo que fuera para poder pelear con Liston, para poder boxear con él donde fuera, donde nadie nos viera, y ver si podía aguantar más de tres minutos —estaba diciendo Patterson, secándose la cara con la toalla, dando vueltas lentamente por la habitación, cerca del sofá—. *Sé* que puedo hacerlo mejor... Oh, no estoy hablando de una revancha. ¿Quién pagaría un centavo por ver otro combate Patterson-Liston? Yo, desde luego, no... Pero lo único que quiero es llegar al segundo asalto.

A continuación añadió:

—No tienes ni idea de lo que es perder en el primer asalto. Sales al cuadrilátero, con toda esa gente a tu alrededor, y las cámaras, y todo el mundo mirándote, y todo ese movimiento, la excitación, el himno, y todo el país esperando que ganes, incluido el presidente. ¿Y sabes lo que acaba pasando? Que todo te ciega, simplemente te ciega. Y cuando suena la campana, y vas a por Liston y él viene a por ti, ni siquiera te das cuenta de que hay un árbitro en el cuadrilátero.

»Luego ya no recuerdas gran cosa del resto, porque no quieres recordar... Todo lo que recuerdas es que de repente te levantas y el árbitro te dice: "¿Te encuentras bien?", y tú le contestas: "*Naturalmente* que estoy bien", y él te pregunta: "¿Cómo te llamas?", y tú le contestas: "Patterson".

»Y de repente, con todo el mundo gritando a tu alrededor, vuelves a estar en la lona, y sabes que te tienes que levantar, pero estás muy grogui, y el árbitro te empuja hacia atrás, y el entrenador está ahí con una toalla, y todo el mundo se ha puesto en pie, y tus ojos no consiguen enfocar a nadie... Es como si flotaras.

»Estar noqueado no es una sensación *desagradable* —dijo—. De hecho, es *agradable*. No duele, sólo que estás muy aturdido. No ves ángeles ni estrellas; flotas en una agradable nube. Después de que Liston me golpeara en Nevada, durante cuatro o cinco segundos sentí que todos los que estaban en el estadio en realidad me acompañaban en el cuadrilátero, me rodeaban como una familia, y cuando te han noqueado sientes afecto hacia todos los que están en el estadio. Sientes amor hacia todo el mundo. Y quieres ir a besar a todo el mundo (hombres y mujeres), y después del combate contra Liston alguien me dijo que le lancé un beso a la multitud desde el ring. Yo no me acuerdo. Pero imagino que es cierto, porque así es como te sientes durante cuatro o cinco segundos después del K.O.

»Pero luego —continuó Patterson sin dejar de caminar— ese sentimiento agradable te abandona. Te das cuenta de dónde estás, de lo que estás haciendo y de lo que te acaba de ocurrir. Y lo que sigue es un dolor, un dolor confuso (no un dolor físico), un dolor combinado con rabia; existe dolor de qué-dirá-la-gente; es el dolor de estar avergonzado de mi propia ineptitud... y todo lo que quieres en ese momento es que haya una trampilla en medio del cuadrilátero, una trampilla que se abra y que te permita caer y aterrizar en tu vestuario, sin tener que salir del ring y hacer frente a toda esa gente. Lo peor de perder es tener que salir del ring y hacer frente a toda esa gente.

A continuación, Patterson se acercó a la cocina y puso a hervir agua para el té. Permaneció unos minutos en silencio. A través de las paredes se oían las pisadas y las voces de los sparrings y el entrenador, que viven en la casa de delante. No tardarían en llegar al club para prepararlo todo por si Patterson tiene ganas de hacer guantes. Dentro de dos días debe de volar a Estocolmo para enfrentarse a un italiano llamado Amonti, la primera aparición de Patterson en un cuadrilátero desde la última pelea con Liston.

Posteriormente espera conseguir un combate en Londres contra Henry Cooper. Entonces, si recupera la confianza y reaccionan sus reflejos, Patterson confía en poder volver a recuperar el prestigio en su país, combatiendo contra todos los principales rivales, boxeando a menudo, y no tener que esperar tanto entre combate y combate como hacía cuando era campeón y figuraba en la banda impositiva más alta.

Su esposa, a la que ve muy poco, y casi todos sus amigos creen que debería abandonar el boxeo. Señalan que no necesita el dinero. Incluso Floyd admite que, sólo de las inversiones de sus ganancias brutas de 8 millones de dólares, debería tener unos ingresos anuales de unos 35.000 dólares durante los próximos veinticinco años. Pero Patterson, que apenas tiene veintinueve años y casi no exhibe ningún arañazo, no puede creer que esté acabado. No puede evitar pensar que lo que le destruyó no fue sólo Liston, sino que además intervino alguna extraña fuerza psicológica, y a menos que pueda comprender completamente lo que fue, y aprender a afrontarlo en el ring, es posible que no consiga vivir en paz en ningún otro lugar que no sea bajo esta montaña. Tampoco será capaz de deshacerse del bigote y la barba postizos que, desde su derrota ante Johansson en 1959, lleva con él a cada combate en un pequeño maletín, para, en caso de que pierda, poder salir del coliseo sin que nadie lo reconozca.

—A menudo me pregunto qué sienten los demás boxeadores, qué se les pasa por la cabeza cuando pierden —dijo Patterson, colocando las tazas de té sobre la mesa—. Siempre he querido comentarlo con otros boxeadores, comparar nuestros pensamientos, ver si sienten lo mismo que yo. Pero ¿con quién puedes hablar? La mayoría de boxeadores no hablan demasiado. Y por alguna razón, en el pesaje soy incapaz de mirar al otro púgil a los ojos.

»Los periodistas se dieron cuenta durante el pesaje con Liston, y dijeron que se me notó que tenía miedo. Pero no es cierto. Nunca soy capaz de mirar a otro púgil a los ojos porque... bueno, porque vamos a pelear, cosa que no es muy agradable, y porque... bueno, una vez miré a un boxeador a los ojos. Fue hace mucho, mucho tiempo. Debió de ser cuando era todavía aficionado. Y cuando miré a ese boxeador, vi que tenía una cara muy simpática... y entonces él me miró... y me *sonrió*... ¡y yo le devolví la sonrisa! Fue muy extraño, muy extraño. Cuando un tipo mira a otro y le sonríe así, no veo que tengan ningún motivo para ponerse a pelear.

»No recuerdo qué ocurrió en ese combate, y ni siquiera recuerdo el nombre de ese boxeador. Sólo recuerdo que, desde entonces, nunca he mirado a otro púgil a los ojos.

El teléfono sonó en el dormitorio. Patterson se levantó para contestar. Era su mujer, Sandra. Así que se excusó, y cerró la puerta del cuarto.

Sandra Patterson y sus cuatro hijos viven en una casa de 100.000 dólares en un barrio blanco de clase media alta de Scarsdale, Nueva York. Floyd Patterson se siente incómodo en esa casa rodeada de un césped perfectamente cortado y llena de muebles, y, desde que perdiera el título con Liston, ha preferido vivir en su refugio de entrenamiento, que sus hijos han acabado llamando «la casa de papi». Sus hijos, el mayor de los cuales es una niña llamada Jeannie que ahora tiene siete años, no saben exactamente cómo se gana la vida su padre. Pero Jeannie, que vio por circuito cerrado de televisión el último combate Liston-Patterson, aceptó la explicación de que su padre practicaba una especie de deporte donde los hombres se turnan para derribarse unos a otros; como él ya había derribado a algunos, ahora le tocaba que lo derribaran a él.

La puerta del dormitorio volvió a abrirse, y Floyd Patterson apareció negando con la cabeza, muy enfadado y nervioso.

—Hoy no voy a entrenar —dijo—. Voy a coger un avión a Scarsdale. Los chavales vuelven a meterse con Jeannie. Es la única negra de su escuela, y los chicos mayores se lo hacen pasar mal, y algunos se meten con ella y le levantan el vestido continuamente. Ayer volvió a casa llorando, así que hoy cojo un avión hasta allí. Lo que haré será esperar delante de la escuela a que salgan esos chicos, y...

—¿Qué edad tienen? —le preguntaron.

—Son adolescentes —dijo—. Ya tienen edad para encajar un gancho de izquierda.

Patterson telefoneó a su amigo piloto Ted Hanson, que se aloja en el refugio y le hace de relaciones públicas. También ha enseñado a volar a Patterson. Cinco minutos después, Hanson, un enjuto hombre blanco con el pelo cortado a cepillo y gafas, llamaba a la puerta; y diez minutos después ambos estaban en el coche que Patterson conducía de manera casi temeraria por las estrechas y serpenteantes carreteras rurales rumbo al aeropuerto, que está a unos nueve kilómetros del campo.

—Sandra tiene miedo de que arme la de Dios es Cristo; le da miedo lo que pueda hacerle a esos chicos; ¡no quiere líos! —dijo bruscamente Patterson, dando un volantazo para doblar una colina y acelerando—. ¡Sandra no es lo bastante firme! Tiene miedo... y tenía miedo de contarme que el tendero le ha estado tirando los tejos. Tardó mucho tiempo en contarme que el hombre que vino a reparar el lavavajillas la llama «nena». Todos saben que paso fuera mucho tiempo. Y el del lavavajillas este mes ya ha estado en mi casa cuatro o cinco veces. El aparato se estropea cada semana. Supongo que lo arregla para que se estropee cada semana. La última vez le tendí una trampa. Estuve esperando cuarenta y cinco minutos a que se presentara, pero no apareció. Pensaba agarrarlo por la solapa y decirle: «¿Te gustaría que llamara *nena* a tu mujer? ¿Te gustaría que te diera un puñetazo en la nariz? Pues eso es lo que haré si vuelves a llamarla *nena*. A partir de ahora es la señora Patterson; o Sandra, si la conoces. Pero tú no la conoces, así que a partir de ahora la llamas señora Patterson». Y luego le dije a Sandra que esos hombres, esa clase de hombres blancos, lo único que quieren es divertirse con mujeres de color. Nunca se casarán con una mujer de color, sólo quieren pasarlo bien.

Ahora estaba entrando en el aparcamiento del aeropuerto. Justo delante, amarrado a la pista de aterrizaje de hierba, se veía el monomotor verde Cessna que Patterson compró y aprendió a pilotar antes del segundo combate contra Liston. Volar siempre le había dado miedo a Patterson, un miedo compartido con su mánager —del que quizá lo heredó—, Cus D'Amato, que sigue negándose a volar.

D'Amato, que comenzó a entrenar a Patterson cuando éste tenía diecisiete o dieciocho años, y ejerció una tremenda influencia sobre su mentalidad, es un hombre extraño pero fascinante de cincuenta y seis años, espartano y abnegado, dominado por la suspicacia y el miedo: le da miedo el metro porque teme que alguien le empuje a las vías; no se ha casado; no le da a nadie su dirección.

—Debo mantener confusos a mis enemigos —explicó una vez D'Amato—. Cuando están confusos, entonces puedo hacer algo por los púgiles. Sin embargo, lo que no quiero en la vida es una sensación de seguridad; en el momento en que una persona conoce la seguridad, se le embotan los sentidos, y comienza a morir. Tampoco quiero muchos placeres de la vida; creo que cuantos más placeres tienes, más miedo te da morir.

Hasta hace unos años, D'Amato hablaba casi siempre en nombre de Patterson, y lo dirigía todo como un *padrone* italiano. Pero luego Patterson maduró, y se rebeló contra la imagen del padre. Después de perder la primera vez contra Sonny Liston —D'Amato había instado a Patterson a que no aceptara el combate—, Patterson comenzó a ir a clases de vuelo. Y antes del segundo combate contra Liston, Patterson ya había superado su miedo a las alturas, dominaba los controles y poseía una nueva seguridad en sí mismo; y también sabía que, aunque perdiera, al menos poseía un transporte que podía sacarle rápidamente de la ciudad.

Pero le falló. Después del combate, el pequeño Cessna, cargado con demasiados kilos de equipaje, se sobrecalentó unos 120 kilómetros después de haber salido de Las Vegas. Patterson y su copiloto no tuvieron otra elección que dar la vuelta, llamar por radio al aeródromo y alquilar un avión más grande. Cuando aterrizaron, la terminal de Las Vegas estaba llena de gente que se marchaba de la ciudad después del combate. Patterson se escondió entre las sombras, detrás de un hangar. Llevaba la barba en la maleta. Pero nadie le vio.

Más tarde el piloto llevó el Cessna de Patterson a Nueva York en solitario. Y Patterson voló en el avión alquilado, más grande. En ese vuelo lo acompañó Hanson, un hombre afable de cuarenta y dos años, divorciado en tres ocasiones, nativo de Nevada, que había sido fumigador de cosechas, barman y bailarín de cabaret; posteriormente se hizo instructor de vuelo en Las Vegas, y ahí fue donde conoció a Patterson. Los dos se hicieron buenos amigos. Y cuando Patterson le pidió a Hanson que le ayudara a pilotar el avión alquilado de regreso a Nueva York, Hanson no vaciló, aun cuando aquella noche tenía un poco de resaca, algo que en parte se debía a que la victoria de Liston le había deprimido, y en parte a que un borracho le había sacudido, después de que Hanson se manifestara en contra de algunas cosas poco halagüeñas que el beodo había dicho acerca del púgil.

Una vez en el avión, sin embargo, Ted Hanson tuvo que aguzar los cinco sentidos. Y más le valía, pues, cuando el avión llevaba ya un rato a 10.000 pies de altura, la mente de Floyd Patterson pareció regresar al cuadrilátero, y el avión se desvió de su curso, a lo que Hanson dijo: «Floyd, Floyd, ¿qué te parece volver a coger el rumbo?». Y entonces la cabeza de Patterson volvió al vuelo, y sus ojos se dirigieron hacia los instrumentos de medición. Y todo volvió a estar bien. Pero enseguida regresó al pabellón, reviviendo la pelea, casi sin poderse creer lo que había ocurrido.

Y aquella noche, mientras nos alejábamos de Las Vegas, no dejaba de pensar en todos los meses de entrenamiento antes del combate, tanto correr, tanto trabajo con los sparrings, tantos meses lejos de Sandra... pensé en aquella vez en el campamento en que quise quedarme despierto hasta las once y cuarto de la noche para ver una película en *Última sesión*. Pero no lo hice porque al día siguiente tenía que ir a correr.

Y pensaba en lo bien que me había sentido justo antes del combate, echado en la mesa del vestuario. Recuerdo que pensaba: «Estás en una magnífica condición física, estás en muy buena condición mental, pero ¿tienes mala leche?». Pero te dices a ti mismo: «La mala leche no es importante, no pienses en eso ahora; está en juego el campeonato, y eso ya es lo bastante importante, y, ¿quién sabe?, a lo mejor te entra la mala leche en cuanto suene la campana»...

Y te tumbas para echar un sueñecito... pero no pasas de la zona crepuscular, el duermevela, y de vez en cuando te interrumpen las voces que oyes en el pasillo, un tipo que grita: «¿Qué hay, Jack?», o «¿Qué hay, Al?», o «Eh, sacad al ring a los *amateurs*». Y cuando lo oyes, piensas: «Todavía no es tu turno». Así que te quedas allí echado... y te preguntas: «¿Dónde estaré mañana? ¿Dónde estaré dentro de tres horas?». Oh, piensas todo tipo de cosas, y algunas no tienen nada que ver con la pelea... Te preguntas si le devolviste a tu suegra el dinero de todos los sellos que compró hace un año... y te acuerdas de aquella vez a las dos de la mañana en que Sandra tropezó con las escaleras cuando le llevaba el biberón al niño... y entonces te enfadas y te preguntas: «¿Por qué estoy pensando todo esto?»... e intentas dormir... pero entonces se abre la puerta y alguien le dice a alguien: «Eh, ¿alguien va a ir al vestuario de Liston a controlar cómo le vendan las manos?»...

Y entonces sabes que ha llegado el momento de prepararse... Abres los ojos. Te levantas de la mesa. Te ponen los guantes, te los aflojas. Entonces entra el entrenador de Liston. Te mira; sonríe. Palpa los vendajes y luego dice: «Buena suerte, Floyd», y tú piensas: «No tenía por qué decirlo; debe de ser un buen tipo...».

Y entonces sales, y te espera ese largo recorrido, siempre se hace largo, y piensas: «¿Cómo voy a estar cuando haga el camino de vuelta?». Y entonces te subes al ring. Observas a Billy Eckstine a un lado del cuadrilátero, hablándole a alguien al oído, y ves a los reporteros —algunos te caen bien, otros no—, y entonces suena el himno, y las cámaras filman, y suena la campana...

¿Cómo puede ocurrir lo mismo dos veces? ¿Cómo? No paras de pensar en ello después del K.O. ¿He engañado a esta gente todos estos años?... ¿He sido alguna vez campeón?... Y entonces te sacan del cuadrilátero... y vas por el pasillo, pasas junto a esa gente, y todo lo que quieres es entrar en tu vestuario, deprisa... pero el problema fue que en Las Vegas se equivocaron al girar por el pasillo, y cuando llegamos al final, no encontramos el vestuario... y tuvimos que dar la vuelta y volver por el pasillo, pasar junto a las mismas personas, que debían de pensar: «No es sólo que Patterson esté grogui, es que ni siquiera encuentra su vestuario»...

En el vestuario tuve dolor de cabeza. Liston no me había causado daño físico —unos días después sólo sentía un nervio que me palpitaba en los dientes—, no era como en otros combates: como el de Dick Wagner en el 53, cuando me golpeó tanto que luego estuve orinando sangre durante días. Tras la pelea contra Liston, simplemente entré en el cuarto de baño, cerré la puerta y me miré en el espejo. Simplemente me miré y me pregunté: «¿Qué ha pasado?», y entonces comenzaron a aporrear la puerta y me decían: «Sal, Floyd, sal; ha llegado la prensa, Cus está aquí, sal, Floyd»...

Y salí, y me hicieron preguntas, pero ¿qué podía decirles? En lo único que piensas es en todos esos meses de entrenamiento, poniéndote en forma, privándote de muchas cosas; y piensas: «No hacía falta que corriera ese kilómetro extra, aquel día no me habría hecho falta hacer guantes; aquella noche podía haberme quedado despierto viendo la película de *Última sesión*... hoy podría haber peleado en estado de forma lamentable»...

—Floyd, Floyd —había dicho Hanson—, volvamos a retomar el rumbo.

Y Patterson volvió a salir de su ensimismamiento y a concentrarse en el omniscopio para recobrar el control del vuelo. Después de aterrizar en Nuevo México, y luego en Ohio, Floyd Patterson y Ted Hanson llevaron la avioneta al aeródromo de Nueva York, cerca del campo de entrenamiento. El Cessna verde que después del combate había traído otro piloto ya estaba allí, amarrado a la pista justo en el mismo lugar de entonces, y ahora, cinco meses después, Floyd Patterson planeaba volar con él quizá a otra pelea, esta vez con algunos adolescentes de Scarsdale que le habían estado levantando la falda a su hija.

Patterson y Ted Hanson desamarraron el avión, y Patterson cogió un trapo y limpió las manchas de insectos del parabrisas. A continuación se colocó detrás del avión, inspeccionó la cola, miró bajo el fuselaje, y acto seguido observó entre el ala y los alerones para asegurarse de que todos los tornillos estaban apretados. Se le veía suspicaz. D'Amato habría estaba encantado.

—Si un tipo quiere librarse de ti —explicó Patterson—, lo único que tiene que hacer es quitar estos tornillos de aquí. Entonces, cuando intentas aterrizar, el alerón se desprende y te estrellas.

A continuación, Patterson se metió en la cabina de mando y puso en marcha el motor. Unos minutos más tarde, con Hanson a su lado, Patterson aceleraba la avioneta sobre el campo de hierba, y enseguida ascendía sobre la maleza y volaba por encima de las suaves colinas y árboles. Fue un despegue suave.

Puesto que sólo había cuarenta minutos hasta el aeropuerto de Westchester, donde Sandra estaría esperando con un coche, Floyd Patterson pilotó durante todo el vuelo. El viaje se desarrolló sin incidentes hasta que, apareciendo de repente detrás de una nube, se topó con el denso humo que salía de un incendio forestal. Sin visibilidad, tuvo que guiarse por los instrumentos. Y en ese preciso momento, una mosca que había estado zumbando en la parte de atrás de la cabina de mando voló hasta la parte delantera y se posó en el panel de instrumentos que había delante de Patterson. Miró furioso a la mosca, vio cómo reptaba lentamente por el parabrisas, y le lanzó una rápida palmada para aplastarla contra el cristal. Falló. La mosca pasó zumbando ilesa junto a la oreja de Patterson, rebotó en la parte de atrás de la cabina y dio media vuelta.

—Este humo no durará —le aseguró Hanson—. Puedes nivelar el aparato.

Patterson lo niveló.

Durante unos momentos voló sin problemas. A continuación la mosca volvió a la parte delantera, zigzagueando ante la cara de Patterson, se posó sobre el panel y otra vez reptó por encima. Patterson la observó, entrecerrando los ojos. Le soltó otra palmada veloz con la mano derecha. Falló.

Diez minutos después, con los nervios de punta, Patterson inició el descenso. Cogió el micrófono de la radio —«Torre de Westchester... aquí Cessna 2729U... 3 millas al noroeste... aterrizo en uno-seis en el último...»—, y a continuación, tras un sencillo aterrizaje, salió rápidamente de la cabina y avanzó a grandes zancadas hacia el coche familiar de su mujer, aparcado delante de la terminal.

Pero por el camino, un hombrecillo que fumaba un puro se volvió hacia Patterson, lo saludó con la mano y le dijo:

—Oiga, perdone, pero ¿no es usted... no es usted... Sonny Liston?

Patterson se detuvo. Le lanzó una furibunda mirada al hombre, perplejo. No estaba seguro de si era una broma o un insulto, y la verdad es que no sabía qué hacer.

—¿No es usted Sonny Liston? —repitió el hombre, bastante serio.

—No —dijo Patterson, pasando rápidamente a su lado—. Soy su hermano.

Cuando llegó al coche de la señora Patterson, preguntó:

—¿Cuánto falta para que salgan de clase?

—Unos quince minutos —dijo ella, poniendo en marcha el motor. A continuación añadió—: Oh, Floyd, ojalá se lo hubiera dicho a la hermana, no debería haber...

—Tú se lo cuentas a la hermana; y yo hablo con los chicos.

La señora Patterson condujo todo lo deprisa que pudo hasta Scarsdale, mientras Patterson negaba con la cabeza y le decía a Ted Hanson, que iba sentado detrás:

—La verdad es que no entiendo a estos muchachos. Es una escuela religiosa, y quieren 20.000 dólares para un vitral... Y sin embargo, algunos de ellos tienen todos estos prejuicios raciales, y son sobre todo los judíos quienes cooperan con nosotros, y...

—Oh, Floyd —gritó su mujer—. Floyd, soy yo la que ha de convivir con la gente de por aquí... Tú no estás nunca, ni siquiera vives aquí, yo...

Llegó a la escuela justo cuando el timbre comenzaba a sonar. Era un edificio moderno en lo alto de una colina, y en el jardín se veía la estatua de un santo, y detrás, una gran cruz blanca.

—Ahí está Jeannie —dijo la señora Patterson.

—Rápido, llámala —dijo Patterson.

—¡Jeannie! Ven aquí, cariño.

La niña, que llevaba un uniforme escolar de color azul y gorra, y sujetaba los libros contra el pecho, se acercó corriendo al coche.

—Jeannie —dijo Floyd Patterson, bajando la ventanilla—, señálame a los chicos que te levantaron el vestido.

Jeannie se volvió y miró a varios estudiantes que bajaban por el camino de entrada; a continuación señaló a un chaval alto y delgado de pelo rizado que caminaba acompañado de otros cuatro, todos ellos de entre doce y catorce años.

—Eh —lo llamó Patterson—, ¿puedo hablar con vosotros un momento?

Los cinco muchachos se acercaron al coche. Miraron a Patterson directamente a los ojos. No parecían intimidados.

—¿Vosotros sois los que le habéis estado levantando la falda a mi hija? —le preguntó Patterson al muchacho que ella había señalado.

—No —dijo el muchacho con aire despreocupado.

—¿No? —dijo Patterson, al que la respuesta había pillado desprevenido.

—No fue él, señor —dijo otro de los chicos—. Probablemente fue su hermano pequeño.

Patterson miró a Jeannie. Ésta estaba sin habla, vacilante. Los cinco chicos se quedaron allí, a la espera de que Patterson hiciera algo.

—Bueno, esto, ¿dónde está tu hermano pequeño? —preguntó Patterson.

—¡Eh, chaval! —gritó uno de los chicos—. Ven aquí.

Un muchacho se dirigió hacia ellos. Se parecía a su hermano mayor; tenía la nariz pequeña y respingona cubierta de pecas, ojos azules, el pelo moreno y rizado, y, mientras se acercaba el vehículo, parecía tan poco intimidado por Patterson como los demás.

—¿Le has estado levantando la falda a mi hija?

—No —dijo el chaval.

—¡*No!* —repitió Patterson, frustrado.

—No, no se la levanté. Sólo la toqué un poco.

Los demás muchachos permanecieron alrededor del coche mirando a Patterson, y otros estudiantes se aglomeraron detrás de ellos, y en las inmediaciones Patterson vio a varios padres blancos de pie junto a sus coches aparcados; se puso un poco nervioso, y comenzó a dar golpecitos con los dedos contra el salpicadero. No podía levantar la voz sin montar una escena desagradable, pero tampoco se podía retirar con elegancia; de manera que bajó la voz y dijo por fin:

—Mira, chico, quiero que dejes de hacerlo. No se lo contaré a tu madre, eso podría causarte algún problema, pero no vuelvas a hacerlo, ¿entendido?

—Entendido.

Los muchachos se dieron tranquilamente la vuelta y se fueron, en grupo, calle arriba.

Sandra Patterson no dijo nada. Jeannie abrió la portezuela, se sentó en el asiento delantero junto a su padre, y sacó un papelito azul que una monja le había dado para entregárselo a la señora Patterson. Pero Floyd Patterson se lo arrebató. Lo leyó. A continuación se quedó pensativo, bajó el papel, y anunció en voz baja, arrastrando las palabras: «No ha hecho sus deberes de religión...».

En ese momento Patterson quería salir de Scarsdale. Quería regresar al refugio de entrenamiento. Después de detenerse en la casa de los Patterson en Scarsdale y recoger a Floyd Patterson Jr., que tiene tres años, la señora Patterson los llevó a todos de vuelta al aeropuerto. Jeannie y Floyd Jr. se sentaron en la parte de atrás del avión, y a continuación la señora Patterson condujo el coche hasta el refugio de entrenamiento, con el plan de regresar a Scarsdale aquella noche con los niños.

Eran las cuatro de la tarde cuando Floyd Patterson volvió al campamento, y las sombras caían sobre el club, y sobre la pista de tenis salpicada de malas hierbas, y sobre la gran casa blanca delante de la cual no había aparcado ni un solo automóvil. Todo estaba desierto y en silencio; era el refugio de entrenamiento de un perdedor.

Los niños fueron corriendo a jugar dentro del club; Patterson se encaminó lentamente a su apartamento para vestirse para entrenar.

—¿Qué podía hacer con esos chicos? —preguntó—. ¿Qué puedes hacer con unos chavales de esa edad?

Aquello todavía parecía preocuparle: la desfachatez de aquellos chavales, el comprender que en cierto modo había fracasado, la probabilidad de que, si aquellos muchachos hubieran molestado a alguien de la familia de Liston, éste los hubiera despedazado.

Aunque Patterson y Liston son productos de los suburbios, y los dos comenzaron siendo unos ladrones, a Patterson lo habían amansado en una escuela especial con ayuda de una amable solterona negra; posteriormente se convirtió al catolicismo y aprendió a no odiar. Después se compró un diccionario, y añadió a su vocabulario palabras como *vicisitud* y *enigma*. Cuando recuperó el título de campeón que le había arrebatado Johansson, se convirtió en la Gran Esperanza Negra de la Liga Urbana.*

Demostró que no sólo era posible salir de un suburbio negro y triunfar como deportista, sino también convertirse en un ciudadano inteligente, sensible y respetuoso con la ley. Sin embargo, al demostrarlo y enorgullecerse de ello, Patterson pareció perder parte de sí mismo. Perdió parte de su ansia, su furia, y mientras subía las escaleras de su apartamento, decía:

—Me convertí en el chico bueno... Después de que Liston ganara el título, seguía esperando que él también se convirtiera en un chico bueno. Eso me habría aliviado de

---

* La Liga Urbana es una organización radicada en Nueva York que lucha en pro de los derechos civiles, y cuyo origen se remonta a 1910. *(N. del T.)*

la responsabilidad, y quizá habría podido recuperar parte de mi cualidad de chico malo. Pero no se volvió bueno... No hay nada de malo en ser el chico bueno cuando ganas. Pero cuando pierdes, ya no te gusta tanto.

Patterson se quitó la camisa y los pantalones y, después de apartar algunos libros que había en la cómoda, dejó allí el reloj, los gemelos y un clip con billetes.

—¿Lees mucho? —le preguntaron.

—No —dijo—. De hecho, ¿sabes que nunca he terminado de leer un libro en mi vida? No sé por qué. Tengo la sensación de que hoy en día no hay ningún escritor que tenga nada que decirme; quiero decir que ninguno de ellos ha sentido más profundamente que yo, y no tengo nada que aprender de ellos. Aunque Baldwin me parece distinto del resto. ¿Qué hace Baldwin en la actualidad?

—Está escribiendo una obra de teatro. Por lo visto, Anthony Quinn va a actuar en ella.

—¿Quinn? —preguntó Patterson.

—Sí.

—No le caigo bien a Quinn.

—¿Por qué?

—Lo leí o escuché en alguna parte; citaban unas palabras de Quinn en las que afirmaba que mi combate contra Liston fue una vergüenza, y añadía que él lo habría hecho mejor. Es algo que la gente dice a menudo: ¡*ellos* lo habrían hecho mejor! Bueno, pues yo creo que si *ellos* tuvieran que pelear, ni siquiera soportarían la experiencia de esperar que empiece el combate. Se pasarían la noche en vela, y beberían, o tomarían drogas. Probablemente tendrían un ataque al corazón. Estoy seguro de que si estuviera en el cuadrilátero con Anthony Quinn, lo derrotaría sin ni siquiera tocarlo. Lo único que tendría que hacer sería presionarlo; acecharlo; permanecer cerca de él. Ni lo tocaría, pero acabaría agotado y se derrumbaría. Pero Anthony Quinn es un viejo, ¿no?

—Cuarenta y algo.

—Bueno, de todos modos —dijo Patterson—, volviendo a Baldwin, parece un tipo maravilloso. Lo he visto por televisión, y antes de la pelea con Liston en Chicago, vino a verme entrenar. Te encuentras con Baldwin por la calle y piensas: «¿Quién es este pobre desgraciado?». No se diferencia en nada de los demás. Y ésta es la misma impresión que yo doy a los que no me conocen. Pero creo que Baldwin y yo tenemos mucho en común, y algún día me gustaría sentarme un buen rato con él y charlar.

Patterson, una vez se hubo puesto los *shorts* y el pantalón del chándal, se agachó para anudarse los cordones, y a continuación sacó, de un cajón de la cómoda, una camiseta en la que se leía *Deauville*. Tiene varias camisetas con el mismo nombre. Las cuida mucho. Son un recuerdo del momento culminante de su vida. Son del hotel Deauville de Miami Beach, donde se entrenó para el tercer combate con Ingemar Johansson en marzo de 1961.

Floyd Patterson nunca fue más popular ni más admirado que durante ese invierno. Había visitado al presidente Kennedy; su mánager le había regalado una corona adornada con joyas valorada en 35.000 dólares; los periodistas deportivos reconocían su grandeza, y nadie tenía ni idea de que Patterson poseía, en secreto, un bigote falso y unas gafas oscuras que pretendía ponerse para salir de Miami en caso de que perdiera el tercer combate con Johansson.

Fue después de ser noqueado por Johansson en su primer combate cuando Patterson, sumido en la depresión y escondido por culpa de su humillación durante meses en un remoto hotel de Connecticut, decidió que era incapaz de volver a enfrentarse al público si perdía. Así que se compró la barba y el bigote postizos para ponérselos al salir del vestuario después de una derrota. También había planeado, al salir del vestuario, quedarse un momento entre el público y quizá quejarse en voz alta del combate. A continuación se escabulliría en la noche sin que lo descubrieran y se metería en un automóvil que lo estaría esperando.

Aunque se demostró que no había necesidad de llevarse ese disfraz ni a la segunda ni a la tercera pelea contra Johansson, ni al combate posterior celebrado en Toronto contra un peso pesado desconocido llamado Tom McNeeley, Patterson siguió llevándolo de todos modos; y tras la primera pelea con Liston, no sólo no se lo quitó durante su viaje de treinta horas en automóvil desde Chicago hasta Nueva York, sino que siguió llevándolo en el avión que lo condujo a España.

—Cuando me subí a ese avión, no me habrías reconocido —dijo—. Llevaba la barba, el bigote, las gafas y el sombrero, y también cojeaba, para parecer mayor. Iba solo. Me daba igual a qué avión subirme; simplemente levanté la vista y vi una señal en la terminal que ponía «Madrid», así que me compré un billete y me subí a ese vuelo.

»Cuando llegué a Madrid me registré en un hotel con el nombre de Aaron Watson. Me quedé en Madrid cuatro o cinco días. De día me paseaba por los barrios más pobres de la ciudad, cojeando, mirando a la gente, y todos me devolvían la mirada, y debían de pensar que estaba loco por lo lento que iba y por la manera en que miraba. Comía en la habitación del hotel. Aunque en una ocasión fui a un restaurante y pedí sopa. Odio la sopa. Pero me dije que era lo que pedían los viejos. Así que me la comí. Y al cabo más o menos de una semana, comencé a pensar que en realidad era otra persona. Comencé a creérmelo. Y de vez en cuando resulta agradable ser otra persona.

Patterson no especificó cómo consiguió registrarse con un nombre que no se correspondía con el de su pasaporte; simplemente explicó:

—Con dinero, puedes hacer lo que quieras.

Ahora, mientras paseaba lentamente por la habitación, con su batín de seda negro sobre su chándal, Patterson decía:

—Debes de preguntarte cómo es que un hombre hace esas cosas. Bueno, yo también me lo pregunto. Y la respuesta es que no lo sé... pero creo que dentro de mí, dentro de todo ser humano, existe una debilidad. Es una debilidad que queda más al descubierto cuando estás solo. Y he tenido la impresión de que, en parte, la razón por la que hago las cosas que hago, y al parecer no consigo superar esa palabra, *yo*, es porque... es porque... soy un cobarde.

Calló. Se quedó muy quieto en medio de la habitación, pensando en lo que acababa de decir, preguntándose probablemente si debería haberlo dicho.

—Soy un cobarde —repitió entonces en voz baja—. De todos modos, mi manera de boxear tiene poco que ver con ese hecho. Quiero decir que puedo ser boxeador (y un boxeador *ganador*) y seguir siendo un cobarde. Probablemente fui un cobarde la noche que recuperé el título que me había arrebatado Ingemar. Y recuerdo otra noche, hace mucho, cuando todavía era un aficionado, en que me enfrenté a un hombre enorme e imponente llamado Julius Griffin. Yo sólo pesaba 69 kilos y medio. Estaba petrificado. Lo único que pude hacer fue irme a la otra punta del cuadrilátero. Y entonces vino hacia mí, se me acercó... y a partir de ese momento ya no recuerdo nada. No tengo ni idea de qué ocurrió. Lo único que sé es que lo vi en el suelo. Y posteriormente alguien dijo: «Muchacho, nunca había visto a nadie como tú. Diste un salto y le lanzaste treinta puñetazos diferentes».

—¿Cuándo fue la primera vez que pensaste que eras un cobarde? —le preguntaron.

—Después del primer combate con Ingemar.

—¿Cómo se da uno cuenta de la cobardía de la que hablas?

—La ves cuando un púgil pierde un combate. Ingemar, por ejemplo, no es ningún cobarde. Cuando perdió su tercera pelea en Miami, luego estaba en una fiesta en Fountainebleau. De haber perdido yo, no habría podido ir a ninguna fiesta. Y no entiendo cómo él fue capaz.

—¿Liston podría ser un cobarde?

—Eso habrá que verlo —dijo Patterson—. Lo averiguaremos cuando alguien le derrote, a ver cómo se lo toma. Cuando ganas, todo es fácil. Cuando se conoce a un hombre de verdad es en la derrota. En la derrota soy incapaz de mirar a la gente. No tengo fuerzas para decirle a nadie: «He hecho lo que he podido, lo siento, o lo que sea».

—¿No te queda odio?

—Sólo he odiado a un boxeador —dijo Patterson—. Y ése fue Ingemar en el segundo combate. Antes de eso llevaba un año odiándolo, no porque me hubiera derrotado en la primera pelea, sino por lo que hizo después. Tanto jactarse en público, y hacer alarde de su derechazo en televisión, su tremenda derecha, sus «grayos y centellas». Estaba en casa mirando la televisión y le *odiaba*. El odio es un sentimiento muy triste. Cuando un hombre odia, no tiene sosiego. Yo le odié durante un año entero, porque me quitó todo lo que tenía, me privó de todo lo que era, *me lo restregó por las narices*. La noche del segundo combate, en el vestuario, estaba impaciente por subir al cuadrilátero. Cuando él llegó un poco tarde, me dije: «Me está haciendo esperar; quiere ponerme nervioso... Muy bien, ¡ahora sabrá lo que es bueno!».

—¿Por qué no pudiste odiar a Liston en el segundo combate?

Patterson se lo pensó un momento, a continuación dijo:

—Mira, si Sonny Liston entrara ahora en esta habitación y me diera una bofetada, entonces verías una pelea. Verías la pelea de tu vida, porque entonces habría un motivo. Me olvidaría de que él era un ser humano. Me olvidaría de que yo era un ser humano. Y por tanto, pelearía.

—¿Es posible, Floyd, que cometieras un error al hacerte boxeador?

—¿A qué te refieres?

—Bueno, dices que eres un cobarde; dices que tienes poca capacidad para odiar; y esta tarde, al parecer, perdiste el valor delante de esos chavales de Scarsdale. ¿No crees que te habría convenido más otro tipo de trabajo? ¿Quizá asistente social o...?

—¿Me estás preguntando por qué sigo peleando?

—Sí.

—Bueno —dijo, sin que le irritara la pregunta—, en primer lugar me encanta el boxeo. El boxeo se ha portado bien conmigo. Y yo podría hacerte la misma pregunta: «¿Por qué escribes?». O: «¿Te retiras de la escritura cada vez que escribes una mala historia?». Y en referencia a si desde el principio no hubiera sido mejor que me dedicara a otra cosa, bueno, a ver cómo te lo puedo explicar... Mira, digamos que eres un hombre que lleva días y días en una habitación vacía sin comer... y te sacan de esa habitación y te ponen en otra donde hay comida por todas partes... y lo primero que coges, te lo comes. Cuando tienes hambre, no eres tiquismiquis, y yo escogí lo que tuve más cerca. Y fue el boxeo. Un día entré en un gimnasio y boxeé con un chaval. Y le gané. Luego boxeé con otro. Y también le gané. Y seguí boxeando. Y ganando. Y me dije: «¡Bueno, por fin he encontrado algo que sé hacer!».

»Ahora bien, tampoco era un sádico —añadió rápidamente—. Pero me gustaba golpear a los demás porque era lo único que sabía hacer. Y si el boxeo era un deporte o no, yo quería que fuera un deporte porque era algo en lo que podía triunfar. ¿Y qué exigía? Sacrificio. Eso era todo. Cualquiera que haya crecido en la parte de Brooklyn de Bedford-Stuyvesant sabe lo que es el sacrificio. Así que seguí peleando y un día me convertí en campeón de los pesos pesados, y conocí a gente como tú. Y tú me preguntas cómo puedo sacrificarme, cómo puedo privarme de tantas cosas. No te das cuenta de dónde vengo. No comprendes dónde estaba cuando empecé.

»En aquella época, cuando tenía ocho años, todo lo que tenía... lo robaba. Robaba para sobrevivir, y sobreviví, pero me odiaba. Mi madre me decía que yo señalaba una fotografía mía que había colgado en el dormitorio y decía: "¡No me gusta ese chaval!". Un día mi madre encontró tres X arañadas con un clavo o algo sobre esa fotografía mía. No recuerdo haberlo hecho. Pero recuerdo la sensación de sentirme como un parásito en casa. Recuerdo lo terriblemente mal que me sentía por la noche, cuando mi padre, que era estibador, volvía a casa tan cansado que, mientras mi madre le preparaba la cena, se quedaba dormido a la mesa, así de cansado estaba. Yo siempre le quitaba los zapatos y le limpiaba los pies. Ése era mi trabajo. Y me sentía muy mal porque allí estaba, sin ir a la escuela, sin hacer nada, sólo viendo cómo mi padre volvía a casa; y los viernes por la noche todavía era peor. Mi padre volvía a casa con la paga y ponía todo el dinero sobre la mesa, hasta el último centavo, para que mi madre pudiera comprar comida para todos sus hijos. Yo nunca quería estar presente para verlo. Corría y me escondía. Y entonces decidí irme de casa y comenzar a robar... y lo hice. Y nunca volvía a casa a no ser que llevara algo que había robado. Recuerdo que una vez entré a robar en una tienda de ropa y robé un montón de vestidos, a las dos de la mañana, y ahí estaba yo, ese chaval, lanzando todos esos vestidos por encima de la tapia, pensando que eran todos de la misma talla, la talla de mi madre, y pensando que la policía no se fijaría en mí, que caminaba por la calle con todos esos vestidos amontonados encima de la cabeza. Pero se fijaron, por supuesto... y acabé en el reformatorio.

Los hijos de Floyd Patterson, que habían estado jugando fuera todo este rato, en las inmediaciones del club de campo, ahora estaban inquietos y comenzaron a llamarlo, y Jeannie empezó a aporrear la puerta. Así que Patterson recogió su bolsa de cuero, donde estaban sus guantes, su protector, la cinta adhesiva, y se fue andando con los niños hacia el club.

Encendió los interruptores de la luz que había detrás del escenario, cerca del piano. Unos haces de luz ámbar recorrieron la habitación escasamente iluminada y cayeron sobre el cuadrilátero. A continuación, Patterson se dirigió a un lado de la sala, fuera del ring. Se quitó el batín, arrastró los pies por la colofonia, saltó a la comba y a continuación se puso a boxear en solitario delante del espejo manchado de saliva, lanzando rápidas combinaciones de izquierdas, derechas, izquierdas, derechas, cada golpe seguido de un «ej-ej-ej-ej». A continuación, con los guantes puestos, se dirigió al saco de arena que había en la otra punta, y pronto toda la sala reverberó con su rítmico golpeteo: ¡ra-ta-ta-*titita,* ra-ta-ta-*titita,* ra-ta-ta-*titita,* ra-ta-ta-*titita*!

Los niños, sentados en una butaca de cuero color rosa, fueron del bar al borde del ring, miraron a su padre sobrecogidos, arredrados a veces por la fuerza de sus golpes contra el saco de cuero.

Y así es como probablemente le recordarían en años venideros: una figura oscura, solitaria y reluciente dando golpes en el rincón de un lugar desolado, al pie de una montaña donde antaño la gente venía a divertirse, hasta que el club pasó de moda, la pintura comenzó a desconcharse, y dejaron entrar a los negros.

Mientras Floyd Patterson seguía lanzando su izquierda y su derecha, y sus guantes se convertían en una mancha marrón que impactaba el saco, su hija se bajaba en silencio de su butaca, pasaba junto al ring y entraba en la sala contigua. Allí, al otro lado del bar, más allá de una docena de veladores, estaba el escenario. La niña se subió al escenario y se quedó detrás de un micrófono, desconectado mucho tiempo atrás, y gritó, imitando a uno de los locutores de boxeo: «Señoras y seeeeeñores... esta noche presentamos a...».

Miró a su alrededor, perpleja. Entonces, al ver que su hermanito la había seguido, le hizo seña de que subiera al escenario y de nuevo repitió: «Señoras y seeeeeñores... esta noche presentamos a... *Floydie Patterson*».

De repente, en la otra sala cesaron los golpes contra el saco. Hubo un momento de silencio. A continuación, Jeannie, que todavía estaba detrás del micrófono y miraba a su hermano, dijo:

—¡Floydie, sube aquí!

—No —dijo él.

—¡Venga, sube aquí!

—*No* —gritó el niño.

Entonces se oyó la voz de Floyd Patterson procedente de la otra sala:

—Callaos... En un momento os llevaré a dar un paseo.

Patterson reanudó sus rítmicos golpes —ra-ta-ta-*titita*— y los dos niños regresaron a su lado. Pero Jeannie lo interrumpió preguntando:

—Papá, ¿cómo es que sudas?

—Me ha caído agua encima —dijo Patterson sin dejar de dar golpes.

—Papi —preguntó Floyd Jr.—, ¿cómo es que antes has escupido agua en el suelo?

—Para sacármela de la boca.

Patterson estaba a punto de dirigirse al saco más pesado cuando se oyó el sonido del coche de la señora Patterson llegando por la carretera.

Enseguida estaba en el apartamento de Patterson limpiando un poco, dando palmaditas a los almohadones, lavando las tazas de té que estaban en el fregadero. Una hora más tarde, toda la familia se reunía para cenar. Estuvieron juntos dos horas más. A las diez, la señora Patterson lavó y secó todos los platos y metió la basura en el cubo, donde permanecería hasta que los mapaches y las mofetas se la comieran.

Y luego, tras ayudar a los niños a ponerse los abrigos y dirigirse con ellos al coche, y darle un beso de despedida a su marido, la señora Patterson emprendió el camino de vuelta por la carretera de tierra, rumbo a la autopista.

Patterson les dijo adiós con la mano una vez y se quedó un momento viendo cómo desaparecían las luces traseras, y a continuación dio media vuelta y se dirigió lentamente hacia la casa.

Historias con nombres auténticos

En su libro de 1973, *El nuevo periodismo,* Tom Wolfe atribuyó a Gay Talese —y concretamente a su artículo de 1962 acerca de Joe Louis aparecido en *Esquire,* «Joe Louis: el rey en la mediana edad»— la creación de un nuevo tipo de periodismo que tomaba prestadas las herramientas de los escritores de ficción para contar historias verdaderas. «Aquello no parecía un artículo de revista —escribió Wolfe—. Era como un relato. Comenzaba con una escena». Aunque eso es precisamente lo que Talese había pretendido siempre —escribir historias con nombres auténticos al estilo de Fitzgerald y Shaw—, se había resistido a la etiqueta del inventor del «Nuevo Periodismo». «Siempre he considerado que mi enfoque era bastante tradicional —ha dicho Talese—, y no tan "nuevo". Nunca pretendí hacer algo nuevo. Quería hacer algo que perdurara en el tiempo, algo que pudiera envejecer y seguir teniendo la misma resonancia».

Harold Hayes, el director de *Esquire,* le ofreció a Talese la oportunidad de estirar sus piernas literarias. «No podía ceñirme a los límites de las mil doscientas palabras del periodismo diario —dijo Talese en una entrevista de la *Paris Review*—. Allí donde iba, pensaba que había historias que otros no estaban contando». Talese escribió algunas de sus piezas maestras deportivas en *Esquire:* «El perdedor», «Joe Louis: el rey en la mediana edad», «Ali en La Habana», y la que da título a esta recopilación: «El silencio del héroe», acerca de la vida de Joe DiMaggio después de que cesaran los vítores. Muchos periodistas deportivos coinciden en que se trata del relato deportivo más memorable que se ha escrito. El difunto David Halberstam, amigo de Talese y a menudo un magnífico periodista deportivo, así lo declaró en *The Best Sports Writing of the Century*.

La primera vez que comencé a leer el artículo sobre DiMaggio estaba siguiendo un curso de posgrado sobre Nuevo Periodismo en la Universidad de Pittsburgh. Cuando iba por la mitad me di cuenta de que mi mano derecha, la que estaba a punto de girar la página, me temblaba, como si intentara saltarme un trozo para ver qué ocurría después. Hay un párrafo que me pone un nudo en la garganta cada vez que lo leo. Talese está con DiMaggio en el Yankee Stadium, un día especial en el que se homenajea a Mickey Mantle, la leyenda que vino después de él. Unas pancartas que rezaban «No te vayas, Mick» y «Te queremos, Mick» colgaban en lo alto del estadio. Talese escribió:

> Estas pancartas las habían sujetado centenares de jóvenes cuyos sueños se habían hecho realidad a menudo gracias a Mantle, pero también, sentados en las tribunas, había hombres de más edad, barrigudos y medio calvos, en cuyas mentes de mediana edad DiMaggio seguía vivo e invencible, y algunos de ellos recordaban cómo un mes antes, durante una exhibición previa al partido del Día de los Veteranos en el Yankee Stadium, DiMaggio bateó un lanzamiento y lo mandó a los asientos de la zona izquierda del campo, y de repente miles de personas se pusieron en pie de un salto, como locos, gritando de alegría: el gran DiMaggio había vuelto; volvían a ser jóvenes; era ayer.

MR

El caddie: un relato no edificante
New York Times, 1960

> «*... se descubrió mirando a los cuatro caddies que
> lo seguían, intentando captar una mirada, un gesto,
> que le recordara a sí mismo, que menguara la distan-
> cia que ahora se abría entre su presente y su pasado...*»
> F. Scott Fitzgerald

El héroe del relato de Fitzgerald, «Sueños de invierno», es un excaddie que, desde muy joven, soñaba con
derrotar a los profesionales, hacerse rico y tener a alguien
que le llevara la bolsa con los palos. Al final se hacía rico,
y otro llevaba la bolsa, pero nunca olvidaba sus días de
caddie. Para él, y para miles de otros jóvenes soñadores, el
trabajo de caddie fue el momento en que el sueño empezó.
Pero ya no es así.

Los caddies han cambiado. Hoy en día es más probable que el caddie sea un hombre mayor, soltero, quizá
una de esas personas que van dando tumbos por la vida;
o, si es un muchacho, desde luego no es el héroe de Fitzgerald, que camina por «las calles de la imaginación» con
pensamientos elevados. Ya no es habitual que los grandes
golfistas profesionales hayan sido caddies de jóvenes. Y ya
no es habitual que el trabajo de caddie sea el primero que
desempeña uno de esos magnates del futuro.

Aunque en la actualidad juegan al golf la cifra récord de cinco millones de estadounidenses, el número de
caddies ha bajado desde cuatrocientos mil hace una generación a unos doscientos mil hoy en día. En gran parte, en
las cinco mil pistas que hay en el país han sido reemplaza-
dos por cincuenta mil coches eléctricos y doscientos cincuenta mil carritos manuales de dos ruedas. Pero no es

sólo la automatización lo que ha supuesto el crepúsculo de la figura del caddie. Muchos chavales, en esta época de prosperidad, son reacios a transportar una bolsa y seguir los tiros desviados de algún zoquete que acaban en la maleza por unos míseros tres o cuatro dólares el recorrido.

Sin duda, tiene poca importancia que los muchachos ya no quieran ser caddies, ni que los carritos actuales hagan que algunos clubs de campo parezcan supermercados. Lo importante, por lo que se refiere al golf profesional, es que los excaddies generalmente son los golfistas más interesantes. Como dice el caddie convertido en campeón Willie Turnesa: «Si no mantenemos a los jóvenes caddies interesados por el golf, ¿dónde encontraremos a nuestros futuros Walter Hagen, Gene Sarazen, Sam Snead, Ben Hogan o Byron Nelson?». (Todos ellos fueron caddies.)

Los caddies de antaño, además de mostrar un gran interés por el juego, eran a menudo (según ellos mismos admiten) el cerebro del golfista. El primer genio que consta que acarreó palos de golf fue un hombre llamado Andrew Dickson, contratado en Escocia en 1681. Casi nunca perdía una bola, concedía todos los *putts* de cinco pies y se volvió inmensamente popular junto con su patrono, el duque de York. En aquellos días, el caddie —la palabra es la grafía escocesa de la palabra francesa *cadet,* que significa «cadete»— tenía una posición similar a la del escudero para un caballero. Todavía sigue siendo la única persona a la que, según las reglas, un golfista puede pedir consejo sobre la elección del palo o la estrategia.

En Estados Unidos, algunos de los primeros grandes caddies fueron Joe Horgan, que hizo de caddie durante medio siglo; Jack Allen, el hombre de confianza de Bobby Jones; y Leggy Ahearn, que sabía con qué palos Walter

Hagen daba sus mejores golpes cuando tenía resaca y cuando no.

—En el Open de 1919, Haig había estado bebiendo la noche antes, y también había tomado un par de cócteles a mediodía —recuerda Ahearn, que ahora tiene cincuenta y cinco años y todavía ejerce esporádicamente de caddie en el Winged Foot Country Club de Mamaroneck—. En el hoyo catorce, Haig quería utilizar un palo de hierro. En aquel momento iba empatado con Mike Brady. Sacó el *mashie,* pero yo le dije: «No, no, Haig, saca el *midiron*».* Y así lo hizo. Y lanzó alto y fuerte, quedando a pocos centímetros del banderín. Y al final acabó tres bajo par. Y esa ventaja de un golpe derrotó a Brady. Haig me dio 160 dólares. Nos llevábamos bien. Pero cuando le veía llegar al club por la mañana vestido de esmoquin, sabía que me esperaba un mal día.

Gene Sarazen reconoció que su caddie fue en gran parte responsable de su triunfo en el Open Británico de 1932. Lawson Little le estaba tan agradecido a su caddie por ayudarle en el National Open de 1940 que le pagó la universidad. Y cuando Ed Furgol ganó el Open de 1954 le dio 1.000 dólares a su caddie. Snead también ha seguido siempre atentamente el consejo de su caddie.

Pero hay veces (como admitirá uno de cada diez caddies) en las que un golfista estaría mejor sin su caddie. En 1946, Byron Nelson perdió el National Open por un solo golpe de penalización porque su caddie accidentalmente le dio una patada a la bola.

Hubo una época —durante la guerra e inmediatamente después— en la que la calidad de los caddies alcanzó su punto más bajo. Los adolescentes de más edad estaban en

---

* Tanto el *mashie* como el *midiron* son palos de golf de hierro, ya obsoletos, para distancias medias. *(N. del T.)*

el ejército, la gente que llevaba una vida errante ganaba más dinero en las fábricas, por lo que los instructores de los caddies se quedaron con incompetentes que a menudo no sabían nada del juego. En una ocasión, Jack Burke, indeciso acerca de qué palo utilizar para llegar al *green,* le preguntó a su caddie:

—¿Qué crees que necesito para llegar a casa?*

—¿Para llegar a casa? —repitió el caddie—. Tío, ni siquiera sé dónde vives.

El caddie característico de la actualidad cae (o tropieza) en varias categorías, aunque todos los caddies coinciden en su desprecio por los que dan poca propina («tacaños»), los jugadores lentos y malos («pisahuevos»), y los jugadores que llevan una bolsa demasiado pesada con palos extra, zapatos, bolsas para practicar, y jarras («una casa y el mobiliario»).

Una categoría de caddie es el «Caddie de Tarde». Se niega a levantarse antes de mediodía y, quisquilloso, evita los torneos femeninos porque, afirma, las mujeres dan poca propina, juegan lento, esperan un servicio extra y no se conceden entre ellas ni un *putt* de un palmo...

La siguiente categoría se denomina el «Paseante Loco». Le encanta caminar, lleva las bolsas de cualquiera, hace dos o tres circuitos al día. Pero no es muy inteligente. Es de poca ayuda para los golfistas concienzudos que se basan en el criterio de su caddie en relación a las distancias. Es más bien un «acarreabolsas», antes que un caddie.

Luego están los «Caddies Vagabundos». Éstos son los mejores, pues recorren todo el país siguiendo el sol y el dinero. En invierno trabajan en las pistas de golf de Florida, o quizá de Arizona. En verano trabajan en los clubs lujosos de Westchester County, o quizá pasan fines de semana en

---

* *Get home* se refiere también a completar el recorrido. *(N. del T.)*

clubs de East Hampton o Montauk Point. Su edad oscila entre los veintiuno y los sesenta años, y pueden sacarse más de 100 dólares semanales (mucho más cuando son caddies de algún torneo).

El cuarto tipo es el «Conejo». Los Conejos son principiantes con entusiasmo. Antes el golf estaba plagado de estos jovenzuelos, y eran chavales que a menudo se convertían en profesionales famosos. Los caddies que aprenden lo que es el golf en una época temprana de la vida a menudo desarrollan lo que se llama el «swing del caddie», un swing rítmico y natural que se distingue fácilmente de los movimientos espasmódicos de los hombres de negocios que no comenzaron a jugar al golf hasta que su cuenta corriente fue bastante abultada.

Aunque escasos, todavía se encuentran algunos Conejos, y los instructores siempre intentan transmitirles mucha experiencia. El procedimiento habitual cuando se juega por parejas es mandar a un caddie de más edad y experto (que llevará dos bolsas) y a dos Conejos.

—De este modo, el caddie experto puede impedir que los Conejos estropeen el juego —explica Gene Hayden, que ha sido adiestrador de caddies durante tres décadas en Westchester County—. Los Conejos solos se entrometen en el juego, se quedan rezagados, silban. Hay un viejo dicho entre los adiestradores de caddies: si mandas a un crío, tienes un crío; si mandas a dos críos, tienes medio crío; si mandas a tres críos, no tienes ninguno.

En los últimos años, la ausencia de una cantidad abundante de Conejos ha supuesto que los profesionales de los torneos de golf procedan sobre todo de los campus universitarios.

Según Charles Price, director de la revista *Golf*, sólo uno de los veinticuatro jugadores que ganaron más dinero en 1959 había sido caddie: Doug Ford. Los otros veintitrés eran universitarios.

Mientras que los universitarios son buenos golfistas, ninguno de ellos ha electrizado el país de la manera en que antiguos caddies como Snead y demás lo consiguieron en su mejor época. Los universitarios, afirman algunos excaddies, son una panda de conformistas. Ninguno de ellos se pondría ni muerto las camisas a topos negros y los extravagantes sombreros que solía utilizar Jimmy Demaret (excaddie). No arrojan los palos tal como solía hacer Tommy Bolt (excaddie). Y no aparecen por la mañana vestidos de esmoquin.

Puede que algunos se conformen con lo que hay. Pero ¿es excitante ahora este deporte, se preguntan otros devotos del golf, como lo era cuando las pistas estaban pobladas de Conejos que juraban en secreto sobrepasar algún día a los maestros a los que servían?

Un hombre receloso en el rincón del campeón
New York Times, 1962

El mánager de Floyd Patterson, Cus D'Amato, nunca va en metro porque teme que lo empujen a las vías, nunca revela su dirección porque teme a los francotiradores, y nunca se ha casado porque cree que, si tuviera esposa, sus enemigos podrían embaucarla o intentar alterar la imagen que tiene: el hombre más misterioso, desconcertante y emocionalmente blindado del boxeo. El martes por la noche, en el Comiskey Park de Chicago, se sentará en el rincón del campeón de los pesos pesados, y dirigirá su mirada hostil en dirección al árbitro, los periodistas, el público y el aspirante, Sonny Liston, del que D'Amato sospecha que tiene el apoyo de los gánsteres de Filadelfia.

Durante la mayor parte de sus cincuenta y cuatro años, Constantine D'Amato ha sido una especie de boxeador que se enfrenta a sí mismo, a veces atizando a fantasmas y espectros que sólo veía él, permitiéndose batallas públicas con comisionados del boxeo de carne y hueso, organizadores y promotores, acusándolos de intentar eliminarlo, pagar poco, emparejar a sus púgiles con rivales más fuertes y monopolizar el deporte.

Antes del último combate en Chicago —en el que Patterson noqueó a Archie Moore—, el campeón recuerda que D'Amato cada noche colocaba su catre a la entrada del dormitorio en el que dormían el púgil y su entrenador y se quedaba allí, a menudo totalmente vestido, porque tenía miedo de que alguien entrara a hurtadillas y atacara a Patterson.

—Cus no confía en *nadie* —observó no hace mucho Patterson. A continuación, tras meditar acerca de la frustración de un púgil en búsqueda permanente de la paz y la soledad entre amigos estruendosos, Patterson afirmó—: Sabes, la gente cree que el *boxeador* es el que está loco. Pero a veces creo que soy el único cuerdo de por aquí.

Mientras que no hay ninguna duda de que algunos podrían considerar extraño el comportamiento de D'Amato, no hay que pasar por alto que en la actualidad es el mánager del boxeo de más éxito del país. Al igual que cualquier mánager de primera categoría, nunca intenta que sus púgiles peleen contra rivales más fuertes; nunca perdona que se relajen en los entrenamientos, y obtiene el máximo dinero posible de los promotores para los combates de sus hombres. Pero estas cualidades no explican su éxito por sí solas. D'Amato ha sobresalido porque su infinito recelo, su aparente paranoia, es precisamente la actitud necesaria para prosperar entre los bárbaros del boxeo.

—Debo mantener confusos a mis enemigos —explicó una vez D'Amato—. Cuando están confusos, entonces puedo hacer algo por los púgiles. Sin embargo, lo que no quiero en la vida es una sensación de seguridad; en el momento en que una persona conoce la seguridad, se le embotan los sentidos, y comienza a morir. Tampoco quiero muchos placeres de la vida; creo que cuantos más placeres tienes, más miedo te da morir.

Dicho ascetismo parece haber dejado su impronta en Floyd Patterson, y ha contribuido a hacerle campeón. Mientras que Patterson se ha permitido lujos como tener una esposa, tres hijos y dos Lincoln, pasa la mayor parte del tiempo recluido en las colinas, perfeccionando su oficio. Evita llevar una vida de famoso y hacer nuevos amigos porque, afirma, ambas cosas desaparecerán cuando pierda el título, y no quiere echarlos de menos.

D'Amato se volvió un adepto al ascetismo a una edad mucho más temprana que Patterson. Cuando era niño, en el Bronx, ayunaba durante días seguidos para que nadie pudiera intimidarlo amenazándolo con matarlo de hambre. Aunque su visión del ojo izquierdo quedó deteriorada tras recibir un golpe con un palo en una pelea callejera, D'Amato insistía entonces (y sigue insistiendo) en cerrar el ojo *derecho* mientras lee y mirar sólo con el ojo izquierdo malo, entrecerrándolo: una peculiaridad que parece simbolizar su deseo de hacerlo todo de la manera más difícil.

Un psiquiatra tardaría años en determinar el origen de sus excentricidades. Todo lo que recuerda acerca de sus pensamientos infantiles era su preocupación por la muerte. Solía contemplar las procesiones fúnebres que cruzaban el Bronx y pensaba: «Cuanto antes te mueres, mejor». Decía que de joven estaba seguro de que iría al Cielo.

En menos de dos años se hartó de la Escuela Secundaria Morris, pero, incapaz de convertirse en boxeador por culpa de su ojo malo, durante una temporada D'Amato merodeó por los gimnasios haciendo todo tipo de trabajos, hasta que —a pesar de su ojo— fue aceptado en el ejército. Le *encantaba* la vida en el ejército, afirma, confirmando la opinión de sus amigos de que, definitivamente, algo raro le pasa. «Fui al ejército dispuesto a morir», dice. Para que la muerte no fuera algo que temer, sino algo bienvenido, D'Amato procuraba que su vida fuera lo más deprimente posible. Se afeitaba sólo con agua fría. Dormía en el suelo de los barracones. Se pasaba horas en posición de firmes.

—Un día estábamos en un vivac y todo el mundo intentaba espantar las moscas de su comida —ha relatado D'Amato—. Pero yo decidí que no pensaba espantar al siguiente insecto que aterrizara en mi plato.

»Bueno —añadió—, pues resultó que el siguiente insecto fue una araña. ¡Cómo odio las arañas! Sin embargo, coloqué un trozo de pan sobre la araña, cerré los ojos y me la comí.

El porte militar de D'Amato y su minuciosa manera de colocar el cepillo de dientes y los calcetines durante las inspecciones de sus objetos personales impresionaron enormemente al comandante de la compañía, que un día le dijo:

—D'Amato, preséntese en el cuartel general. Le vamos a hacer una prueba para ascender a suboficial.

—Lo siento, señor, pero no conozco las ordenanzas generales —dijo D'Amato. Consideraba que nunca sería capaz de aprenderlas, y nunca lo hizo.

—No se preocupe —le aseguró el capitán—. Ya me he encargado de eso. No se las pedirán. Simplemente vaya allí, hágales un gran saludo, y ya está dentro.

Una hora más tarde D'Amato regresó a la compañía, abatido.

—¿Qué le ocurre? —le preguntó el comandante.

—Me han pedido que recitara las ordenanzas generales —dijo D'Amato.

El comandante, que había sido traicionado por otro oficial, montó en cólera. Un día después, consiguió que D'Amato dispusiera de otra oportunidad; esta vez creía haber llegado a un acuerdo para que no le preguntaran nada acerca de las once ordenanzas generales relacionadas con la guardia. Pero en cuanto D'Amato apareció delante de los oficiales, les hizo el gran saludo y se puso firmes, uno de los oficiales le lanzó una pregunta acerca de las ordenanzas generales. Y de nuevo D'Amato fue rechazado. Su comandante estaba atónito. D'Amato no. Eso simplemente confirmaba su desconfianza en la gente.

Tras abandonar el ejército, D'Amato, con dinero ahorrado y prestado, compró un gimnasio en la segunda planta de un viejo edificio en el 116 de la calle Catorce Este. Allí, tras subir dos tramos de escalones que crujen, en una pequeña habitación a la izquierda del cuadrilátero, duerme

D'Amato por las noches, y su única compañía es un feroz perro policía. Durante el día, los jóvenes que desean aprender a boxear suben las escaleras y observan cómo se ejercitan los profesionales, y también podrán recibir instrucción —gratuita—, a condición de que, si alguna vez acaban siendo profesionales, D'Amato sea su mánager. Así fue como un escuálido chaval de catorce años llamado Floyd Patterson entró un día en la vida de D'Amato.

D'Amato observa atentamente a los chavales que entran por primera vez en el gimnasio. Observa si vienen solos, o con sus padres o amigos. Observa si vacilan al llegar a la puerta, preocupados por el aullido del perro que está atado cerca de la entrada. Su manera de entrar es el primer indicio que tiene D'Amato de su carácter. Algunos tienen más miedo que otros. Todos están un poco asustados. Pero esto no preocupa a D'Amato. «El miedo —les enseña— es natural. Es normal. El miedo es tu amigo. Cuando un ciervo camina por el bosque, tiene miedo; es la manera que tiene la naturaleza de mantener al ciervo alerta, porque entre los árboles podría haber un tigre. Sin miedo no sobreviviríamos».

Les decía que la primera noche antes de su primera pelea no conseguirían dormir... pero su adversario tampoco. Predecía que en el momento del pesaje su oponente les parecería imbatible... pero eso sería sólo cosa de su imaginación. «Nada es tan malo como lo que tu imaginación querrá creer —quizá les decía Cus—. Ni siquiera la muerte».

Tendrían miedo, añadía Cus, pero después de sonar la campana, el miedo desaparecía; lo que ocurriera a partir de entonces dependería de lo bien que hubieran entrenado los púgiles y de su valor. Cus les prometía que no se enfrentarían a adversarios con más experiencia y movilidad. Él siempre intentaba emparejarlos con alguien al que pudieran derrotar, y es famoso por su singular habilidad a la hora de conseguirlo.

Éste es el método que utiliza D'Amato para fortalecer la confianza de sus púgiles. Una derrota temprana podría destruir la imagen que tiene de sí mismo un joven boxeador, opina D'Amato. Así, D'Amato va de gimnasio en gimnasio observando a los púgiles de otros mánagers, en busca de carne para que sus tigres puedan darse un festín en futuros combates. Si D'Amato se enfrenta a la decisión de hacer combatir a uno de sus chicos contra un adversario que *podría* ser mejor, y la otra opción es que no haya combate, D'Amato prefiere que no haya combate. «No estoy en este negocio para que masacren a mis chicos», dice.

Opina que uno de los problemas del boxeo actual es que los púgiles sin experiencia suficiente acaban precipitadamente en combates importantes por culpa de mánagers hambrientos de dinero y de promotores y productores de televisión sedientos de sangre; el púgil acaba quemado por alguien que no pinta nada en el cuadrilátero y su carrera termina rápido, *años* antes de lo que debería, según el criterio de D'Amato.

D'Amato en una ocasión fue cománager de un peso medio de mucho talento llamado Gene «Ace» Armstrong, el cual, mientras Cus estaba de viaje por California, aceptó un combate en el Madison Square Garden contra Rory Calhoun, con cuyos promotores Cus compartía un mutuo desprecio desde hacía mucho. A pesar de que Armstrong noqueó a Calhoun, y después consiguió otras impresionantes victorias, D'Amato acabó tan enfadado por el hecho de que el púgil se hubiera adelantado al calendario que le había preparado, que se negó a seguir siendo su cománager. En 1959, Armstrong perdió con Dick Tiger, de Nigeria. En 1960 volvió a perder con Tiger, y fue noqueado en 1961 otra vez por él, sufriendo además una lesión en una costilla. Armstrong intentó regresar al cuadrilátero este verano, después de dieciséis meses de inactividad, contra Luis Rodriguez, pero acabó noqueado y parece ser que su carrera ha llegado a su fin.

—Cada vez que Tiger derrotaba a Armstrong, tenía un efecto desmoralizador —dice D'Amato, que nunca hubiera aceptado un segundo combate a no ser que considerara que su púgil podía ganar—. Si yo hubiera sido el mánager de Armstrong, ahora iría rumbo al campeonato. Si yo hubiera sido mánager de Benny Paret, nunca habría aceptado a Emile Griffith en ese último combate. Vi cómo noquearon a Paret la primera vez, y vi el bronco combate de revancha [ganó Paret], y vi cómo después Paret fue derrotado por Gene Fullmer antes de la tercera pelea con Griffith que mató a Paret. Los comisionados del boxeo podrían haber chillado todo lo que quisieran, y habría seguido sin aceptar la pelea con Griffith. El mánager no tiene derecho a jugar con la vida de su púgil.

Pero escoger adversarios a los que sus muchachos puedan derrotar no siempre resulta fácil para D'Amato. Comete algunos errores. Y a veces, a pesar de su recelo, lo engañan. Hace unos años, D'Amato deseaba conseguir una pelea para una de sus jóvenes promesas, y aceptó un combate en Sunnyside Gardens contra un púgil de Long Island. D'Amato nunca había oído hablar de él. Si el muchacho de Long Island tuviera alguna habilidad, razonó D'Amato, éste sin duda habría oído hablar de él, porque el chaval era blanco, y en aquella época los boxeadores blancos con talento y futuro de la zona de Nueva York eran cada vez más escasos... y fáciles de detectar.

—Pero prácticamente en cuanto sonó la campana me di cuenta de que mi chico no estaba combatiendo con ningún novato —recordaba con amargura D'Amato—. A mi chico le dieron con todo y lo derribaron diez veces, y yo no dejaba de chillarle al árbitro: «¡Para el combate, para el combate!», pues no quería que destrozaran a mi chico. Después de la pelea entré en el vestuario y mi chico levanta la mirada y dice: «Cus, lamento haberte decepcionado». Y yo le contesté: «Tú no me has decepcionado. Yo te he fallado. Te emparejé con un boxeador con más experiencia».

»A continuación —dijo D'Amato—, me fui a recoger el dinero y oí que sonaba el teléfono y alguien decía que era una llamada a larga distancia que preguntaba por el resultado del combate. Entonces supe que ese chico blanco no era ningún aficionado de Long Island; lo habían traído de otro lugar del país —golpeó su palma izquierda con el puño derecho—. ¡Yo no cometo errores como ése!

D'Amato pensó que Patterson no tendría ningún problema con Ingemar Johansson en la primera pelea, o no la habría aceptado.

—Naturalmente, conocía de sobra el golpe de derecha de Johansson —dijo D'Amato—. Aunque no pensé que consiguiera lanzarlo contra Patterson. Si tienes un buen golpe, pero no puedes lanzarlo, ¿de qué te sirve? Es como tener una bomba atómica... si no puedes lanzarla, no sirve de nada, es como tener un pedrusco. De todos modos, no pensé que Johansson pudiera engañar a Patterson en el primer combate. Pero lo consiguió.

Explicó que Johansson lo consiguió lanzando repetidos y flojos izquierdazos a Patterson, pero esos golpes no pretendían hacerle daño, sino hipnotizarlo y conseguir que por reflejo los bloqueara con un guante, o esquivara el golpe de una manera que dejara a Patterson en posición de recibir un derechazo. Y así fue, cuando Patterson se apartó de la izquierda y levantó el guante para bloquear el puñetazo inofensivo, Johansson lanzó la derecha, que pilló a Patterson inclinándose hacia ese lado. El golpe que recibió fue tan fuerte que ya no se recuperó, y las combinaciones posteriores lo lanzaron a la lona siete veces.

El error de Patterson, dijo D'Amato, fue fácilmente corregido en la revancha. En lugar de bloquear los flojos izquierdazos con los guantes, Patterson «fintó» —lo esquivó sin inclinarse hacia la derecha, y no abrió la guardia—, y su superioridad en los golpes no tardó en derrotar al sueco.

En el tercer combate, sin embargo, Johansson utilizó un nuevo golpe: un flojo gancho de izquierda cuya función era la misma que los inofensivos izquierdazos del primer combate; por dos veces consiguió engañar a Patterson y sacarlo de su posición en el primer asalto, tumbándolo, pero Johansson fue incapaz de rematarlo, y pronto comenzó a recibir más castigo del que daba. La última vez que le vieron, tuvieron que ayudarlo a ir al vestuario, donde lo esperaban unos inspectores de hacienda para rematarlo.

El triunfo de Patterson fue para D'Amato una especie de reivindicación, pues era la prueba fehaciente de que todavía podía distinguir a un perdedor cuando lo veía. Luego los periodistas comenzaron a pedir a gritos la pelea con Liston. D'Amato dudaba. Liston había derrotado a casi todos los pesos pesados que le habían puesto delante de una manera tan inmisericorde que nadie estaba dispuesto a pelear con él. Los apostadores de Las Vegas proclamaron a Liston favorito en cualquier combate contra Patterson.

Un día, Liston, irritado ante la indecisión de D'Amato, decidió visitarlo para ver si una charla de hombre a hombre (o quizá la visión de un gran puño cerrado) podía acelerar su decisión. Sin saber cómo dar con él en Nueva York, Liston habló con José Torres, otro púgil, y se jactó de que D'Amato le tenía miedo. Torres dijo que eso no era cierto, que Cus no teme a nadie, y, para demostrarlo, Torres dijo que llevaría a Liston a la oficina de D'Amato. Eso era precisamente lo que Liston quería.

—Cus, mira a quién te he traído —dijo Torres cuando entró en la recóndita oficina de D'Amato. Éste contempló la enorme mole oscura que avanzaba hacia él a través del umbral. Con una mirada ceñuda, Liston preguntó:

—Cus, ¿no vas a concederme una pelea con Patterson?

—Deshazte primero de toda esa gente que te rodea, y luego...

—Cus —le interrumpió Liston—. ¡Di *tú* quién quieres que sea mi mánager!

D'Amato dijo que no era cosa suya escoger los mánagers de los otros boxeadores. No iba a seguir discutiendo el asunto cuando, sin embargo, vio algo en los ojos de Liston.

—Pensé que era capaz de golpearme —admitió D'Amato, pero añadió que luego Liston se calmó y se marchó—. Si hubiera hecho ademán de pegarme —prosiguió rápidamente D'Amato—, *¡no habría salido de esa oficina sin más de una señal!* Le habría dejado *señales,* puedes estar seguro, *SEÑALES* con los puños, ¡y con cualquier cosa que hubiera podido arrojarle!

Poco se puede dudar que, si D'Amato se hubiera salido con la suya, no se habría celebrado la pelea entre Patterson y Liston. Sin embargo, D'Amato ya no tiene la capacidad de persuasión que tenía antes con Patterson; el púgil sigue escuchando a D'Amato, pero a menudo rechaza los consejos de su mánager, y dentro y fuera del ring toma sus propias decisiones. La independencia que Patterson ha adquirido con su creciente madurez ha llevado a los periodistas deportivos a anunciar la separación del dúo Patterson-D'Amato; pero tales anuncios han sido, y son, una exageración.

La cuestión es que Patterson no podía seguir resistiéndose a una pelea con Liston. Su orgullo quedó herido cuando los periodistas comenzaron a insinuar en los periódicos que Patterson tenía miedo de su adversario. Patterson insistió en que se celebrara la pelea, a pesar de que la Comisión Deportiva del Estado de Nueva York, que consideraba que los antecedentes de Liston no estaban a la altura del Racquet and Tennis Club, se negaron a permitir que el combate por el campeonato se celebrara en Nueva York. No hubo manera de que D'Amato disuadiera a Patterson, y así fue como por primera vez en la relación del púgil con D'Amato, desafió públicamente la voluntad de su Figura Paterna a la hora de elegir adversario.

D'Amato nunca explicará exactamente por qué se oponía al combate con Liston. Le gusta dar la impresión de que la causa era el historial delictivo de Liston, y que los patrocinadores de Filadelfia del aspirante no pertenecían al mejor barrio de esa ciudad. Pero quizá, dentro de su corazón, D'Amato temía algo que nunca admitirá abiertamente. Y es, por primera vez en su carrera como mánager, haber consentido en preparar una batalla que cree que su púgil va a perder.

El doctor Birdwhistell y los deportistas

En 1958, Talese colaboró en un artículo con Ray Birdwhistell, un antropólogo que estudiaba a los jóvenes deportistas varones. Birdwhistell tenía una concepción polémica del deporte, y consideraba que «en los Estados Unidos el deportista es a menudo un títere acolchado que existe para cumplir los sueños de los demás», escribió Talese. El relato fue rechazado por diversas publicaciones, entre ellas Life *y* Sports Illustrated. *Talese considera que el artículo muestra «una primera intuición de mi tendencia hacia lo que luego se consideraría no ficción literaria, o Nuevo Periodismo, o lo que sea».*

MR

En los Estados Unidos, el deportista estrella actúa en un mundo de fantasía.

En el curso de una semana puede que lo vitoreen y lo abucheen, lo compren y lo vendan, lo beatifiquen y lo sobornen. Los compositores de canciones lo idolatran, los estudiantes lo adulan, los profesores universitarios lo suspenden. Los sabios no se ponen de acuerdo acerca de si es un genio o un mentecato. «Nunca ha habido un buen jugador que fuera tonto», escribió en una ocasión Jacques Barzun. Pero James Thurber, tras analizar a una estrella del fútbol americano del Ohio State llamada Bolenciecwcz, escribió: «Aunque no era más tonto que un buey, tampoco era más listo».

Puesto que los científicos no le han hecho mucho caso, el país ha llegado a conocerle sobre todo por televisión, o a través de los sumos sacerdotes del deporte: los periodistas. Durante décadas, los periodistas deportivos lo han engalanado con pegadizos apodos, han llorado por sus músculos destrozados, han escrito acerca de los *home runs* que ha conseguido, las patadas de despeje que ha bloqueado, y los trenes que ha perdido.

Pero hoy en día, en la Temple University, hay un antropólogo social de cuarenta y dos años llamado Ray Birdwhistell que intenta profundizar mucho más que los expertos deportivos en el mundo del deportista estadounidense. Durante veinte años, el doctor Birdwhistell ha viajado por todo el país contemplando a los deportistas en el campo de juego, en el vestuario, en su casa, en la escuela, conduciendo, persiguiendo a mujeres o siendo perseguido por ellas.

Ha convertido el campo de juego en su laboratorio. Y ha descubierto que en Estados Unidos el deportista es a menudo un títere acolchado que existe para cumplir los sueños de los demás; un ganso que consigue educación secundaria y universitaria, tiene poco tiempo para lecturas complementarias, y se mueven en una sociedad que considera su cerebro como un tanto inferior. El doctor Birdwhistell ha descubierto que los deportistas generalmente son tímidos con las chicas, y mantienen una estrecha relación con sus madres, mucho más estrecha, de hecho, que el así llamado Niño de Mamá.

—Los deportistas adolescentes que mis asociados y yo estudiamos en las escuelas secundarias del Medio Oeste solían formar un «Mundo Sólo para Hombres» —explicaba el otro día el doctor Birdwhistell en su despacho de Filadelfia—. Los deportistas comenzaban a salir con chicas a una edad más tardía, y no tan a menudo como los no deportistas. Los entrenadores de las escuelas de secundaria les decían a los chicos que las mujeres destruían el físico de un jugador, echaban a perder su estado de forma y lo agotaban. Observé que las jeremiadas de los entrenadores acerca de las mujeres, con frecuencia elocuentes y a veces convincentes, generalmente seguían a los partidos en los que los jugadores se lesionaban, eran eliminados o se desmayaban, o, tal como lo expresaban los entrenadores: «se escaqueaban». Mientras observaba a los estudiantes de Illinois, Ohio, Kentucky e Indiana, descubrí que los jóvenes deportistas, si salían con alguna chica, solían hacerlo en grupos, o en «equipos», en una cita doble, triple, o en pandilla.

»En otras palabras —dijo el doctor Birdwhistell—, para los chicos a menudo era imposible una pauta de desarrollo normal en esta Sociedad Sólo para Hombres, donde las chicas se consideraban algo amenazante y destructor.

—¿Cuánto tiempo durará esta campaña difamatoria contra las chicas? —le preguntaron.

—A veces durante toda la secundaria —dijo—. Algunas universidades niegan las becas deportivas a los deportistas que se casan. Así, cuando estos jóvenes deportistas del instituto llegan a la universidad, muchos de ellos prosiguen esta espasmódica relación con las chicas. No fue ninguna sorpresa descubrir, en 1952, tras un estudio llevado a cabo en Kentucky e Indiana, que un alto porcentaje de deportistas universitarios acababan manteniendo una relación, y se *casaban,* con la primera chica con la que salían varias veces seguidas. La experiencia de cortejo habitual, que enseña a los jóvenes cómo aplazar, y también acelerar, el matrimonio, se les negaba a estos deportistas, que nunca parecían aprender cómo defenderse de una mujer con ganas de casarse.

Puesto que prácticamente todos los entrenadores consideraban a las chicas algo casi tan indeseable como un hombro dislocado, muchos deportistas de secundaria se veían obligados a contar casi en exclusiva con la atención femenina de sus madres. Era mamá quien iba a ver los partidos, los animaba, les suplicaba que fueran con cuidado, y los consolaba cuando se hacían daño, dijo Birdwhistell. La poderosa huella del «mamaísmo» que Birdwhistell encontró allí donde fue le llevó a creer que la relación entre el deportista y la madre es más fuerte incluso que la relación entre la madre y el «Niño de Mamá» no deportista.

—¿Y qué me dice del padre? ¿Dónde encaja?

—De los más o menos dos mil deportistas que estaban en su primer año de universidad que entrevistamos, menos de cien recordaban haber mantenido una conversación de hombre a hombre con su padre que durara más de diez minutos —dijo Birdwhistell—. Pero esto no significa que al padre no le interesen las hazañas atléticas de su hijo. Ni mucho menos. Casi todos los padres presionan demasiado a sus hijos. Esa manera que tiene el padre de revivir su propia adolescencia (aunque es posible que, en secreto, un padre esté molesto por que su hijo se vuelva poderoso). De forma simbólica, el hijo deportista podría incluso describirse como alguien que lleva a cabo el papel masculino en la familia. Un padre autoritario, una madre demasiado cariñosa y un hijo retraído a menudo componen la estructura de la familia que acaba produciendo un deportista. Si los chavales tuvieran un padre comprensivo y no autoritario, es posible que el mamaísmo no predominara tanto en los deportes.

—La relación familiar, ¿lo afecta de alguna otra manera? —se le preguntó.

—Bueno, posiblemente a resultas de esta relación —dijo Birdwhistell— comprendamos mejor las lesiones deportivas, o lo que se descubrió que era una cantidad anormalmente elevada de «propensión a los accidentes» entre los deportistas de secundaria. Es decir, los chavales se lesionaban para obtener atención o afecto.

El doctor Birdwhistell afirmó que el hecho de llevar una vida más activa no era la única razón por la que los deportistas se hacían daño más a menudo que el resto de chavales.

—Durante un estudio se descubrió que los atletas se lesionaban durante la temporada deportiva y fuera de ella. Daba la impresión de que los deportistas siempre acababan en una situación en la que se hacían daño. Después de un estudio entre los alumnos de secundaria de Buffalo llevado a cabo hace dos años, muchos de ellos admitieron que por lo general se lesionaban cuando tenían miedo de lesionarse. Naturalmente, planeaban lesionarse; es decir, de manera inconsciente se ponían en una situación en la que casi seguro que se lesionarían. Es una situación parecida al hecho de que en una fábrica media, más o menos el 10 por ciento de trabajadores sufre aproximadamente el 80 por ciento de accidentes. O de que una pequeña proporción de conductores sufre un gran porcentaje de accidentes. Nadie, que yo sepa, ha llevado a cabo ningún estudio concluyente de los accidentes de coche entre los deportistas, pero apuesto a que la incidencia es muy elevada.

El doctor Birdwhistell, que ahora vive en las afueras de Filadelfia con su esposa y sus dos hijas, comenzó a interesarse por las repercusiones del deporte en 1940, mientras viajaba por el sureste con un grupo de antropólogos de Chicago estudiando las tribus de los indios sioux, los navajos, los zuni, los papago y los hopi. Birdwhistell de inmediato se interesó por los hopi, sobre todo por cómo practicaban sus deportes. Lo importante no era ganar; «sobresalir» era vergonzoso, y se ponía énfasis en la cooperación por encima del logro individual. A los hopis no les gustaba el contacto físico en los deportes, detestaban el fútbol americano, pero les encantaba el atletismo, sobre todo las carreras.

—Para ellos correr era, simbólicamente, una manera de atraer el viento y el buen tiempo —dijo el doctor Birdwhistell—. Eso justificaba la competición. Aparte de eso, la competitividad significaba prepotencia, un «mal espíritu», e incluso suscitaba la sospecha de que había una confabulación con las brujas. Cuanto más aprendía acerca de los deportes hopi, más cuenta me daba de que los deportes nos dicen tanto de la vida de la gente como, por ejemplo, las ceremonias religiosas. Los deportes que practica un grupo de gente expresan los valores implícitos de esa cultura. Los deportes que no expresan esos valores son aburridos. Por ejemplo, el deporte nacional de los Estados Unidos (el béisbol) pone el máximo énfasis en aquello que se considera más importante de la cultura norteamericana: el hogar *(home)*.* En el béisbol, tenemos un hombre que comienza en el hogar, intenta salir, y sólo puede regresar si ha tenido éxito. Antes de regresar al hogar, debe intentar evitar a los amenazantes defensas de las zonas de inseguridad que hay entre las bases. Incluso las bases son sólo refugios de seguridad temporal: para estar realmente a salvo, tiene que llegar al hogar y empezar otra vez. Casi todos los deportes populares de los Estados Unidos tienen esta estructura: se basan en zonas de peligro y zonas de seguridad; en gente que amenaza y gente que defiende; en llegar a casa, donde puedes quedarte, y a continuación volver a empezar el circuito otra vez.

Sabiendo esto, regresó a Chicago en 1942, y se quedó bastante sorprendido al descubrir que los atletas de secundaria del Medio Oeste viajaban como una tribu, tenían menos contactos sociales que los demás alumnos y no eran muy afortunados en sus relaciones con las chicas. Eran chicos que iban de los trece a los diecisiete años. Lucían el jersey de vivos colores de su equipo universitario, u otros emblemas simbólicos, paseaban juntos, comían juntos y pasaban el día casi exclusivamente juntos en esta Sociedad Sólo para Hombres que incluía al Entrenador, el Estadio, el Vestuario, Otros Deportistas y el Mánager del Equipo: este último era a menudo un joven no tan eficiente y que tenía algún problema físico, y que siempre se sentaba junto al entrenador en el autobús del equipo, y el cual, al igual que el periodista deportivo, formaba parte de la claque imprescindible. «El mánager posee información interna para el campus —dijo el doctor Birdwhistell—; y el periodista deportivo, para el público en general».

---

* *Home plate* es la base meta: la última base que ha de alcanzar un jugador antes de anotar una carrera. *(N. del T.)*

El doctor Birdwhistell, que había sido deportista en su época de secundaria en Cincinnati, aunque un deportista «no lo bastante entregado», sentía curiosidad por el comportamiento y simbolismo que había dentro del Mundo del Deporte, y así fue como comenzó un safari, un safari que le llevó por kilómetros y kilómetros de vestuarios y toallas sucias y le puso en contacto con centenares de entrenadores y deportistas, cuyos nombres e institutos insiste en mantener en secreto. A lo largo de esta incursión inicial en el Mundo Sólo para Hombres, se preguntaba qué hacía que los deportistas fueran distintos, cuáles eran sus problemas, qué era lo que *realmente* importaba en su sociedad de hombreras y calcetines sucios. Comenzó a buscar respuestas observando a los deportistas en su etapa más joven y desorganizada: los partidos de béisbol improvisados en los solares. Los veía, ruidosos e imberbes, corriendo alocadamente alrededor de las bases, unas bases que no eran más que piedras, trozos de madera o tapas de cubos de basura. Todos ellos estaban entre los ocho y los quince años. Algunos eran grandotes y capaces de sujetar el bate por el extremo y destrozar la pelota. Los bateadores más fuertes llegaban al campo de juego con aire despreocupado, las manos en los bolsillos, con una actitud que exudaba la serena confianza en sí mismo de alguien que está seguro de que lo van a elegir.

Los chavales que no estaban tan seguros de ser elegidos por los capitanes intentaban comprar su participación en el partido aportando el material que necesitaba el equipo: bates, pelotas nuevas y guantes adicionales. Colocaban el material en el suelo, debajo de un árbol, y aguardaban llenos de esperanza mientras dos de los mejores jugadores lanzaban una moneda y comenzaban a escoger al resto del equipo.

—Yo me quedo a Jake —decía uno, evidentemente un líder.

—Yo cojo a Hank —decía el otro líder.

—Pues entonces yo elijo a Pugs.

Y así proseguían, hasta que todos menos uno habían sido seleccionados. El último solía ser un chaval flaco, con gafas, ni experto en el juego de campo ni en el bateo, que permanecía solo debajo de un árbol intentando aparentar despreocupación. Estaba acostumbrado a que lo escogieran el último.

—Muy bien, pues yo me quedo con Lester —decía el otro líder, como si finalmente se resignara a un mal menor—. Lester, jugarás de exterior derecho.

Y el chaval que nadie quería cogía generalmente su guante (¡un guante caro, quizá firmado por Mickey Mantle!) y esprintaba hacia el lado derecho del campo. Muy pocas pelotas acaban en el lado derecho, y por eso precisamente mandaban ahí a ese chaval.

—No tardé mucho en darme cuenta de que los muchachos más ágiles (a menudo los *líderes* del grupo) preferían la posición de jugador medio, que al parecer era el puesto de más categoría entre los jugadores de béisbol adolescentes —dijo el doctor Birdwhistell—. A continuación venía la segunda base, y luego el exterior izquierdo. La tercera base la solía ocupar un joven que tuviera un brazo lo bastante fuerte como para lanzar a la primera base. A la primera base iba un chico alto que pudiera recibir la pelota. El receptor, si había jugadores suficientes para tener uno, solía ser algún chaval lento y robusto al que no le importaba que la pelota le golpeara, o que tenía la paciencia suficiente como para perseguir los lanzamientos que no podía coger, una posición poco prestigiosa. Los receptores a menudo eran chavales que conducirían motos.

—¿Y los lanzadores? —le preguntaron.

—El lanzador —dijo el doctor Birdwhistell— gozaba de poco prestigio en esos partidos improvisados en la calle. En esos partidos lo más importante era simplemente que la pelota llegara al bateador y éste le diera. Sólo en los partidos de barrio, o en la liga para menores de doce años, el lanzador se convertía en el jugador defensivo más importante del campo.

En esos partidos era corriente que en cada entrada se hicieran veinte carreras, y los marcadores a veces eran de 93-54 o 121-86.

—Como es natural, la posición más ansiada por los líderes era la de jugador medio, porque era un lugar con muchas «oportunidades» —dijo el doctor Birdwhistell—. Puesto que muchas bolas rebasaban la segunda base y caían al lado izquierdo, al ser los bateadores predominantemente diestros, los jugadores medios tenían muchas «oportunidades» de parecer buenos.

»También observé —dijo el doctor Birdwhistell— que muchos de estos jugadores medios y jugadores de segunda base solían ser los chavales de menor estatura, chavales que habían madurado precozmente y cuya característica principal era la velocidad. Estos jugadores medios contrastaban con los que maduraban físicamente más tarde, eran jugadores más torpes y de huesos largos. De hecho, muchos de estos jugadores medios solían permanecer en esa posición cuando iban al instituto, y así era como algunos llegaban a la liga profesional, donde se convierten en grandes "hombrecillos", como Rizzuto, Reese, etcétera, y son idolatrados por el público, que se identifica con estos pequeños David.

—¿Y el exterior derecho? ¿Qué ocurre con él?

—Muchos de los que juegan de exteriores derechos en la calle, decepcionados con su posición, acaban abandonando los deportes de equipo —dijo el doctor Birdwhistell—. A lo mejor se concentran en las chicas y los libros, o estudian piano. Algunos de ellos se pasan a deportes individuales al madurar. El tenis, el atletismo, el squash y el golf probablemente le deben muchísimo a estas primeras deserciones. Estos exteriores derechos decepcionados prefieren madurar en privado. Encuentras a muchos entre los que practican el salto con pértiga, el lanzamiento de disco, o la lucha, en deportes en los que no tienen que hablar con nadie. Son capaces de pasarse todo el día solos lanzando la maldita jabalina. Lo que necesitan es intimidad en su desarrollo. Por otro lado, ser un exterior derecho frustrado es un excelente entrenamiento para futuros mánagers y periodistas deportivos.

Cuando el doctor Birdwhistell abandonó el deporte callejero para estudiar a los deportistas de secundaria, no se sorprendió al descubrir que los «pequeños» quarterbacks ocupaban muchos de los lugares más prestigiosos y que requerían más inteligencia en los equipos de fútbol americano. Desde la época del Pleistoceno, los periodistas han denominado a casi todos los quarterbacks, «general de campo», «estratega» o «líder». Pero Birdwhistell se quedó sorprendido al averiguar que muchos entrenadores consideraban al quarterback étnicamente superior al fullback, el corredor de poder, y al placador sólo socialmente superior a un orangután.

—O para ser más concretos —afirma Birdwhistell—, hasta hace más o menos diez años, muchos entrenadores escolares creían que los defensas y los corredores de poder más duros necesariamente procedían de los suburbios o las minas de carbón; son productos de los grupos étnicos que llevan guion; por ejemplo, las clases más pobres de entre los polaco-americanos, ítalo-americanos, irlandés-americanos, sueco-americanos, dependiendo de la parte del país. La teoría era que todos estos grupos con guion, que pasaban hambre y se sentían frustrados en un sistema social que les era hostil, producían antropoides furiosos con propensión al contacto físico y a aporrear cabezas.

»También descubrí, durante una gira por el Medio Oeste y el Sur que llevé a cabo antes de la guerra, que casi todos los corredores y defensas, exceptuando los alas, generalmente procedían de familias de clase trabajadora. Por el contrario, los alas y los demás corredores, al menos en la secundaria, solían ser hijos de profesionales liberales, profesores, prósperos comerciantes, o, para ser más exactos, eran los anglosajones, a quienes los entrenadores consideraban más brillantes como corredores que los pertenecientes a grupos étnicos.

—¿Y qué me dice de los negros? ¿Dónde encajaban?

—Había algunos entrenadores que tenían una brillante teoría de cómo manejar a un corredor negro —dijo Birdwhistell—. Por alguna extraña razón, los entrenadores, al igual que muchos de sus compatriotas, eran propensos a creer que los negros tenían los huesos de las espinillas especialmente delicados; los entrenadores recomendaban: «Dadles una patada en la espinilla». Esto forma parte de la misma teoría según la cual los inmigrantes poseían una cabeza dura y eran «demasiado bobos para sentir dolor».

—¿Siguen imperando esas teorías? —se le preguntó.

—Han perdido vigencia —dijo el doctor Birdwhistell encendiendo un cigarrillo—. En su mayor parte a causa del énfasis que se puso en la posguerra en la formación en T, en la que muchos grupos étnicos híbridos (y negros) se habían convertido en brillantes quarterbacks, estas teorías, y otras semejantes, ya no se sostenían. De hecho, los deportes se han convertido en un escenario fundamental de la democracia, ya sea porque entre los negros aparecen muchos más deportistas, por lo que tienen una oportunidad; ya sea porque los entrenadores son a menudo exdefensas de alguna minoría étnica; ya sea porque la guerra y la Ley de Readaptación de Excombatientes* ofrecieron nuevas oportunidades. Por una serie de razones, la democracia de las tribunas se extendió al campo de juego, y hoy en día la discriminación se ha reducido mucho.

—¿Qué teorías o problemas concretos tienen los entrenadores de baloncesto?

---

* Esta ley, conocida popularmente como la G. I. Bill, aprobada en 1944, ofrecía ayudas a los soldados que volvían del frente para entrar en la universidad o conseguir una hipoteca. (N. del T.)

—Los entrenadores de baloncesto universitario a menudo se enfrentan a un problema muy interesante —dijo—. Cuando estuve en la Universidad de Louisville, asistí al menos a la mitad de los entrenamientos de baloncesto durante cinco años, y me interesó sobre todo cómo los entrenadores cogían a esos muchachos extremadamente grandes, sobre todo los pívots, y les enseñaban a ser agresivos. A los muchachos grandotes, sabe, en nuestra sociedad se les enseña desde niños a ser amables. Se les enseña a no utilizar la fuerza contra chicos más pequeños. «Métete con uno de tu tamaño», es lo que las madres airadas les dicen a los matones grandotes. Así pues, esos entrenadores se enfrentan al problema de hacer que esos chicos grandotes, de más de 1,90 de estatura, sean lo bastante agresivos como para jugar de pívots. Tienen que conseguir que sean *malos*. Y lo que he observado es que los entrenadores desarrollan un dispositivo para frustrar sistemáticamente al chaval. Pongamos que llega a la universidad y sólo sabe tirar de una manera determinada, por ejemplo sólo sabe tirar ganchos con la derecha. Entonces el entrenador le hace lanzar sólo con la mano *izquierda*. Y por lo general ese chico grandote no tarda en quedar muy frustrado, y volverse muy malo. Es muy interesante ver cómo cogen a esa persona grandota a la que se ha enseñado a *no* ser agresiva, y la convierten en agresiva. Tener a un chico grandote no servirá de nada a no ser que consigan que sea malo. Una manera que tiene el entrenador de conseguirlo es frustrándolo; la otra ya la he mencionado: consiste en coger a chicos pobres de minorías étnicas, chavales que ya están frustrados en su sistema social, y convertirlos en especialistas en el contacto físico.

—¿Qué deporte es el que más le gusta?

—Probablemente el que más me excita es el baloncesto, debido a sus pautas y a la velocidad con que se mueven los jugadores. Muchos son mejores que el más ágil bailarín del ballet.

—¿Y el béisbol?

—Mis sentimientos acerca del béisbol son relativamente simples: soy hincha de los hinchas. Me encanta observar al público durante el partido. En los Estados Unidos la gente no suele ponerse de parte de los desvalidos; en taquilla preferimos a los ganadores. Además, somos una de las pocas sociedades del mundo capaces de coger tres deportes jugados entre dos equipos y convertirlo en algo llamado «tradición». Es algo asombroso. Cuando los norteamericanos cruzan el océano, dejan atrás todo el pasado. Los americanos son gente muy del AHORA, y sin embargo nuestros periodistas deportivos siempre están creando estas «tradiciones». Algunos periodistas incluso escriben de un partido que «es el *comienzo* de una serie tradicional». Los periodistas se han convertido en los sumos sacerdotes de esta religión; si uno no observa a los periodistas deportivos, no puede comprender las pautas deportivas de los Estados Unidos. El periodista deportivo es, además del teólogo, historiador y escritor de biblias. Es tremendamente importante; después de un partido la gente se apresura a leer qué deberían opinar de lo que han visto, o se llevan un transistor al estadio para averiguar qué está ocurriendo en el campo.

—¿Cuáles son los sentimientos de los profesores de secundaria y universitarios hacia el deportista? —se le preguntó.

—Algunos profesores de secundaria consideran que casi todos los deportistas son alumnos que suspenden —dijo el doctor Birdwhistell—. En mis estudios de antes y después de la guerra, he observado que en todo el personal docente (desde la escuela primaria hasta la universidad) existen al menos tres facciones: 1) profesores que miman a los deportistas; 2) profesores que les tienen miedo o los desprecian; y 3) profesores que rechazan los estereotipos.

En la primera categoría, afirma Birdwhistell, entran sobre todo los profesores que fueron deportistas, o que son bastante inmaduros.

—Todo buen entrenador procura conocer a los profesores que son «amigos» del Departamento de Educación Física —dijo el doctor Birdwhistell—. El deseo de todo entrenador ambicioso es colocar a sus protegidos sólo en aquellas clases en las que enseñan sus «amigos». Los amigos nunca suspenden a un deportista durante la temporada. Los profesores amistosos, naturalmente, siempre son recibidos con entusiasmo en el Departamento de Educación Física, los entrenadores los invitan a los banquetes del equipo, y los consideran caballeros, y posiblemente eruditos.

Los profesores que desprecian a los atletas son, sugirió Birdwhistell, individuos que de niños con toda probabilidad se sintieron desdeñados por los deportistas, o quizá perdieron la batalla de la posición social con estos, o quizá simplemente les contraría el hecho de que los deportistas a menudo sean tratados como vacas sagradas por una administración ambiciosa. Irwin Shaw, en su novela *Veneno en las ondas,* describió con gran exactitud el primer encuentro típico en una clase universitaria entre el profesor antideportista (Clement Archer) y el héroe del fútbol (Victor Herres):

... Archer pasó lista. Herres contestó con un brusco «Aquí» y Archer se acordó del nombre. Quarterback en el equipo de fútbol, otro detalle en su contra. Probablemente dentro de un mes o dos recibiría una cordial e incómoda visita de Samson, el entrenador, para suplicarle que siguiera aprobando al chico hasta el día de Acción de Gracias, aunque faltara a la mitad de las clases. Esta vez no, Samson, viejo amigo, decidió Archer de manera anticipada, no en el caso de este joven héroe con pajarita. Me da igual que aparezca con los dos ojos cerrados y caminando sobre muletas después de haber anotado veinte *touchdowns* el sábado por la tarde, no pienso ceder una pulgada...

Sin embargo, a decir verdad no hace falta un profesor amargado y con fobia a los deportistas para demostrar que éstos a veces no están preparados para aprobar ninguna asignatura universitaria que no sea gimnasia. Hace ya mucho que el doctor Birdwhistell es de la opinión de que casi todos los deportistas consideran en secreto que no son capaces de (o no deberían) demostrar ninguna aptitud en el aula. Los deportistas han sido educados en una sociedad en la que los expertos y los locutores deportivos han promocionado generosamente a cualquier estrella del deporte que fuera un estudiante de primera, como para sugerir que es una especie de bicho raro capaz de conseguir una gran proeza intelectual a pesar de sufrir una tremenda desventaja médica: carecer de cerebro.

—A casi todos nos resulta muy difícil creer que un buen cerebro puede ir acompañado de un buen cuerpo —dijo Birdwhistell—. En la sociedad norteamericana damos dos cosas por sentadas: que el deportista, al igual que la rubita mona, suele ser estúpido. Y también ocurre lo contrario: que el hombre inteligente suele ser un gafitas escuálido, etcétera.

»Al dar por supuesto que los deportistas no suelen ser muy inteligentes —añadió Birdwhistell—, los estudiantes y profesores aceptan este mito. Y así es como los deportistas suelen abandonar antes los estudios. Y los profesores a menudo confunden el agotamiento posterior a las largas horas de entrenamiento, o una falta de práctica con las palabras, con la estupidez. La acusación más seria que puedo presentar contra el deporte en los Estados Unidos es que coge a algunos de nuestros mejores cerebros y los convence de que son bobos; los convence de que si son buenos en los deportes, no pueden ser buenos en los estudios.

»Pero la cuestión es —dijo Birdwhistell— que si le presentas a un deportista medio un test de inteligencia adecuado (no basado en su habilidad con las palabras, sino en el campo al que se dediquen), entonces descubrirás que los deportistas son capaces de maniobras intelectuales realmente fantásticas. He visto a dos defensas grandotes, que estuvieron muy poco en la universidad por falta de interés, jugar un partido de fútbol mentalmente en el que cada uno maniobraba a veintidós hombres en el plano ofensivo y defensivo. Y parecían dos jugadores de ajedrez. Sólo que jugaban más rápido. Fue una proeza intelectual realmente extraordinaria.

Sin embargo, lo más patético, afirma Birdwhistell, es que una inmensa proporción de deportistas, a pesar de la gloria y el dinero que consiguen, al final no obtienen la recompensa que merecían. En cierto sentido, su única función es proporcionar una suerte de circo romano al público. Pero cuando ya no pueden correr rápidamente, o batear una pelota con efecto, casi todos regresan a la mediocridad. Y esa inteligencia deportiva, que Birdwhistell considera que posee un gran potencial, a menudo es algo de lo que el país, en una época tan crucial como ésta, no saca ningún provecho.

—Aparte de poder convertirse en entrenadores, o en cazatalentos, o en representantes de productos deportivos —dijo Birdwhistell—, debería haber más deportistas que se prepararan en la universidad para una carrera futura, pongamos, en ciencia o matemáticas. Creo que las becas deportivas universitarias deberían durar seis años (no cuatro) y que el deportista debería dedicar los últimos dos sólo a estudiar en serio, sin ninguna actividad deportiva.

Esta educación adicional contribuiría a desarrollar al deportista para un futuro liderazgo fuera del campo de juego, sostiene Birdwhistell, y quizá proporcionaría al deportista esa formación académica que necesitará para la gran carrera del futuro, cuando deba luchar por un buen empleo contra los muchos antiguos exteriores derechos estudiosos, ambiciosos y amargados que, cuando acaban el alboroto y los gritos, generalmente llegan los primeros.

Joe Louis: el rey en la mediana edad
Esquire, 1962

—¡Hola, cariño! —saludó Joe Louis a su mujer, al distinguirla en el aeropuerto de Los Ángeles, donde ella lo esperaba. Joe Louis volvía de Nueva York.

Su mujer sonrió, anduvo hacia él, y estaba a punto de ponerse de puntillas para besarlo... pero de pronto se detuvo.

—Joe —dijo—, ¿dónde está tu corbata?

—Verás, cariño —contestó él, encogiéndose de hombros—, ayer no me acosté en toda la noche y no tuve tiempo de...

—¡No te acostaste en toda la noche! —lo interrumpió—. Cuando estás en casa, todo lo que haces es dormir, dormir y dormir.

—Querida —dijo Joe Louis, con una sonrisa cansada—. Soy un anciano.

—Sí —coincidió su mujer—, pero cuando te vas a Nueva York, intentas volver a ser joven.

Cruzaron lentamente el vestíbulo del aeropuerto en dirección a su coche, seguidos por un mozo con el equipaje de Joe. La señora Louis, la tercera mujer del ex-púgil de cuarenta y ocho años, siempre va a recogerlo al aeropuerto cuando él regresa de un viaje de negocios a Nueva York, donde es vicepresidente de una empresa de relaciones públicas centrada en el mercado de color. Es una mujer despierta y agradablemente llenita de cuarenta y pico años, y una abogada muy próspera de California. Antes de conocer a Joe, no había conocido a ningún boxeador. Había estado casada con anterioridad con otro abogado, un hombre con un gran expediente académico, y al que ella una vez describió como alguien «que conoce más los libros que la vida». Después de su divorcio prometió casarse con un hombre «que conociera más la vida que los libros».

Conoció a Joe en 1957 a través de una amiga de la Costa Oeste, y dos años más tarde, para la sorpresa de sus colegas en los tribunales de Los Ángeles, se casó con él.

—¿Cómo demonios conociste a Joe Louis? —no dejaban de preguntarle. Y su respuesta habitual era:

—¿Cómo demonios me conoció Joe Louis a mí?

Cuando llegó su coche, Joe Louis le dio propina al mozo y le abrió la puerta a su mujer. A continuación condujo a la sombra de las palmeras por unos tranquilos vecindarios durante unos kilómetros, hasta que por fin giró para enfilar una larga entrada para coches que bordea una impresionante casa de diez habitaciones y estilo español valorada en 75.000 dólares. La señora Louis la compró hace unos años y la llenó de muebles estilo Luis XV... y de aparatos de televisión. Joe Louis era un adicto a la televisión, explicaba a sus amigos, añadiendo que incluso tenía una en el cuarto de baño, sobre la bañera; estaba colocada en un ángulo tal que Joe, cuando se daba una ducha desde la otra punta, podía asomarse por encima de la cortina de la ducha y ver un reflejo de la pantalla a través de un espejo estratégicamente colocado.

—La televisión y el golf —dijo la señora Louis, ayudando a meter las cosas de su marido en la casa—, éstas son las ocupaciones actuales de Joe Louis —lo dijo sin ningún pesar, y, tras besar a su esposo en la mejilla, de repente se la vio mucho menos formal que en el aeropuerto. Tras colgar su chaqueta en el armario, enseguida puso agua a hervir para el té—. ¿Quieres galletas, cariño? —preguntó.

—No —dijo él, sentándose en la mesa del desayuno con aire fatigado, los párpados caídos por falta de sueño. Ella subió arriba enseguida, le preparó su gigantesca cama, y cinco minutos más tarde Joe Louis se había sumergido en ella y dormía con un tronco. Cuando la señora Louis regresó a la cocina, sonreía.

—En los tribunales, soy abogada —dijo—, pero cuando estoy en casa, soy una mujer al cien por cien —tenía una voz ronca, sugerente—. Trato bien a mi hombre, lo trato como a un *rey*..., si él me trata bien a mí —añadió, sirviéndose un vaso de leche—. Cada mañana le llevo a Joe el desayuno a la cama —dijo—. A continuación le pongo Channel 4 para que pueda ver el programa *Today*. Después bajo y le subo *Los Angeles Times*. Y luego me voy a trabajar.

»A las once —añadió— comienza su partido de golf en el Hillcrest Country Club, y si juega dieciocho hoyos, a las tres debería haber terminado, y acto seguido probablemente se dirija al Fox Hills Country Club para jugar dieciocho más. Pero sé que el día que no está inspirado con el golf, se para después de los primeros dieciocho, se compra un cubo de bolas y se pone a dar golpes durante horas. Pero no compra pelotas normales... ¡no, no Joe Louis!... Se compra las Select, las mejores, que cuestan 1,25 cada cubo. Y es capaz de golpear, si está realmente furioso, dos, tres o cuatro cubos enteros, o sea, cinco dólares.

»Algunas noches regresa a casa muy alterado y dice: "¡Cariño, por fin lo he pillado! Después de todos estos años jugando al golf, acabo de comprender lo que estaba haciendo mal".

»Pero —dice la señora Louis— un día después vuelve a casa, furioso después de tanto lanzar bolas, y dice: "¡No voy a volver a jugar nunca más!". Y yo le digo: "Pero, cariño, si ayer me dijiste que ya le habías pillado el truco". Y él me contesta: "¡Lo había pillado, pero no se me ha quedado!".

»Y a la mañana siguiente a lo mejor está lloviendo, y yo le digo: "Cariño, ¿hoy vas a ir a jugar al golf? Está lloviendo". Y él me contesta: "Llueve en la pista, pero no llueve sobre los jugadores". Y a jugar se ha dicho.

La actual esposa de Joe Louis, Martha, es tan diferente de las dos anteriores como lo es él del anterior marido de Martha.

La primera esposa de Joe Louis, Marva, una elegante taquígrafa de Chicago con la que se casó en 1935 y volvió a casarse en 1946, pertenecía a los años de derroche de Joe, cuando se gastó casi al completo los cinco millones que había ganado en el boxeo en chucherías, joyas, pieles, viajes al extranjero, apuestas en el campo de golf, malas inversiones, propinas desmesuradas y ropa. En 1939, un año en el que ya se había comprado veinte trajes, treinta y seis camisas y dos esmóquines, también contrató a dos sastres para que crearan una línea de ropa de su propia invención, en la que había por ejemplo pantalones verdes holgados en dos tonos, americanas sin solapas y chaquetas de pelo de camello con ribetes de cuero. Cuando no estaba entrenando o peleando —ganó el título al noquear a James J. Braddock en 1937—, Joe Louis se iba de juerga con Marva («sabía hacerla reír») o apostaba hasta 1.000 dólares el hoyo al golf, un deporte que le dieron a conocer dos periodistas deportivos, Hype Igoe y Walter Stewart, en 1936. «Un tipo se compró una casa con el dinero que le ganó a Joe», dijo un viejo amigo de Louis.

La segunda esposa de Joe, Rose Morgan, una experta en cosmética y belleza con la que estuvo casado entre 1955 y 1958, es una escultural e impresionante mujer que se dedica a su próspero negocio, y que se negaba a pasarse la noche en vela con Joe. «Intenté hacer que sentara la cabeza —dijo—. Le dije que ya no podía pasarse el día durmiendo y la noche de juerga. Una vez me preguntó por qué no, y le dije que porque me preocupaba y no podía dormir. Así que me contestó que esperaría que yo me durmiera antes de salir. Bueno, pues me quedé despierta hasta las cuatro de la mañana... y entonces fue él quien se durmió». Rose se desencantó de él en 1956, cuando, en un esfuerzo para conseguir el millón que le debía al gobierno en impuestos atrasados, Joe comenzó una gira como luchador. «Para mí, Joe Louis era como el presidente de los Estados Unidos —dijo Rose—. ¿Te gustaría ver al presidente de los Estados Unidos fregando platos? Pues eso mismo es lo que yo sentía viendo luchar a Joe».

La tercera esposa de Joe, aunque carece del evidente atractivo sexual de las otras dos, ha triunfado donde ellas fracasaron, pues es más inteligente que ambas, y porque Joe estaba ya maduro para que lo domesticaran cuando se enamoró de Martha. Al parecer, ella es muchas cosas para Joe: una combinación de abogada, cocinera, amante, agente de prensa, asesora fiscal, ayuda de cámara; todo menos caddie. Y ella hace poco se sintió muy satisfecha cuando su amiga, la cantante Mahalia Jackson, observó que los armarios estaban abarrotados con las pertenencias de Joe y le comentó:

—Bueno, Martha, veo que por fin está preparado para sentar la cabeza; ésta es la primera vez en su vida que tiene toda la ropa bajo un solo techo.

A Martha no parece importarle haber comenzado a vivir con Joe Louis en sus años de decadencia: ahora pesa 108 kilos, se está quedando calvo, es un poco menos próspero, y ya no posee sus rápidos reflejos ni para pegar ni para coger un cheque. «Este hombre posee un alma y un sosiego que adoro», dijo Martha, añadiendo que él correspondía a su amor. Joe incluso la acompaña a la iglesia los domingos, y a menudo se presenta en el tribunal para ver cómo defiende sus casos. Aunque Joe ni fuma ni bebe, de vez en cuando aparece en algún club nocturno para oír a algunos de los muchos músicos y cantantes que incluye entre sus amigos. Martha también es consciente de que hay bastantes mujeres que todavía encuentran a Joe Louis sexualmente atractivo, y a quienes no les importaría pasar una noche con él. «Si a esas mujeres les gusta vivir en las calles secundarias de la vida de un hombre —dijo Martha—, que les vaya bien. Pero yo soy su esposa, y cuando yo entro en escena ellas tienen que salir pitando».

Martha tampoco ignora que Joe Louis todavía es amigo de sus exmujeres, las cuales, tras divorciarse de él, también se fueron al polo opuesto a la hora de escoger a su futuro marido. Marva, tras dejar a Joe, se casó con un médico de Chicago. Después de su divorcio de Joe, Rose se casó con un abogado. Cuando Joe está en Chicago, a menudo llama a Marva (la madre de sus dos hijos) y a veces salen a cenar. Cuando está en Nueva York, hace lo mismo con Rose. «Joe Louis nunca corta con una mujer —observó Rose, más divertida que molesta—. Simplemente añade otra a la lista». De hecho, Joe ha sido responsable de que sus tres esposas se conocieran, y le encanta que se lleven bien. A su primera mujer se la presentó a la actual en el combate por el título entre Patterson y Johansson celebrado en Nueva York, y en otra ocasión hizo que su actual mujer acudiera a la peluquería de la segunda... gratis.

Joe Louis me lo había contado todo aquel mismo día en el avión, durante nuestro vuelo de Los Ángeles a Nueva York (donde yo le había estado siguiendo por Manhattan, observando cómo trabajaba de ejecutivo de relaciones públicas).

—Llamé por teléfono a Rose —me había dicho Joe—, y le dije: «Rose Morgan, no le cobres a mi mujer». Y ella me contestó: «No, Joe, no le cobraré». Esa Rose, cuyo apellido es ahora Morgan, es una mujer maravillosa —reflexionó Joe, negando con la cabeza—. Sabes, he estado casado con tres de las mejores mujeres del mundo. Mi único error en la vida fue divorciarme.

—¿Por qué lo hiciste, entonces? —le pregunté.

—Bueno —dijo—, en aquella época quería ser libre, y a veces quería estar solo. Estaba loco. Salía de casa y pasaban semanas antes de que volviera. O a veces me quedaba en la cama viendo la televisión durante días seguidos.

Al igual que se culpa a sí mismo del fracaso de sus dos primeros matrimonios, también se hace responsable de todas sus demás dificultades, como su incapacidad para conservar el dinero y su negligencia a la hora de pagar impuestos. Durante su última visita a Nueva York, algunos viejos amigos boxeadores le decían:

—Joe, si boxearas en la actualidad, ganarías el doble que en los viejos tiempos, gracias al dinero que los púgiles consiguen de la televisión y todo eso.

Pero Joe Louis negó con la cabeza y contestó:

—No lamento haber sido boxeador en esa época. En mis tiempos conseguí cinco millones, acabé arruinado y debiendo al gobierno un millón en impuestos. Si peleara hoy y ganara diez millones, seguiría estando arruinado y le debería al gobierno dos millones en impuestos.

Dichos comentarios, sencillos aunque combinados con un sentido del humor casi absurdo, los hizo a menudo Joe Louis durante las horas que pasé con él en Nueva York... en gran parte para mi sorpresa.

Acertada o erróneamente, había imaginado que este héroe de mediana edad no sería más que una versión fofa de aquel boxeador bastante idiota que Don Dunphy entrevistaba por la radio después de noquear a otra Gran Esperanza Blanca, y supuse que Joe Louis, a sus cuarenta y ocho años, seguiría manteniendo su título de quizá el deportista más callado desde Dummy Taylor, el lanzador de los Giants, que era mudo.

Naturalmente, conocía las escasas y famosas observaciones de Joe Louis, como la que hizo acerca de Billy Conn: «Puede que sepa correr, pero no puede esconderse»; y la respuesta del soldado raso Joe Louis en la Segunda Guerra Mundial, cuando alguien le preguntó acerca de pelear por nada: «No peleo por nada, peleo por mi país». Pero también había leído que Joe Louis era increíblemente cándido, tanto que en 1960 aceptó hacer de relaciones públicas para Fidel Castro. También había visto fotos recientes de

Joe posando delante del Palacio de Justicia acompañado de Hulan E. Jack, el expresidente del municipio de Manhattan que intentó ocultar que un amigo suyo había pagado la remodelación de su apartamento a cambio de supuestos favores futuros. Y en una ocasión el senador John L. McClellan insinuó que Louis había recibido 2.500 dólares por declarar durante dos horas en el juicio por soborno de James R. Hoffa; aunque hubo mucha gente que lo negó, la innegable imagen de Joe Louis en ese momento fue que, aunque era «un crédito para su raza, la raza humana», probablemente ahora era una deuda para todos los demás.

De manera que fue con una inesperada euforia que descubrí que Joe Louis era un astuto hombre de negocios de Nueva York, un sagaz negociador, y un tipo con un sentido del humor a menudo bastante sutil. Por ejemplo, cuando estábamos en el aeropuerto de Idlewild, embarcando en el avión para Los Ángeles, y yo tuve que cambiar mi billete de clase turista por otro de primera clase para poder sentarme al lado de Joe, por decir algo le pregunté cómo podían justificar las líneas aéreas una diferencia en el precio de 45 dólares.

—Los asientos de primera clase están en la parte delantera del avión —dijo Louis—, así que llegas antes a Los Ángeles.

El día antes, había visto cómo le sacaba un dinero extra a unos ejecutivos de televisión de Nueva York que estaban preparando un programa de televisión sobre su vida.

—Un momento —dijo Joe, leyendo atentamente cada palabra del contrato antes de firmar—, aquí dice que ustedes pagarán el billete de avión de ida y vuelta entre Los Ángeles y Nueva York, y la cuenta del hotel, pero ¿qué me dicen de mis gastos cuando esté aquí?

—Pero, señor Louis —dijo un ejecutivo, nervioso—, eso no lo habíamos hablado.

—¿Quién va a pagarlo? ¿Cómo voy a comer? —preguntó Louis, alzando la voz en su irritación.

—Pero, pero...

Louis se puso en pie, dejó la pluma sobre la mesa, y no habría firmado el contrato si el presidente del canal de televisión no hubiera dicho finalmente:

—Muy bien, Joe, estoy seguro de que lo solucionaremos.

Con esa seguridad, Louis firmó el contrato, le estrechó la mano a todo el mundo y salió de la oficina.

—Bueno —dijo ya en la calle—, he ganado este asalto.

A continuación añadió:

—Sé lo que valgo, y no acepto menos.

Dijo que los productores de la película *Requiem for a Heavyweight* querían que apareciera como árbitro, pero sólo le ofrecían 500 dólares más unas dietas de 50 dólares al día. Aunque con ese papel Louis sólo habría estado en pantalla cuarenta y cinco segundos, Louis dijo que eso valía al menos 1.000 dólares. Los productores dijeron que era demasiado. Pero Louis dijo que unos días más tarde lo volvieron a llamar. Consiguió sus 1.000 dólares.

Aunque sus problemas con los impuestos se han llevado todos sus activos —incluyendo dos fondos fiduciarios que había creado para sus hijos—, Joe Louis sigue siendo un hombre con un gran orgullo. Rechaza el dinero que centenares de ciudadanos le mandan para ayudarle a saldar su deuda con el gobierno, aunque todavía le debe unos cuantos miles al Estado y le hubiera ido bien ese dinero. El año pasado Joe Louis ganó menos de 10.000 dólares, dinero que obtuvo casi totalmente haciendo de árbitro en combates de lucha (gana entre 750 y 1.000 dólares la noche), y de la publicidad y apariciones en televisión. La última vez que se sacó un buen pico fueron los 100.000 garantizados que obtuvo en 1956 cuando se dedicó a la lucha. Ganó todos los combates —excepto aquellos en que lo descalificaron por utilizar los puños—, pero su carrera terminó no mucho después, cuando el *cowboy* de 135 kilos

Rocky Lee una noche pisó de manera accidental el pecho de Louis, le partió la costilla y le dañó algunos músculos del corazón.

En la actualidad, Joe Louis organiza veladas de boxeo con un grupo de promotores de California que él ha formado (United World Boxing Enterprises), y hay una compañía lechera de Chicago que todavía utiliza su nombre; pero las únicas participaciones financieras que posee se limitan a la empresa de relaciones públicas de Manhattan Louis-Rowe Enterprises, Inc., una organización con mucho *swing* situada en la calle Cincuenta y siete Oeste que lleva a Louis Armstrong y al nuevo cantante Dean Barlow, entre otros artistas negros, y que habría conseguido un lucrativo negocio en Cuba de no haber sido por el alboroto que se montó cuando Joe Louis representó a Castro y dijo, en 1960: «No hay ningún otro lugar del mundo excepto Cuba al que un negro pueda ir en invierno sin que lo discriminen».

Sin ser racista, Joe Louis hoy en día está muy preocupado por la lucha de los negros por la igualdad, y, tal vez por primera vez en su vida, habla del tema con total franqueza. Francamente, Joe Louis no vio nada malo en 1960 a la hora de promocionar Cuba como lugar de vacaciones para los negros norteamericanos, pero enseguida señala que canceló la firma de un contrato por 287.000 dólares al año con el Instituto Nacional de Turismo de Cuba *antes* de que los Estados Unidos rompieron relaciones diplomáticas con el régimen de Castro. Incluso ahora, Louis considera que Castro es muchísimo mejor para el pueblo cubano que la United Fruit Company.

Cuando Joe Louis lee los periódicos, he observado que lo primero que llama su atención no son las páginas deportivas, sino noticias como el anuncio de que el capitán de corbeta Samuel Gravely Jr. se había convertido en el primer negro en la historia naval de los Estados Unidos al mando de un barco de guerra. «Las cosas están mejorando», dijo Louis. También observé que una tarde, mientras movía el dial del televisor en busca de un partido de golf, se topó con un debate en el que estaba hablando un delegado de Ghana; Louis estuvo escuchando hasta que el africano terminó antes de cambiar al torneo de golf.

Aunque la segunda pelea con Max Schmeling fue anunciada por los periódicos norteamericanos como un ajuste de cuentas en el que Louis pretendía vengarse de la «Raza Superior» que consideraba inferiores a los negros, Joe Louis afirmó que eso no era más que un truco publicitario para aumentar la recaudación en taquilla. Louis dijo que nunca sintió hostilidad hacia Schmeling, aunque no le gustaba que uno de los amigos de éste se paseara en los entrenamientos con un brazalete nazi. Louis dijo que estaba más resentido con las Eastern Air Lines de lo que lo estuvo en el refugio de entrenamiento de Schmeling, pues en 1946 la compañía aérea le negó el servicio de limusina para ir de un hotel de Nueva Orleans al aeropuerto después de que Louis hubiera hecho un combate de exhibición. Louis, que habría perdido el avión de no haber ido con la suya propia, escribió una carta de protesta a Eddie Rickenbacker, de la Eastern. «No me contestó», dijo Louis.

La consecuencia fue que Louis declaró que nunca volvería a volar con la Eastern; también dijo que había pedido a muchos de sus amigos que evitaran esa compañía aérea, y cree que los últimos dieciséis años eso le ha costado un dinero considerable a la compañía.

Uno de los objetivos de Joe Louis, y de su socio, Billy Rowe, en la empresa de relaciones públicas es convencer a los ejecutivos de las grandes compañías de que desatender o no estimular el mercado de la gente de color puede ser perjudicial para las cifras de ventas; pero si se le estimula adecuadamente, puede resultar muy provechoso. La agencia Louis-Rowe afirma que cada año los negros de Estados Unidos gastan 22.000 millones de dólares en las grandes empresas, y más del 18 por ciento de los cheques de viajes de los Estados Unidos, y que sólo los negros de Harlem gastan 200.000 dólares al día apostando en acontecimientos deportivos y la lotería.

Louis y Rowe argumentan que los negros gastarían mucho más si las grandes empresas aumentaran su presupuesto publicitario para el mercado de color y llevaran a cabo campañas publicitarias más especializadas: por ejemplo, mostraran a más modelos negros en periódicos negros vendiendo ciertas marcas de jabón, cerveza, etcétera. Éste es el mensaje que Rowe transmite cuando, acompañado de Louis, visita las agencias publicitarias de la avenida Madison, las compañías de seguros, las empresas de inversiones y los hipódromos; Rowe, un hombre de verbo rápido y fácil que viste como un petimetre de Broadway y se parece a Nat King Cole (sólo que más guapo), domina casi todas las conversaciones, aunque Louis de vez en cuando coloca alguna frase buena.

Billy Rowe, que tiene cuarenta y siete años y fue subinspector de policía en Nueva York —todavía lleva pistola allí donde va—, ocupa un despacho más grande y elegante que el de Joe en la agencia. Mientras que éste sólo tiene una de sus placas colgada en la pared —la placa de la «Galería de Famosos del Estado de Michigan»—, Billy Rowe tiene la pared cubierta de dieciocho de sus placas y diplomas, entre los que encontramos menciones por su trabajo con los jóvenes del Centro de Rehabilitación de Adicciones de Minisink, cartas del gobernador, y dos trofeos de oro que ni siquiera le pertenecen. La modestia no es su virtud principal.

El señor Rowe, que vive en una casa de catorce habitaciones (y cuatro televisores) en las afueras de Nueva Rochelle, llega a su despacho una hora antes que Louis, y tiene las citas del día —y algunas de la semana— ya anotadas cuando aparece Louis con su paso tranquilo, generalmente a eso de las once, guiñándole el ojo con descaro a la chica que está en la centralita.

—Hola, papi —dice Rowe a modo de saludo—, tenemos una cita con el alcalde el día 13. La teníamos antes, pero se está peleando con el gobernador.

Louis asintió, bostezó, y de repente puso unos ojos como platos al observar que se dirigía hacia él una voluptuosa cantante de club nocturno de Harlem llamada Ann Weldon. Sin decir una palabra, la señorita Weldon avanzó en medio de un contoneo y un frufrú hasta quedar muy cerca de Louis.

—Si te acercas más —dijo Louis—, tendré que casarme contigo.

La cantante puso cara de arrobo y se separó un poco.

—Papi —dijo Rowe—, ¿hoy vas a comer en Lindy's?

—Sí.

—¿Y quién paga la cuenta?

—Yonkers Raceway.

—En ese caso —dijo Rowe—, me apunto.

Una hora más tarde, de camino a Lindy's, Rowe y Louis salieron de la oficina y se metieron en el abarrotado ascensor, donde casi todo el mundo sonrió o puso una mueca de desagrado al reconocer a Joe Louis.

—Qué hay, campeón —le dijeron—. Hola, Joe.

—Seguro que no querrá iniciar una pelea en este ascensor —dijo el ascensorista.

—No —dijo Joe—, no tengo suficiente espacio para echar a correr.

—Joe —dijo alguien, estrechando la mano de Louis—, se te ve en buena forma.

—Sólo para comerme un filete —dijo Louis.

—Joe —dijo otro—, parece que fue ayer cuando te vi pelear con Billy Conn. No hay duda de que el tiempo vuela.

—Sí —dijo Louis—. Y que lo digas.

Y la cosa no varió mientras Louis caminaba por Broadway: los taxistas lo saludaban, los chóferes de autobús hacían sonar la bocina, y docenas de hombres lo paraban y recordaban que una vez recorrieron casi 200 kilómetros para ir a ver uno de sus combates, y que bajaron la cabeza para encender un cigarrillo en el primer asalto, y, antes de que pudieran volver a levantar la vista, Louis había tumbado a su adversario y se lo habían perdido todo; o que tenían invitados en casa aquella noche y no pudieron oír el combate, y mientras luchaban en la cocina con el hielo, alguien entró de la sala y dijo: «¡Se ha acabado! Louis lo ha tumbado del primer puñetazo».

Resultaba asombroso, sobre todo para Louis, que la gente le recordara tanto, en especial porque no había subido al ring desde su imprudente retorno en 1951, cuando Rocky Marciano lo noqueó. Dos años antes, Louis se había retirado sin ninguna derrota, después de defender su título veinticinco veces, más que ningún otro campeón.

En Lindy's, los camareros se desvivían por atenderle, y lo llevaron a él y a su acompañante a una mesa ocupada por un directivo de Yonkers Raceway. Antes de que el almuerzo llegara a su mitad, Louis ya estaba convenciendo al directivo de que los fichara, aduciendo que una buena campaña de razones públicas por parte de Louis-Rowe les aportaría más negros en el hipódromo que antes. El directivo dijo que presentaría su propuesta a la junta directiva y les haría saber el resultado a Louis y Rowe.

—Joe, será mejor que nos pongamos en marcha —dijo Rowe mirando su reloj—. Tenemos que ir a ver a Joe Glaser. Ese Glaser tiene tanto dinero que el banco le cobra por almacenarlo —Rowe se rio de su propio chiste y añadió—: Joe, repíteselo a Glaser cuando lo veas.

Cinco minutos más tarde, Louis y Rowe iban acompañados de los ayudantes de Glaser al nuevo y lujoso cuartel general del señor Glaser, el representante artístico, que le soltó una palmada en la espalda a Joe y le dijo en voz alta, para que lo oyeran sus ayudantes que estaban en los otros despachos:

—¡Joe Louis es una de las mejores personas del mundo!

Y Billy Rowe no pudo resistirse y dijo:

—Joe Glaser tiene tanto dinero que el banco le cobra por almacenarlo.

Todos rieron, excepto Joe Louis, que le lanzó una mirada de soslayo a Rowe.

Después de salir del despacho de Glaser, Louis y Rowe tenía una cita en la Investors Planning Corporation of America, donde presentaron la propuesta de vender más fondos de inversión inmobiliaria a los negros; a continuación visitaron la agencia de Cobleigh & Gordon, Inc., donde comentaron un boletín informativo que Rowe y Louis querían sacar; luego se pasaron por casa de Toots Shor; y finalmente cenaron en La Fonda del Sol, donde Rowe se había citado con un par de aspirantes a cantantes de Harlem.

—Oh, Joe —dijo una de las chicas, mientras una guitarra española sonaba detrás de ella—, cuando tú boxeabas, yo era una niña, y en casa todos nos juntábamos alrededor de la radio, y no me dejaban hablar.

Joe le guiñó el ojo.

—Joe —dijo otra—, ya que estoy sentada tan cerca de ti, ¿por qué no me firmas un autógrafo en el menú... para mi hijo?

Louis sonrió y con aire travieso sacó del bolsillo la llave de su habitación del hotel, la hizo oscilar, y la deslizó por la mesa hacia ella.

—No querrás decepcionar a tu hijo, ¿verdad? —preguntó.

Todo el mundo se rio, pero ella no sabía si Joe bromeaba o no.

—Si lo decepciono —dijo la muchacha con aire remilgado—, estoy segura de que lo entenderá... cuando sea mayor —le devolvió la llave a Joe, que soltó un aullido y firmó el menú.

Tras la cena, Louis y los demás planeaban ir a un club nocturno de Harlem, pero yo tenía una cita para visitar a la segunda esposa de Louis, Rose Morgan. Rose ahora vive en un espléndido y amplio apartamento en el distrito residencial de la ciudad que da a Polo Grounds y que un tiempo ocuparon Joe y su primera esposa, Marva.

Cuando Rose Morgan me abrió la puerta, me encontré con una mujer chic, impecablemente arreglada, casi exótica con un ajustado vestido japonés. Me llevó por una alfombra gruesa y extensa hasta un sofá blanco en forma de bumerán; allí, sentada con las piernas cruzadas y los brazos en jarras, me dijo:

—Oh, yo no sé qué tenía Joe. Era un hombre que te hacía perder la cabeza.

Pero estar casada con Joe no fue tan emocionante como ser cortejada por él, observó Rose, negando con la cabeza.

—Cuando llegaba a casa del trabajo, a las seis y media o las siete, me encontraba a Joe viendo la televisión y comiendo manzanas. Pero —añadió tras una pausa— ahora somos muy buenos amigos. De hecho, el otro día le escribí una carta para decirle que he encontrado algunas cosas suyas y quiero saber si las quiere.

—¿Como qué?

—Tengo el batín que llevaba cuando comenzó a boxear —dijo—, y sus zapatillas de correr, y también una película de su primera pelea con Billy Conn. ¿Le gustaría verla?

En ese momento entró el marido de Rose, el abogado, seguido de unos amigos de Filadelfia. El marido de Rose es un hombre bajito y corpulento que se hace la manicura, y, tras haber presentado a todo el mundo, sugirió que tomáramos una copa.

—Iba a poner la película de la pelea de Joe —dijo Rose.

—No quiero causarle tantas molestias —le dije.

—No es ninguna molestia —dijo Rose—. Hace años que no la veo, y me encantaría verla otra vez.

—¿Le molesta que lo veamos? —le pregunté al marido de Rose.

—En absoluto, en absoluto —dijo tranquilamente. Era obvio que sólo intentaba ser amable, y que preferiría ahorrarse el trago; sin embargo, no hubo manera de detener a Rose, que a toda prisa sacó el proyector del armario, apagó las luces, y ya estábamos viendo la pelea.

—Joe Louis ha sido definitivamente el mejor de todos los tiempos —dijo uno de los hombres de Filadelfia, haciendo tintinear el hielo de su vaso—. Hubo una época en que para los hombres de color no había nada más importante que Dios y Joe Louis.

La imagen solemne y amenazadora de Joe Louis, entonces veinte años más joven que ahora, se movía por la pantalla en dirección a Conn; cada vez que daba un golpe a Conn, sus huesos parecían temblar.

—Joe no desperdiciaba puñetazos —dijo alguien desde el sofá.

Rose pareció entusiasmarse al ver a Joe en plena forma, y cada vez que el puño de Louis zarandeaba a Conn, exclamaba:

—Mmmmm —(puñetazo)—. Mmmmmm —(puñetazo)—. Mmmmm.

Billy Conn estuvo impresionante en los asaltos intermedios, pero cuando en la pantalla pareció el cartel de Asalto n.º 13, alguien dijo:

—Aquí es cuando Conn va a cometer su gran error; va a intentar hacer un intercambio de golpes con Joe Louis.

El marido de Rose permanecía en silencio, bebiéndose su whisky.

Cuando las combinaciones de Louis comenzaron a impactar el cuerpo de Conn, Rose prosiguió con sus: «Mmmmm, mmmm», y entonces el pálido cuerpo de Conn empezó a desplomarse sobre la lona.

Billy Conn comenzó a levantarse lentamente. El árbitro inició la cuenta. Conn enderezó una pierna, luego la otra, ya estaba en pie, pero el árbitro le obligó a retirarse. Era demasiado tarde.

El marido de Rose, colocado al fondo de la sala, no estaba de acuerdo.

—Creo que Conn se levantó antes de que acabara la cuenta —dijo—, pero el árbitro no lo dejó continuar.

Rose Morgan no dijo nada, simplemente apuró su copa.

El silencio del héroe*
Esquire, 1966

> —*Me gustaría llevar de pesca al gran DiMaggio*
> —*dijo el viejo*—. *Dicen que su padre era pescador. A lo*
> *mejor era tan pobre como nosotros y lo entendería.*
> ERNEST HEMINGWAY, *El viejo y el mar*

Todavía no era del todo primavera, la silenciosa estación que precede a la búsqueda del salmón, y los viejos pescadores de San Francisco o estaban pintando sus botes o reparando sus redes junto al muelle, o sentados al sol charlando tranquilamente entre ellos, contemplando cómo los turistas iban y venían, sonriéndole ahora a una hermosa muchacha que se había parado a sacarles una foto. La chica tenía unos veinticinco años, los ojos azules, y se la veía saludable; llevaba un jersey rojo de cuello cisne, y se echó unas cuantas veces para atrás su larga y suelta cabellera rubia antes de sacar la foto. Los pescadores, al mirarla, hicieron algunos comentarios de admiración, pero ella no los comprendió porque hablaban un dialecto siciliano; tampoco se fijó en el hombre alto y de pelo gris que, enfundado en un traje oscuro, la observaba desde un enorme ventanal de la segunda planta del Restaurante de DiMaggio, que da al muelle.

El hombre se quedó mirando hasta que la chica se marchó, perdiéndose entre la multitud de los turistas recién llegados que acababa de bajar la colina con el tranvía. A continuación volvió a sentarse a la mesa del restaurante, se acabó el té y encendió otro cigarrillo, el quinto en la última media

---

* En *Retratos y encuentros* este artículo figura bajo el título «La temporada silenciosa de un héroe».

hora. Eran las once y media de la mañana. Ninguna de las otras mesas estaba ocupada, y el único sonido que llegaba de la barra era el de un vendedor de licores que se reía de algo que había dicho el camarero jefe. A continuación el vendedor, con su maletín bajo el brazo, se encaminó hacia la puerta, deteniéndose brevemente para asomarse al comedor y exclamar:

—Nos vemos, Joe.

Joe DiMaggio se dio la vuelta y saludó al vendedor. Luego la sala volvió a quedar en silencio.

A sus cincuenta y un años, DiMaggio era un hombre de aspecto distinguido, que había envejecido con la misma elegancia con que jugaba en el campo de béisbol, vestido de manera impecable, las uñas arregladas, su cuerpo de 1,85 tan enjuto y competente como cuando posó para el retrato que cuelga del restaurante y le muestra en el Yankee Stadium intentando golpear un lanzamiento, veinte años atrás. El pelo gris le raleaba en la coronilla, pero sólo un poco, y las arrugas de su cara eran las habituales, y su expresión, antaño tan triste y tan angustiada como la de un torero, en aquella época era más reposada, aunque, como ahora, volviera a estar en tensión y fumara un cigarrillo tras otro, y de vez en cuando se paseara por la sala y mirara por la ventana a la gente que había debajo. Entre el gentío había un hombre al que no deseaba ver.

El hombre había conocido a DiMaggio en Nueva York. Esta semana había ido a San Francisco y le había telefoneado varias veces, pero no le habían devuelto sus llamadas, porque DiMaggio sospechaba que el hombre, que afirmaba estar investigando para un vago proyecto sociológico, lo que realmente quería era escarbar en la vida privada de DiMaggio y la de su exmujer, Marilyn Monroe. Era algo que DiMaggio no iba a tolerar. El recuerdo de la muerte de Marilyn todavía resultaba demasiado doloroso, y sin embargo, precisamente porque no lo comparte, hay personas muy poco sensibles a este asunto. Una noche, en un restaurante espectáculo, una mujer que había estado bebiendo se acercó a su mesa, y como él no le pidió que lo acompañara, la mujer le soltó:

—Muy bien, supongo que yo no soy Marilyn Monroe.

Él hizo caso omiso del comentario, pero como ella lo repitiera, DiMaggio le replicó, apenas capaz de controlar su ira:

—No. Ojalá lo fuera, pero no lo es.

El tono de su voz aplacó a la mujer, y ella le preguntó:

—¿Acaso estoy diciendo algo incorrecto?

—Ya lo ha dicho —contestó DiMaggio—. Y ahora, por favor, ¿le importaría dejarme tranquilo?

Sus amigos del muelle, que le comprenden, son muy cautos cuando hablan de él con desconocidos, pues saben que si de manera inadvertida traicionaran su confianza, él no los censuraría, pero nunca volvería a hablarles; ello se debe a un sentido del decoro que casa muy bien con el hombre que, tras la muerte de Marilyn Monroe, mandó que hubiera flores frescas en su tumba «siempre».

Algunos de los pescadores más viejos que conocen a DiMaggio de toda la vida lo recuerdan de cuando era niño y ayudaba a limpiar el bote de su padre, y de cuando, un poco más mayor, se escabullía y utilizaba un remo roto como bate en los partidos callejeros. Su padre, un hombre menudo y bigotudo conocido como Zio Pepe, se enfurecía con él y lo llamaba *lagnuso,* vago, *meschino,* inútil, pero en 1936 Zio Pepe se encontraba entre los que vitorearon a su hijo cuando éste regresó a San Francisco después de su primera temporada con los Yankees de Nueva York, y los pescadores lo llevaron a hombros por el muelle.

Los pescadores también recuerdan cuando, tras retirarse en 1951, DiMaggio llevó a su segunda mujer, Marilyn, a vivir cerca del muelle, y a veces se les veía a primera hora de la mañana pescando en el bote de DiMaggio, el *Yankee Clipper,* ahora amarrado discretamente en el puerto deportivo, y por las noches se sentaban a charlar en el embarcadero. Los pescadores sabían que también discutían, y una noche vieron a Marilyn correr histérica, llorando, por la carretera que salía del muelle, mientras Joe le iba detrás. Pero los pescadores fingían no verlo; no era asunto suyo. Sabían que Joe quería que Marilyn se quedara en San Francisco y evitara a los tiburones de Hollywood, pero en aquella época ella estaba confusa y angustiada —«Era una niña», decían— y hoy en día DiMaggio sigue detestando Los Ángeles y a muchas de las personas que viven en esta ciudad. Ya no se habla con su antiguo amigo Frank Sinatra, que fue amigo de Marilyn en los últimos años de ésta, y también es fría su relación con Dean Martin, Peter Lawford y la exmujer de éste, Pat, que en una ocasión dio una fiesta en la que le presentó a Marilyn Monroe a Robert Kennedy, y aquella noche los dos bailaron bastante, oyó decir Joe, y no se lo tomó muy bien. Aquel año era un hombre muy posesivo, afirman sus amigos íntimos, porque Marilyn y él planeaban volver a casarse; pero murió antes de que pudieran hacerlo, y DiMaggio vetó la presencia de los Lawford, de Sinatra y de mucha gente de Hollywood en su funeral. Cuando el abogado de Marilyn Monroe se quejó de que DiMaggio mantenía a sus amigos alejados de ella, él respondió fríamente: «Si esos amigos no la hubieran convencido de que se quedara en Hollywood, todavía seguiría con vida».

Ahora Joe DiMaggio pasa casi todo el año en San Francisco, y cada día los turistas, al ver el nombre del restaurante, le preguntan a los hombres del muelle si lo ven alguna vez. Claro que sí, afirman los hombres del muelle, lo ven casi a diario; sin embargo, esta mañana no lo han visto, añaden, pero no tardará en llegar. Y así los turistas siguen caminando por los muelles; pasan junto a los vendedores ambulantes de cangrejos, bajo las gaviotas que vuelan en círculo, junto a los puestos de *fish and chips,* y a veces se paran para observar un gran navío que humea en dirección al puente Golden Gate, que, para su consternación, está pintado de rojo. A continuación visitan el Museo de Cera, donde hay una figura de DiMaggio de uniforme, y cruzan la calle y gastan 25 centavos en mirar por los telescopios plateados que apuntan a la isla de Alcatraz, que ya no es una prisión federal. Luego regresan para preguntar a los hombres del muelle si han visto a DiMaggio. Todavía no, afirman esos hombres, aunque observan su Impala azul en el aparcamiento que hay junto al restaurante. Algunos turistas entran en el restaurante y almuerzan, y ven a DiMaggio sentado tan tranquilo en un rincón firmando autógrafos y mostrándose extremadamente gentil con todo el mundo. En otras ocasiones, al igual que esta mañana en concreto en que el hombre de Nueva York decidió visitarlo, DiMaggio se muestra tenso y receloso.

Cuando el hombre entró en el restaurante desde la escalera lateral que conducía al comedor, vio a DiMaggio junto a la ventana, hablando con un *maître* ya entrado en años llamado Charles Friscia. Como no quería entrar e interrumpir, el hombre pidió a uno de los sobrinos de DiMaggio que le informara de su presencia. Cuando DiMaggio recibió el recado, se volvió rápidamente, dejó a Friscia y desapareció por una salida que conducía a la cocina.

Atónito y confuso, el visitante se quedó en el vestíbulo. Un momento después apareció Friscia, y el hombre preguntó:

—¿Joe se ha marchado?

—¿Joe qué? —replicó Friscia.

—¡Joe DiMaggio!

—No le he visto —dijo Friscia.

—¡Que no le ha visto! ¡Hace un momento estaba de pie a su lado!

—No era yo —dijo Friscia.

—Usted estaba a su lado. Le vi. En el comedor.

—Creo que se equivoca —dijo Friscia muy serio, sin levantar la voz—. No era yo.

—Debe de estar bromeando —dijo el hombre, furioso, dando media vuelta y saliendo del restaurante. Pero antes de que pudiera llegar a su coche, el sobrino de DiMaggio salió corriendo detrás de él y le dijo:

—Joe quiere verle.

El hombre regresó con la esperanza de ver a DiMaggio esperándolo. Pero en lugar de eso le entregaron un teléfono. La voz era poderosa y grave, y tan tensa que juntaba la rápidas frases:

—*Está usted invadiendo mis derechos; no le he pedido que viniera; supongo que tiene abogado; debe tener un abogado; ¡consiga un abogado!*

—He venido como amigo —le interrumpió el hombre.

—Eso no tiene nada que ver —dijo DiMaggio—. Tengo mi intimidad; no quiero que la violen; es mejor que se busque un abogado —a continuación, tras una pausa, DiMaggio preguntó—: ¿Está ahí mi sobrino?

No estaba.

—Entonces quédese donde está.

Un momento más tarde apareció DiMaggio, alto y con la cara encarnada, erguido y magníficamente vestido con un traje oscuro, camisa blanca, corbata de seda gris, y unos brillantes gemelos de plata. Avanzó a grandes zancadas hacia el hombre y le entregó un sobre de correo aéreo, sin abrir, que el hombre le había enviado desde Nueva York.

—Tome —dijo DiMaggio—. Esto es suyo.

A continuación, DiMaggio se sentó a una mesita. No dijo nada, encendió un cigarrillo y esperó, con las piernas cruzadas, la cabeza alta y echada para atrás como para revelar la compleja estructura de su nariz, con la punta afilada sobre las grandes fosas nasales y los diminutos huesos que salían del puente, una magnífica nariz.

—Mire —dijo DiMaggio, ya más calmado—. Yo no me meto en la vida de los demás. Y no deseo que los demás se metan en la mía. En mi vida hay cosas, cosas personales, de las que no quiero hablar. Y aunque le preguntara a mis hermanos, ellos no podrían contárselas, porque no las saben. Hay cosas de mí, muchas cosas, que simplemente ignoran.

—No pretendo molestarle —dijo su interlocutor—. Le considero un gran hombre, y...

—Yo no soy un gran hombre —le interrumpió DiMaggio—. Yo no soy grande —repitió sin levantar la voz—. No soy más que un hombre que intenta salir adelante.

A continuación, DiMaggio, como si comprendiera que se estaba entrometiendo en su propia intimidad, se puso bruscamente en pie. Miró su reloj.

—Llego tarde —dijo, de nuevo en tono muy formal—. Llego diez minutos tarde. Usted me está haciendo llegar tarde.

El hombre salió del restaurante. Cruzó la calle y vagabundeó hasta el muelle, y pasó unos momentos mirando cómo los pescadores halaban sus redes y charlaban al sol, al parecer muy tranquilos y satisfechos. Entonces, después de que el hombre hubiera dado media vuelta y se hubiera encaminado de regreso al aparcamiento, un Impala azul se detuvo delante de él, y Joe DiMaggio se asomó por la ventanilla y preguntó:

—¿Tiene coche?

—Sí —dijo el hombre.

—Vaya —dijo DiMaggio—. Le habría llevado.

Joe DiMaggio no nació en San Francisco, sino en Martinez, un pueblecito de pescadores a unos 30 kilómetros al noreste del Golden Gate. Zio Pepe se había instalado allí tras marcharse de Isola delle Femmine, un islote de la costa de Palermo donde los DiMaggio habían sido pescadores durante generaciones. Pero en 1915, tras oír hablar de las aguas más afortunadas del muelle de San Francisco,

Zio Pepe se fue de Martinez, con su bote, sus muebles y su familia, incluido Joe, que sólo tenía un año.

Cuando llegaron los DiMaggio, San Francisco era un lugar plácido y pintoresco, pero en el muelle había un trasfondo competitivo y una lucha por el poder. Al amanecer los botes zarpaban hacia donde la bahía confluye con el océano y el mar se encrespa, y posteriormente los hombres regresaban a toda prisa con sus redes, esperando abatir a sus colegas pescadores y atracar y vender su mercancía antes que ellos. Veinte o treinta botes intentaban a veces ganar la costa al mismo tiempo, y los pescadores tenía que conocer muy bien cada una de las rocas del agua, y todos los trucos a la hora de negociar en el muelle, porque los intermediarios y los propietarios de los restaurantes enfrentaban a los pescadores entre sí para mantener los precios bajos. Con el tiempo los pescadores fueron más astutos y se organizaron, determinando la cantidad máxima que cogería cada pescador, pero siempre había alguno que, al igual que los peces, nunca aprendía, con lo que de vez en cuando había que romper alguna cabeza, destrozar alguna red, echar gasolina sobre sus peces, o colocar ante su puerta unas flores de advertencia.

Pero esa época finalizaba cuando llegó Zio Pepe, que esperaba que sus cinco hijos le sucedieran en la pesca, cosa que sí ocurrió con los dos primeros, Tom y Michael; pero el tercero, Vincent, quería cantar. De joven tenía una voz magnífica y potente que llamó la atención del gran banquero A. P. Giannini, y estaba todo planeado para mandarlo a Italia con el fin de que tomara clases particulares y cantara ópera. Pero en el hogar de los DiMaggio no lo tenían tan claro, y Vince finalmente no fue a Italia; se quedó a jugar al béisbol con los Seals de San Francisco, y los periodistas deportivos escribían mal su nombre.

Fue DeMaggio hasta que Joe, por recomendación de Vince, se unió al equipo y causó sensación. Más tarde lo siguió el hermano pequeño, Dominic, que también sobresalió. Los tres jugaron en las Grandes Ligas, y algunos periodistas afirman que Joe fue el mejor bateador, Dom el mejor exterior y Vince el mejor cantante. Casey Stengel afirmó en una ocasión: «Vince es el único jugador que he visto capaz de ser eliminado tres veces sin pasar vergüenza. Entraba en el club del tribunal silbando. Todo el mundo lo sentía por él, pero Vince siempre pensaba que estaba haciendo un buen papel».

Tras retirarse del béisbol, Vince se hizo camarero, luego lechero y ahora es carpintero. Vive a unos 60 kilómetros al norte de San Francisco, en una casa que ha construido él en parte, lleva felizmente casado treinta y cuatro años, tiene cuatro nietos, en el armario guardaba uno de los trajes hechos a medida de Joe al que no ha hecho ningún arreglo para que le quede bien, y cuando la gente le pregunta si envidia a Joe, él siempre contesta: «No, quizá a Joe le gustaría tener lo que yo tengo. No lo admitirá, pero es posible que le gustara tener lo que yo tengo». El hermano que Vince más admiraba era Michael: «Un hombre grandote y campechano, un soñador, un pescador que deseaba cosas pero no quería que Joe se las diera, ni trabajar en el restaurante. Quería un bote más grande, pero quería ganárselo él mismo. Nunca lo consiguió». En 1953, a la edad de cuarenta y cuatro años, Michael se cayó de su bote y se ahogó.

Desde que Zio Pepe murió a los setenta y siete años, en 1949, Tom, el mayor de los hermanos —dos de sus cuatro hermanas son mayores—, se ha convertido, a sus sesenta y dos años, en el cabeza nominal de la familia y lleva el restaurante que se abrió en 1937 con el nombre de Joe DiMaggio's Grotto. Posteriormente Joe vendió su parte, y ahora Tom es copropietario con Dominic. De todos los hermanos, Dominic, al que se conocía como el «Pequeño Profesor» cuando jugaba con los Red Sox de Boston, es el que más ha triunfado en los negocios. Vive en un barrio muy de moda a las afueras de Boston con su mujer y sus tres hijos, es presidente de una empresa que fabrica telas para almohadones y el año pasado tuvo un beneficio bruto de 3,5 millones de dólares.

Joe DiMaggio vive con su hermana viuda, Marie, en una casa de piedra color habano situada en una tranquila calle residencial no lejos del Muelle de Pescadores. Compró la casa hace casi treinta años para sus padres, y tras la muerte de éstos vivió allí con Marilyn Monroe; ahora quien se encarga de la casa es Marie, una mujer delgada y guapa de ojos oscuros que posee un apartamento en la segunda planta; el de Joe está en la tercera. En la pequeña habitación situada delante del dormitorio de DiMaggio hay algunos trofeos y placas de béisbol, y en su tocador hay fotos de Marilyn Monroe, y en la sala de estar, abajo, hay un pequeño cuadro de ella que a DiMaggio le gusta muchísimo: sólo se ve su cara y sus hombros, y luce un sombrero de ala muy ancha para el sol, y se ve una dulce sonrisa en sus labios, la rodea ese aire de inocente curiosidad, que es como él la veía a ella y como quería que los demás la vieran: una chica sencilla, «una chica afectuosa y de gran corazón», que es como la describió una vez, «de la que se aprovechó todo el mundo».

Las fotografías publicitarias que ponían énfasis en su atractivo sexual a menudo ofendían a DiMaggio, y un momento memorable para Billy Wilder, que la dirigió en *La tentación vive arriba,* tuvo lugar cuando divisó a DiMaggio en medio del gran gentío que se había congregado en la avenida Lexington de Nueva York para contemplar la escena en que Marilyn, de pie sobre la rejilla del metro para refrescarse, ve cómo le vuelan las faldas por una repentina ráfaga de aire procedente de abajo. «¿Qué demonios está pasando aquí?», le oyeron decir a DiMaggio, y Wilder recordaba: «Jamás olvidaré la cara desencajada de Joe».

En aquella época DiMaggio tenía treinta y nueve años; ella, veintisiete. Se habían casado en enero de ese año, 1954, a pesar de la diferencia de carácter y de edad: él estaba harto de la publicidad; a ella le iba muy bien. Él no toleraba que le hicieran esperar; ella siempre llegaba tarde. Durante su luna de miel en Tokio, un general americano se les presentó y preguntó si, como gesto patriótico, a ella no le importaría visitar las tropas que luchaban en Corea. Ella miró a Joe. «Es tu luna de miel —dijo él encogiéndose de hombros—, ve, si quieres».

Marilyn apareció en diez ocasiones delante de cien mil soldados, y cuando regresó dijo:

—Ha sido maravilloso, Joe. Nunca has oído tales vítores.

—Sí que los he oído —dijo él.

Delante del retrato de Marilyn de la sala de estar, sobre una mesita baja que hay delante del sofá, se ve un humidificador de puros de plata de ley que los compañeros de los Yankees de DiMaggio le regalaron cuando era el hombre más famoso de los Estados Unidos, y cuando la banda de Les Brown grabó un éxito que se oía día y noche en la radio:

De costa a costa, ya sólo se oye hablar
de Joe el Hombre Espectáculo.
Él ha glorificado la esfera de piel de caballo,
dale, dale, Joe DiMaggio...
Joe... Joe... DiMaggio... todos
te queremos de nuestro lado.

En 1941, el año comenzó para DiMaggio a mitad de mayo, después de que los Yankees hubieran perdido cuatro partidos seguidos, siete de los nueve últimos, y fueran en cuarta posición, cinco partidos y medio detrás de los Indians de Cleveland, que eran los líderes. El 15 de mayo, DiMaggio sólo anotó una carrera en la primera entrada en un partido que Nueva York perdió contra Chicago por 13-1; tenía un porcentaje de bateo de apenas un .300, y había decepcionado enormemente al público que le había visto acabar con una media del .352 el año anterior y .381 en 1939.

En el partido siguiente apenas consiguió avanzar una base, y lo mismo el siguiente, y al siguiente. El 24 de mayo, cuando los Yankees perdían 6-5 contra Boston, DiMaggio llegó hasta los jugadores que estaban en la segunda y tercera bases y los mandó a todos a la base meta, ganando el partido, y logrando una racha de diez victorias. Pero nadie prestó mucha atención. Ni siquiera DiMaggio se dio cuenta de ello hasta que no hubo alargado la racha a veintinueve partidos a mediados de junio. Luego los periódicos comenzaron a exagerarlo, el público estaba entusiasmado, le mandaban amuletos de la suerte de todo tipo, y DiMaggio seguía bateando, y los locutores de radio interrumpían los programas para anunciar la noticia, y luego otra vez la canción: «Joe... Joe... DiMaggio... todos te queremos de nuestro lado».

A veces DiMaggio no conseguía ninguna carrera en las tres primeras entradas, la tensión aumentaba, parecía que el partido acabaría sin que tuviera otra oportunidad, pero siempre la tenía, y entonces golpeaba la pelota contra la pared de la izquierda, o entre las piernas del lanzador, o entre dos jugadores de cuadro que saltaban. En el partido cuarenta y dos, el primero de los encuentros consecutivos en Washington, DiMaggio empató el récord de la Liga Americana que George Sisler había establecido en 1922. Pero antes de que comenzara el segundo partido, un espectador se coló en el campo, se metió en el banquillo de los Yankees y robó el bate favorito de DiMaggio. En el segundo partido, utilizando otro de sus bates, DiMaggio bateó dos bolas rapidísimas y otra que voló muy alto. Pero en la séptima entrada pidió prestado uno de sus viejos bates, que estaba utilizando uno de sus compañeros de equipo, consiguió esa carrera y rompió el récord de Sisler, y sólo estaba a tres partidos de superar el récord de cuarenta y cuatro de las Grandes Ligas, establecido en 1897 por Willie Keeler cuando jugaba para Baltimore, en la época en que el equipo era una franquicia de la Liga Nacional.

Los periódicos publicaron un llamamiento para recuperar el bate desaparecido. Un hombre de Newark admitió haber cometido el delito y lo devolvió arrepentido. Y el 2 de julio, en el Yankee Stadium, DiMaggio consiguió un *home run* mandando la pelota a la tribuna de la izquierda. Había batido el récord.

También consiguió carreras en los once partidos siguientes, pero el 17 de julio... en Cleveland, en un partido nocturno al que asistían 67.468 personas, falló contra los lanzadores, Al Smith y Jim Bagby Jr., aunque el héroe de Cleveland fue realmente su tercer base, Ken Keltner, que en la primera entrada se lanzó a su derecha para detener con un revés espectacular un fuerte golpe, y, desde la línea de falta detrás de la tercera base, eliminó a DiMaggio. DiMaggio consiguió la primera base en la cuarta entrada. Pero en la séptima de nuevo golpeó una bola corta en dirección a Keltner, que una vez más la detuvo y volvió a eliminarlo. DiMaggio lanzó con fuerza en dirección al jugador medio en la octava entrada, y la bola dio un mal bote, pero Lou Boudreau extendió el brazo y la lanzó a la segunda base, por lo que ya no pudo seguir marcando, y la racha de DiMaggio se detuvo en los cincuenta y seis partidos. Aun así, los Yankees de Nueva York iban camino de ganar el campeonato por diecisiete partidos, y también la Serie Mundial, y así, en agosto, en una suite de Washington, los jugadores le ofrecieron una fiesta sorpresa a DiMaggio, brindaron con champaña y le ofrecieron el humidificador de puros de plata de Tiffany que ahora se halla en su sala de estar de San Francisco.

Marie estaba en la cocina preparando tostadas y té cuando DiMaggio bajó a desayunar. Éste, que ya tiene pelo gris, iba sin peinar, pero como lo lleva corto, no se veía

desaliñado. Le dijo buenos días a Marie, se sentó y bostezó. Encendió un cigarrillo. Llevaba un albornoz de lana
azul sobre el pijama. Eran las ocho. Aquel día tenía muchas
cosas que hacer, y se le veía alegre. Tenía una reunión con
el presidente de Continental Televisión, Inc., una gran cadena de venta al por menor de California de la que él es socio y vicepresidente; luego había quedado para jugar al golf,
y después debía asistir a un gran banquete, y si éste no se
alargaba demasiado y no estaba demasiado cansado, a lo
mejor luego salía con una mujer.

Tras recoger el periódico de la mañana, sin prisas
por llegar a las páginas deportivas, DiMaggio leyó los titulares, los problemas de la gente en el 66: Kwame Nkrumah
había sido derrocado en Ghana; los estudiantes quemaban
sus cartillas militares (DiMaggio negó con la cabeza); la
epidemia de gripe se extendía por todo el estado de California. A continuación pasó a las columnas de chismorreo,
dando gracias por que hoy no se le mencionara: habían
publicado un artículo no hacía mucho en el que a su cita
se la calificaba de «electrizante azafata», y también le habían visto cenar con Dori Lane, «la frenética bailarina»
que podemos ver en una jaula de cristal del Whiskey à Go
Go..., y entonces pasó a las páginas deportivas y leyó en un
artículo que el lesionado Mickey Mantle quizá nunca volviera a recuperar la forma.

Todo había pasado muy rápidamente, el ocaso de
Mantle, o eso parecía; Mantle había sucedido a DiMaggio
al igual que éste había sucedido a Ruth, pero ahora no había ningún bateador joven y poderoso que los sucediera, y
la dirección de los Yankees, casi desesperada, había convencido a Mantle de que renunciara a abandonar el deporte; y el 18 de septiembre de 1965 le hicieron un homenaje
en Nueva York durante el cual recibió regalos por valor de
varios miles de dólares —un automóvil, dos caballos cuarto de milla, vacaciones gratis en Roma, Nassau, Puerto
Rico— y DiMaggio voló a Nueva York para hacer la pre-

sentación delante de cincuenta mil espectadores. Fue un día dramático, un día casi sagrado para los creyentes que se agolpaban en las tribunas desde muy temprano para presenciar la canonización del nuevo santo del estadio. El cardenal Spellman estaba en el comité; el presidente Johnson envió un telegrama; el día fue proclamado oficialmente por el alcalde de Nueva York; una orquesta se reunió en el centro del campo delante de la trinidad de monumentos a Ruth, Gehrig y Huggins; y en lo alto de las tribunas, ondeando a la brisa de primeros de otoño, había unas pancartas blancas que rezaban: «No te vayas, Mick», «Te queremos, Mick».

Estas pancartas las habían sujetado centenares de jóvenes cuyos sueños se habían hecho realidad a menudo gracias a Mantle, pero también, sentados en las tribunas, había hombres de más edad, barrigudos y medio calvos, en cuyas mentes de mediana edad DiMaggio seguía vivo e invencible, y algunos de ellos recordaban cómo un mes antes, durante una exhibición antes del partido del Día de los Veteranos en el Yankee Stadium, DiMaggio bateó un lanzamiento y lo mandó a los asientos de la zona izquierda del campo, y de repente miles de personas se pusieron en pie de un salto, como locos, gritando de alegría: el gran DiMaggio había vuelto; volvían a ser jóvenes; era ayer.

En aquel soleado día de septiembre, en el estadio, el día de fiesta de Mickey Mantle, DiMaggio no llevaba el número 5 a la espalda, ni una gorra negra que cubriera su pelo gris; vestía un traje negro, camisa blanca y corbata azul, y permanecía de pie en una esquina del banquillo de los Yankees, a la espera de que lo presentara Red Barber, que se encontraba cerca de la base meta, detrás de un micrófono plateado. En el jardín, los Royal Canadians de Guy Lombardo interpretaban una música relajante, suave; y moviéndose lentamente sobre el césped verde, entre la zona donde se colocaban los lanzadores reservas y el cuadro, había dos carros empujados por utilleros que contenían docenas y docenas de enormes regalos para Mantle: un salami *kosher* Hebrew National de 1,80 y 50 kilos de peso, un rifle Winchester, abrigos de visón para la señora Mantle, un juego de palos de golf Wilson, un motor fuera borda Mercury de 95 caballos, una máquina de coser portátil Necchi, suministros de Chunky Candy para un año. DiMaggio fumó un cigarrillo pero ahuecó las manos, como si no quisiera que lo pillasen los chavales que había lo bastante cerca como para verlo dentro del banquillo. A continuación, desplazándose un poco hacia delante, DiMaggio levantó la cabeza y miró hacia arriba. No pudo ver nada más que las abarrotadas tribunas de color verde que parecían moverse y tener más de un kilómetro de alto, no pudo ver nubes ni el cielo azul, sólo un cielo de caras. Entonces el locutor pronunció su nombre —*¡Joe DiMaggio!*— y de repente se oyeron unos atronadores vítores que fueron sonando cada vez más alto, resonando dentro del gran cañón de acero, y DiMaggio pisó su cigarrillo, salió del banquillo y apareció en la mullida hierba verde, el ruido retumbando en sus oídos; casi podía sentir la brisa, el aliento de cincuenta mil gargantas sobre él, cien mil ojos atentos a cada uno de sus movimientos, y durante un brevísimo instante, mientras seguía caminando, cerró los párpados.

Por el camino vio entonces a la madre de Mickey Mantle, una anciana sonriente que lucía una orquídea, y suavemente la cogió del brazo y la condujo hacia el micrófono que estaba junto a los otros dignatarios alineados en el terreno de juego. Allí permaneció, muy erguido y sin expresión, mientras se apagaban los vítores y el estadio quedaba en silencio.

Mantle todavía estaba en el banquillo, de uniforme, de pie con una pierna sobre el peldaño superior, y a ambos lados de él se alineaban los demás jugadores de los Yankees, los cuales, cuando acabara la ceremonia, jugarían contra los Tigers de Detroit. A continuación entró en el banquillo el senador Robert Kennedy, acompañado de dos jóvenes ayudantes altos de pelo rizado, ojos azules y pecas de Fordham.* Jim Farley fue el primero de los que estaban en el campo que se fijó en el senador, y murmuró, lo bastante alto como para que lo oyeran los demás:

—¿Quién demonios lo ha invitado?

Toots Shor y otros miembros del comité que estaban junto a Farley dirigieron la mirada hacia el banquillo, y también DiMaggio. La mirada de éste pareció fría, pero no dijo nada. Kennedy se paseaba por el banquillo estrechando las manos de los jugadores, pero no salió al campo.

—Senador —dijo el mánager de los Yankees, Johnny Keane—, ¿por qué no se sienta? —Kennedy negó rápidamente con la cabeza y sonrió. Se quedó de pie, y entonces uno de los jugadores se le acercó y le preguntó si podría sacar a unos parientes de Cuba, y Kennedy llamó a uno de sus ayudantes para que anotara los detalles en una libreta.

En el terreno de juego la ceremonia proseguía, los regalos de Mantle seguían acumulándose —una Mobilette, una barbacoa con ruedas Sooner Schooner, café Chock Full O'Nuts para un año, chicles Topps para un año—, y los jugadores de los Yankees no dejaban de mirar, y Maris parecía apesadumbrado.

—Hey, Rog —chilló un hombre que llevaba una grabadora, Murray Olderman—, quiero grabar una entrevista de medio minuto contigo.

Maris soltó una palabrota y negó con la cabeza.

—Sólo será un segundo —dijo Olderman.

—¿Por qué no se lo pides a Richardson? Habla mejor que yo.

—Sí, pero el hecho de que lo digas tú...

---

* Se refiere a la Universidad de Fordham, una universidad privada jesuita de Nueva York. (N. del T.)

Maris soltó otra palabrota, pero finalmente se acercó y dijo en una entrevista que Mantle era el mejor jugador de su época, muy competitivo, un gran bateador.

Quince minutos más tarde, detrás del micrófono de la meta base, DiMaggio le decía a la multitud: «Me siento orgulloso de presentar al hombre que me sucedió en el centro del campo en 1951», y desde todos los rincones del estadio volaron los vítores, silbidos y aplausos. Mantle dio un paso al frente. Lo acompañaban su mujer y sus hijos, posó para los fotógrafos arrodillado delante de éstos. A continuación dio las gracias al público en un breve parlamento y se dio la vuelta y le estrechó la mano a los dignatarios que estaban a su lado. Entre ellos se encontraba el senador Kennedy, al que cinco minutos antes Red Barber había divisado en el banquillo, lo había llamado para que saliera y lo había presentado. Kennedy posó con Mantle para los fotógrafos, a continuación estrechó la mano a los hijos de Mantle, a Toots Shor, a James Farley y a los demás. DiMaggio lo vio acercarse, y en el último segundo dio unos pasos atrás, como quien no quiere la cosa, casi sin que nadie se fijara, y Kennedy pareció no darse cuenta, simplemente pasó de largo y siguió estrechando manos.

Tras acabarse el té, DiMaggio dejó el periódico, subió arriba a vestirse y al poco se despedía de Marie y se dirigía en coche hacia su cita de negocios en el centro de San Francisco, donde se reuniría con sus socios en el negocio de venta de televisores. DiMaggio, aunque no es millonario, ha invertido sabiamente, y desde que se retiró del béisbol ha mantenido puestos de ejecutivo en grandes empresas que le han pagado bien. El año pasado también figuró entre los organizadores del Fisherman's National Bank de San Francisco, y aunque la cosa no acabó de cuajar, demostró una perspicacia que impresionó a los hombres de negocios que sólo lo habían visto como jugador de béisbol. Ha tenido ofertas para ser mánager de equipos de béisbol de las Grandes Ligas, pero siempre las ha rechazado con el argumento de que «ya me cuesta encargarme de mis propios problemas, sólo faltaría tener que hacerme responsable de veinticinco jugadores de béisbol».

Así que, en la actualidad, su único contacto con el béisbol, excluyendo sus apariciones públicas, es un trabajo no remunerado como entrenador de bateadores que lleva a cabo cada primavera en Florida con los Yankees de Nueva York, un viaje que haría de nuevo el próximo domingo, dentro de tres días, si era capaz de llevar a cabo lo que para él siempre ha sido la temida responsabilidad de hacer las maletas, una tarea que últimamente se ve aún más dificultada por su reciente costumbre de guardar sus ropas en dos sitios: algunas cuelgan en el armario de su casa, y otras en la trastienda de un bar llamado Reno's.

Reno's es un bar de iluminación tenue en el centro de San Francisco. En la pared cuelga un retrato de DiMaggio blandiendo el bate, además de retratos de otras estrellas del deporte, y la clientela son sobre todo deportistas y periodistas deportivos, gente que conoce a DiMaggio bastante bien, y con la que él se siente libre como para hablar de algunos temas, y uno de los pocos lugares en los que se le ve relajado. El propietario del bar es Reno Barsocchini, un hombre apuesto de hombros anchos de cincuenta y un años, que tiene el pelo gris y ondulado y que comenzó de violinista en el bar de Dago Mary's hace treinta y cinco años. Posteriormente trabajó de barman en ese local y en otros, entre ellos el restaurante de DiMaggio, y es probablemente el mejor amigo de éste. Fue el padrino en su boda con Marilyn Monroe en 1954, y cuando se separaron en Los Ángeles, nueve meses más tarde, Reno acudió enseguida para ayudar a DiMaggio a hacer las maletas y llevarlo de vuelta a San Francisco. Reno nunca olvidará ese día.

Centenares de personas se habían reunido en torno a la casa que DiMaggio y Marilyn habían alquilado en

Beverly Hills, y los fotógrafos estaban encaramados en los árboles observando las ventanas, y había otros en el jardín y detrás de los rosales a la espera de fotografiar a cualquiera que saliera de la casa. Los periódicos de aquel día habían agotado los juegos de palabras —«Los celos eliminan a Joe»; «Marilyn y Joe se despiden de su base»—, y los columnistas de Hollywood, para quienes DiMaggio nunca fue un ídolo, ni un anfitrión refinado, relataban ejemplos de su incompatibilidad, y Oscar Levant afirmó que todo aquello demostraba que ningún hombre podía tener éxito en dos pasatiempos nacionales. Cuando llegó Reno Barsocchini, tuvo que abrirse paso a empujones entre el gentío, y a continuación estuvo aporreando la puerta varios minutos antes de que lo dejaran entrar. Marilyn Monroe estaba arriba, en la cama; Joe DiMaggio estaba abajo con las maletas, tenso y pálido, los ojos inyectados en sangre.

Reno cogió las maletas y los palos de golf de DiMaggio y los llevó al coche de éste, y a continuación DiMaggio salió de la casa y los reporteros se le acercaron entre una nube de *flashes*.

—¿Adónde se dirige? —le chillaban.

—Me voy a San Francisco —dijo caminando rápidamente.

—¿Ése va a ser su hogar?

—Ése *es* mi hogar, y siempre lo ha sido.

—¿Piensa regresar?

DiMaggio se volvió un momento, levantó la mirada hacia la casa.

—No —dijo—. No regresaré nunca.

Reno Barsocchini, exceptuando un breve período en el que estuvieron peleados por algo que no piensa revelar, ha sido el compañero leal de DiMaggio de toda la vida, acompañándolo siempre que puede a jugar al golf o a la ciudad, o aguárdandolo en el bar con otros hombres de mediana edad. A veces a lo mejor esperan durante horas, esperan y saben que cuando DiMaggio llegue a lo mejor desea estar solo. Pero eso no parece importarles, sienten por él un infinito respeto reverencial, su mística los emociona; es una especie de Greta Garbo masculino. Saben que es capaz de ser un hombre afectuoso y leal si se muestran sensibles a sus deseos, pero que nunca deben llegar tarde si han quedado con él. Una vez, un hombre que no podía encontrar aparcamiento llegó media hora tarde, y DiMaggio estuvo tres meses sin hablarle. También saben, cuando cenan con DiMaggio, que éste prefiere la compañía masculina, y de vez en cuando a una o dos mujeres, pero nunca quiere ver esposas; las esposas chismorrean, se quejan, crean problemas, y los hombres que desean tener amistad con DiMaggio deben dejar a sus esposas en casa.

Cuando DiMaggio entra en el bar de Reno, los hombres lo saludan con la mano y pronuncian su nombre, y Reno sonríe y anuncia:

—¡Aquí está Clipper!

«Yankee Clipper» era su sobrenombre cuando jugaba al béisbol.

—Eh, Clipper, Clipper —dijo Reno hace dos noches—. ¿Dónde has estado, Clipper? ¿Te apetece una copa?

DiMaggio rechazó la oferta, y pidió una taza de té, que prefiere a todas las demás bebidas excepto si tiene una cita, momento en que se permite un vodka.

—Eh, Joe —le dijo un periodista, que investigaba para escribir un artículo sobre el golf en una revista—, ¿por qué los golfistas, cuando se hacen mayores, pierden primero la habilidad para el golpe corto? Como Snead y Hogan, que todavía pueden lanzar una bola bien lejos del *tee,* pero en cuanto están en el *green* pierden los golpes.

—Es la presión de la edad —dijo DiMaggio, dándose la vuelta en el taburete de la barra—. Con la edad te entra el canguelo. Ocurre con los golfistas; ocurre con cualquiera que llega a los cincuenta. Ya no se arriesga como antes. El golfista más joven, cuando está en el *green,* da mejor los golpes cortos. El viejo se vuelve vacilante. Un tanto inseguro. Tembloroso. Cuando llega el momento de arriesgar, el joven, aun cuando vaya en coche, asumirá riesgos que el viejo evitará.

—Hablando de riesgos —dijo otro, uno del grupo que se había reunido en torno a DiMaggio—, ¿viste aquí ayer por la noche a ese tipo que iba con muletas?

—Sí, llevaba una pierna escayolada —dijo un tercero—. Se lo había hecho esquiando.

—Yo nunca esquío —dijo DiMaggio—. Los hombres que esquían lo hacen para impresionar a las chicas. Ves a esos tipos de cuarenta, cincuenta años montando sobre los esquís. Y luego los ves vendados, con la pierna rota...

—Pero esquiar es un deporte muy sexy, Joe, con la ropa, los pantalones ajustados, la chimenea en el hotel, la piel del oso... Cristo, nadie va allí a esquiar. Sólo a coger un poco de frío para luego poder calentarse.

—A lo mejor tienes razón —dijo DiMaggio—. Quizá deje que me convenzan.

—¿Quieres una copa, Clipper? —preguntó Reno.

DiMaggio se lo pensó un momento, a continuación dijo:

—De acuerdo, tomemos la primera de la noche.

Ahora era mediodía, un día soleado y cálido. La reunión de DiMaggio con sus socios de la tienda de televisores había ido bien; había solicitado con vehemencia a George Shahood —presidente de la Continental Televisión, Inc., que tiene ocho tiendas en el norte de California— que recortara los precios de los televisores en color y aumentara el volumen de ventas, y Shahood había concedido que valía la pena intentarlo. A continuación DiMaggio telefoneó al bar de Reno para ver si le habían dejado algún recado, y ahora estaba en el coche de Lefty O'Doul y lo llevaban por el Muelle de Pescadores hacia el puente Golden Gate, en dirección a un campo de golf que estaba a más de 50 kilómetros al norte del estado. Lefty O'Doul fue uno de los grandes bateadores de la Liga Nacional a principios de los años treinta, y posteriormente fue mánager de los Seals de San Francisco cuando DiMaggio era una estrella en su cenit. Aunque ahora O'Doul tiene sesenta y nueve años, dieciocho más que DiMaggio, posee una gran energía y ánimo, es un gran bebedor y un hombre bullicioso con una buena tripa, y los ojos siempre se le van detrás de las mujeres; y cuando DiMaggio, mientras iban por la autopista hacia el club de golf, se fijó en una encantadora rubia al volante de un coche que había al lado y exclamó: «¡Fíjate en ese bombón!», O'Doul volvió la cabeza de repente, apartó los ojos de la carretera y gritó: «¿Dónde, *dónde*?». O'Doul ya no juega al golf tan bien como antes —solía tener un hándicap 2—, pero sigue haciendo el recorrido en ochenta y pico golpes, al igual que DiMaggio.

DiMaggio es capaz de lanzar a 230 y 255 metros cuando no manda la pelota demasiado alta, y su juego corto es bueno, pero tiene una molestia en la espalda que le provoca dolor y le impide hacer un buen *swing*. En el primer hoyo, mientras esperaba para dar el primer golpe, DiMaggio se recostó contemplando a un grupo de cuatro universitarios que iban delante sin problemas para golpear.

—Ah —dijo con un suspiro—, quién tuviera su espalda.

DiMaggio y O'Doul recorrieron la pista de golf acompañados de Ernie Nevers, la exestrella de fútbol americano, y dos hermanos suyos que están en el negocio de la hostelería y la distribución de películas. Se movían a toda prisa por las verdes colinas en sus carritos eléctricos, y los golpes de DiMaggio fueron excepcionalmente buenos durante los primeros nueve hoyos, pero entonces pareció distraerse, quizá estaba cansado, quizá era su reacción a una charla que había mantenido unos minutos antes. Uno de los hombres del cine elogiaba la película *Boeing, Boeing*, en la que participaban Tony Curtis y Jerry Lewis, y le preguntó a DiMaggio si la había visto.

—No —dijo DiMaggio. Y enseguida añadió—: Hace ocho años que no veo una película.

DiMaggio lanzó unos cuantos tiros desviados, estaba en la maleza. Cogió un hierro 9 e intentó salir de allí. Pero O'Doul interrumpió la concentración de DiMaggio al recordarle que mantuviera la cara del palo cerrada. DiMaggio le dio a la pelota. Salió disparada, se deslizó por la hierba alta como un conejo y acabó en el estanque. DiMaggio casi nunca muestra la menor emoción en un campo de golf, pero en aquel momento, sin decir palabra, arrojó su hierro 9 al aire. El hierro aterrizó en un árbol y se quedó allí arriba.

—Bueno —dijo O'Doul sin darle mucha importancia—, ahí va ese juego de palos.

DiMaggio se acercó al árbol. Por suerte, el palo había resbalado hacia una rama inferior, y DiMaggio pudo subirse al carrito y recuperarlo.

—Cada vez que me dan un consejo —murmuró DiMaggio para sí, negando lentamente con la cabeza y dirigiéndose hacia el estanque—, acabó dando un golpe horroroso.

Posteriormente, duchados y vestidos, DiMaggio y los demás se encaminaron a un banquete que tenía lugar a unos 15 kilómetros del campo de golf. Alguien había dicho que iba a ser una cena elegante, pero cuando llegaron pudieron comprobar que era más una especie de feria del condado; unos granjeros se habían reunido delante de un edificio que parecía un granero, un candidato a sheriff distribuía folletos en la puerta principal y un coro de mujeres poco agraciadas cantaba en el interior *You Are My Sunshine*.

—¿Cómo hemos acabado metidos en esto? —preguntó DiMaggio, hablando por el lateral de la boca mientras se acercaba al edificio.

—O'Doul —dijo uno de los hombres—. Es culpa suya. El maldito O'Doul es incapaz de rechazar nada.

—Vete al infierno —dijo O'Doul.

DiMaggio, O'Doul y Ernie Nevers no tardaron en verse rodeados por la multitud, y la mujer que había estado dirigiendo el coro se le acercó rápidamente y le dijo:

—Señor DiMaggio, no sabe qué placer tan grande es tenerle aquí.

—El placer es mío, señora —dijo forzando una sonrisa.

—Es una pena que no llegaran un momento antes; nos habrían oído cantar.

—Oh, las hemos oído —dijo—, y nos ha encantado.

—Bien, bien —dijo la señora—. ¿Cómo están sus hermanos Dom y Vic?

—Estupendamente. Dom vive cerca de Boston. Vince está en Pittsburgh.

—Caramba, ¿qué tal, Joe? —le interrumpió un hombre cuyo aliento olía a vino; le dio unas palmaditas en la espalda a DiMaggio y le cogió del brazo—. ¿Quién va a ganar el campeonato este año, Joe?

—Bueno, no tengo ni idea —dijo DiMaggio.

—¿Qué me dices de los Giants?

—Vete a saber.

—Bueno, tampoco se puede olvidar a los Dodgers —dijo el hombre.

—Ya lo creo que no —dijo DiMaggio.

—No con esos lanzadores.

—Lanzar es muy importante —dijo DiMaggio.

Allí donde va, las preguntas parecen ser siempre las mismas, como por ejemplo si divisa en el futuro algún nuevo héroe, y allí donde va, también, los más viejos le agarran de la mano y le cogen del brazo y le dicen que todavía podría salir al campo y hacer una carrera, y la sonrisa en la cara de DiMaggio es auténtica. Se esfuerza por permanecer en forma: hace dieta, toma baños de vapor, no comete excesos; y en los vestuarios de los clubs de golf, los más fofos lanzan miradas de soslayo cuando sale de la ducha, observando los tensos músculos de su pecho, el abdomen plano, las piernas largas y nervudas. Tiene cuerpo de joven, pálido y con poco vello; la cara es oscura y surcada de arrugas, curtido por el sol de diversas estaciones. Sin embargo, compone una impresionante figura en banquetes como éste: un periodista deportivo lo llamó *inmortal,* y así es como se han referido a él y a otros como él, sugiriendo que si los héroes fueran proclives a los males de los hombres —si fueran de juerga, bebieran, intrigaran—, destruirían el mito, desilusionarían a los chavales, enfurecerían a los ricos que poseen clubs de béisbol y para quienes este deporte es un negocio orientado a obtener beneficios, en busca de los cuales intercambian jugadores mediocres con la misma indiferencia con que los chavales intercambian los cromos de los jugadores que aparecen en los chicles. Y así, el héroe del béisbol siempre debe interpretar su papel, debe conservar el mito, y nadie lo hace mejor que Joe DiMaggio; nadie es más paciente con los viejos borrachos que le agarran del brazo y le preguntan: «¿Quién va a ganar el campeonato este año, Joe?».

Dos horas más tarde, acabada ya la cena y los discursos, DiMaggio se desplomó en el coche de O'Doul de vuelta a San Francisco. Sin embargo, se incorporó un poco cuando O'Doul se paró en una gasolinera en la que una hermosa pelirroja estaba sentada sobre un taburete con las piernas cruzadas, limándose las uñas. Tendría unos veintidós años, vestía una falda negra y ajustada y una blusa blanca aún más ajustada.

—Fíjate en eso —dijo DiMaggio.

—Ajá —dijo O'Doul.

O'Doul se dio media vuelta cuando se acercó un joven, abrió el depósito de gasolina y comenzó a limpiar el parabrisas. El joven llevaba un grasiento uniforme blanco sobre la pechera del cual estaba impreso su nombre, «Burt». DiMaggio no apartaba los ojos de la muchacha, pero ella seguía concentrada en sus uñas. A continuación dirigió la mirada hacia Burt, que no lo reconoció. Cuando el depósito estuvo lleno, O'Doul pagó y se alejaron. Burt regresó con su chica; DiMaggio se desplomó en el asiento delantero y no volvió a abrir los ojos hasta que llegaron a San Francisco.

—Vamos a ver a Reno —dijo DiMaggio.

—No, tengo que ir a ver a mi señora —dijo O'Doul. Así que dejó a DiMaggio delante del bar, y un momento más tarde la voz de Reno anunciaba en la sala llena de humo: «¡Chicos, ha llegado Clipper!». Los hombres saludaron con la mano y le invitaron a tomar una copa. DiMaggio pidió un vodka y se quedó sentado una hora en la barra charlando con media docena de hombres que lo rodeaban. A continuación, una rubia que había estado con unos amigos en la otra punta de la barra se acercó, y alguien se la presentó a DiMaggio. Él la invitó a una copa y le ofreció un cigarrillo. Encendió una cerilla y la sostuvo. Tenía la mano temblorosa.

—¿Soy yo el que está temblando? —preguntó DiMaggio.

—Debes de ser tú —dijo la rubia—. Yo estoy tranquila.

Dos noches más tarde, tras haber recogido sus ropas de la trastienda de Reno's, DiMaggio se subió a un reactor; durmió atravesado sobre tres asientos; cuando el sol comenzaba a salir en Miami bajó la escalerilla. Fue a recoger el equipaje y sus palos de golf, los colocó en el maletero de un coche que le esperaba, y menos de una hora más tarde llegaba a Fort Lauderdale y surcaba las calles flanqueadas de palmeras en dirección al hotel Yankee Clipper.

—Tengo la impresión de que me he pasado la vida en la carretera —dijo entrecerrando los ojos al sol a través del parabrisas—. Nunca he tenido la sensación de vivir en un lugar concreto.

Al llegar al hotel Yankee Clipper, DiMaggio se registró en la *suite* más grande. La gente apareció a toda prisa en el vestíbulo para estrecharle la mano, para pedirle un autógrafo, para decirle: «Joe, estás estupendo». Y a primera hora de la mañana siguiente, y durante las treinta mañanas siguientes, DiMaggio llegó puntualmente al estadio de béisbol ataviado con su uniforme en el que se veía el famoso número 5, y los turistas que estaban sentados en las soleadas gradas aplaudían cada vez que salía al campo, y le contemplaban con nostalgia cuando recogía un bate y jugaba un partidillo de calentamiento con los Yankees más jóvenes, algunos de los cuales no habían nacido cuando, este verano hará veinticinco años, anotó en cincuenta y seis partidos seguidos y se convirtió en el hombre más querido de los Estados Unidos.

Pero los espectadores más jóvenes del estadio de Fort Lauderdale, y también los periodistas deportivos, se interesaban más por Mantle y Maris, casi cada día mandaban noticias acerca de cómo se encontraban Mantle y Maris, qué hacían, qué decían, aun cuando dijeran e hicieran poco más que pasearse por el campo frunciendo el ceño cuando los fotógrafos les pedían otra foto y cuando los periodistas le preguntaban cómo se sentían.

Después de siete días así, llegó la gran jornada —Mantle y Maris cogerían el bate—, y una docena de periodistas se congregaron alrededor de la gran jaula de bateo que estaba situada al otro lado de la cerca del lado izquierdo del campo; estaba totalmente rodeada de tela metálica, con lo que ninguna pelota podía recorrer más de 10 o 15 metros antes de quedar atrapada en la cerca; sin embargo Mantle y Maris iban a batear, cosa que, esta primavera, es noticia.

Mantle entró el primero. Llevaba guantes negros para que no le salieran ampollas. Golpeaba con la derecha los lanzamientos de un entrenador llamado Vern Benson. Mantle no tardó en golpear con fuerza, lanzando golpes rápidos y rectos contra la red, exclamando *ahhh ahhh* mientras acompañaba el golpe con la boca abierta.

Un poco más tarde, Mantle, que no quería excederse el primer día, dejó caer el bate al suelo y salió de la jaula. Entonces entró Roger Maris. Recogió el bate de Mantle.

—Este maldito trasto debe de pesar más de un kilo —dijo Maris. Volvió a dejar el bate en el suelo, salió de la jaula y se acercó al banquillo del otro lado del campo para coger un bate más ligero.

DiMaggio estaba con los periodistas detrás de la jaula, y se volvió cuando Vern Benson, desde el interior de la jaula, le gritó:

—Joe, ¿no quieres golpear algunas bolas?

—Ni hablar —dijo DiMaggio.

—Vamos, Joe —dijo Benson.

Los reporteros esperaban en silencio. Entonces DiMaggio entró lentamente en la jaula y recogió el bate de Mantle. Se colocó en el plato, aunque evidentemente ésa no era la clásica postura de DiMaggio; sujetaba el bate a cinco centímetros del puño, no separaba los pies tanto como antes, y cuando DiMaggio intentó golpear el primer lanzamiento de Benson y falló, no continuó el giro con aire feroz como solía hacer cuando jugaba, el bate borroso no trazó toda la circunferencia, el número 5 no se extendió por toda la longitud de su ancha espalda.

DiMaggio falló el segundo lanzamiento de Benson, pero le dio de pleno en el tercero, el cuarto y el quinto. Encontraba la pelota con facilidad, pero no la golpeaba con fuerza, y Benson le gritó:

—No sabía que fueras un bateador blandengue.

—Ahora lo soy —dijo DiMaggio, preparado para otro lanzamiento.

Impactó de pleno en los tres siguientes, y al cuarto se oyó un sonido hueco.

—Auu —chilló DiMaggio, dejando caer el bate con un escozor en los dedos—. Ya me lo veía venir.

Salió de la jaula frotándose las manos. Los reporteros se lo quedaron mirando. Nadie dijo nada. Entonces DiMaggio le dijo a uno de ellos, no enfadado ni triste, sino como una simple constatación:

—Hubo una época en que no me habríais sacado de la jaula ni a tiros.

El arquitecto de los campos de golf
Golf, 1959

El avance del ser humano se ve acosado diariamente por multitud de pequeños obstáculos: los semáforos que se ponen rojos en el último momento, la rubia sensual que al final dice no, la bola de golf bien golpeada que parece encaminarse al *green,* rebota y acaba cayendo en la trampa. Como es natural, casi todos los obstáculos de la vida, tanto reales como imaginarios, surgen de miles de fuentes diversas, excepto en el golf, donde gran parte de los obstáculos los crea un solo individuo: un hombre menudo y bastante omnipresente llamado Robert Trent Jones. Muchos expertos consideran al señor Jones como el arquitecto de campos de golf más importante de Estados Unidos. Durante los últimos veinticinco años ha construido o remodelado doscientos cincuenta campos, numerosas rías y casi ocho mil bancos de arena.

Para construir sus famosas calles y trampas, el señor Jones y sus empleados han tenido que atravesar junglas, dinamitar rocas y cruzar pantanos. Y al hacerlo han tenido que erradicar caimanes en Florida, alces en las Montañas Rocosas y serpientes en casi todas partes. Una vez, mientras construían un campo en Canadá, un enorme oso entró en la cabaña de Jones, robó la miel y armó un desastre en la cocina. En otra ocasión, mientras Jones estudiaba el contorno de un nuevo *green* en el Broadmoor Country Club, en Colorado Springs, Colorado, se dio la vuelta como quien no quiere la cosa y se topó con un puma metido en la maleza que lo contemplaba pasivamente.

Uno de los ingenieros de Jones estaba a punto de poner pies en polvorosa, cuando Jones le soltó:

—¡Maldita sea, no corras!

—¡Bueno, pues caminaré todo lo deprisa que pueda! —dijo el otro.

Jones y su ingeniero dieron las zancadas más largas de sus vidas en dirección al jeep, sin dejar de mirar a su espalda a cada momento para ver si el animal los seguía.

—Todavía nos mira, pero no se ha movido —dijo Jones, y le hizo dar media vuelta al jeep y se marchó a toda velocidad en dirección contraria. En el motel, nadie se creyó esa historia, por supuesto, hasta que se enteraron de que un puma se había escapado del zoológico de la ciudad. Hasta el día de hoy, el noveno hoyo de Broadmoor se conoce como «El Hoyo del Puma de Jones».

Jones, que es una figura tan polémica como Frank Lloyd Wright, a menudo ha sido considerado como una criatura depredadora por muchos quejicas y paranoicos crónicos del golf. Han preferido verlo como un arquitecto sádico que diseña campos difíciles y luego se apoltrona alegremente para ver cómo los demás blanden el palo futilmente en bancos de arena, o lo arrojan frustrados, y no abandonan ese hoyo sin haber dado el doble de golpes de lo que se considera el par.

El resentimiento que provocan los proyectos de Robert Trent Jones no se ha expresado hasta ahora de manera más vehemente que en el Open de los Estados Unidos de 1951, en el Oakland Hills Country Club, cerca de Detroit. Antes de que comenzara el torneo, se decidió que había que remodelar el viejo campo, pues ya no era un reto para los profesionales, quienes, en esta época de equipamiento ultrapoderoso, rebasaban las trampas con facilidad. Así que contrataron al señor Jones para que lo remodelara. Moviendo estratégicamente los bancos de arena un poco para atrás y colocándolos en los lados del recorrido, acabó ubicándolos para atraer todos los *drives* largos que no iban bien dirigidos al centro. De hecho, creó setenta y cinco trampas a lo largo del recorrido y otras setenta y cinco alrededor de los *greens*.

Para los profesionales del torneo, supuso un fin de semana de diabólica locura.

Al menor desvío a uno u otro lado, sus golpes eran engullidos por los nuevos bancos de Jones. Y los profesionales estaban furiosos. Después del torneo, en el club, echaban humo y preocupación por todos los poros de su cuerpo.

—¿Has visto en tu vida un recorrido más estúpido? —preguntó uno—. ¿Qué pretende este Jones? ¿Qué demonios hacía esa trampa en la calle del hoyo quince?

En un momento de creatividad, Jones había colocado una trampa en la calle del remodelado hoyo quince, una *dog-leg* que antiguamente era un par cuatro que estaba chupado. Jones lo convirtió en un par cuatro tremendamente difícil. Parecía que casi todo el mundo acababa en esa trampa en uno u otro momento. En la tercera ronda, incluso Ben Hogan aterrizó allí.

Durante las cuatro rondas del Open, sólo cuatro jugadores bajaron del par de 70: Clayton Heafner, que quedó en segundo lugar, y lo consiguió con 69; y Ben Hogan, el ganador, con 67, los dos el último día. (Hogan jugó corto la trampa del hoyo en la ronda final.)

Cuando todo terminó, Jones estaba eufórico. Estaba eufórico porque la calle ponía a prueba de manera honesta la auténtica habilidad para jugar al golf. Ningún golfista de entre los cincuenta que participaron en la final era un desconocido; antes del fin de semana el campo había derrotado a todos menos a los cincuenta jugadores que estaban en lo más alto del ranking, y durante la tercera y cuarta ronda ese campo supuso una dura prueba para los cincuenta contendientes. El campo estaba pensado para que en cada uno de los dieciocho hoyos el profesional tuviera que utilizar todos los palos de su bolsa, tuviera que poner en práctica todos los tiros del golf.

—El 67 de Hogan impidió que yo quedara en ridículo —admitió posteriormente Jones—. Hogan demostró que, si eras un gran jugador de golf, también podías jugar en Oakland Hill.

Robert Trent Jones es un hombre amistoso y moderadamente informal de cincuenta y tres años. Tiene los ojos grandes y despiertos; es de verbo facilísimo; y posee una cara ancha y redonda relativamente libre de bolsas, grietas o montículos. Es un buen jugador de golf, y casi nunca se irrita, ni siquiera cuando cae en sus propias trampas, cosa que ocurre de vez en cuando. En sus mejores días está en 70.

Aunque no le parece necesario defenderse contra sus críticos, hacía ya tiempo que tenía la impresión de que los campos de golf se estaban volviendo demasiado fáciles, y que el juego moderno, con sus vivas bolas y sus poderosos palos, no exigía la habilidad de la época en que Bobby Jones y Walter Hagen estaban en su apogeo. Así, Jones construyó todas sus trampas a una distancia de 200 metros o más del *tee*, donde podían obstaculizar los imperfectos *drives* de los jugadores que lanzan bolas largas, pero donde no castigarían al golfista dominguero, cuyos golpes no alcanzan esa distancia.

Además de lo que acabamos de mencionar, Robert Trent Jones se esfuerza por diseñar y construir campos de golf que sean estéticamente agradables a la vista. En avión, tren, bote de remos o mula recorre 240.000 kilómetros al año inspeccionando lugares de ensueño en los que construir sus campos. Uno de sus trabajos más espléndidos lo llevó a cabo en el Dorado Beach Golf Club de Puerto Rico, un campo magnífico y pintoresco que le costó a Laurence Rockefeller 1.000.000 de dólares para dieciocho hoyos. En la actualidad la están ampliando a treinta y seis. El tercer y quinto *green* de este último campo están ubicados junto a un puerto deportivo, lo que permite que algunos plutócratas que están de vacaciones puedan dirigirse al *green* desde su yate. Ese campo fue especialmente caro porque tuvo que construirse en tierra pantanosa. Por lo general, un campo construido por Jones oscilaría entre los 250.000 y los 400.000 dólares, y se tardaría un año en completarlo.

Los campos de golf de Jones se extienden desde Colorado a Connecticut, y por el sur llegan hasta Caracas. En conjunto están pensados para que los disfruten jugadores capaces de hacer el recorrido entre 90 y 100 golpes, y para que resulten un reto a los golfistas más hábiles de golpe largo. Cree que el hoyo más difícil que construyó nunca es el undécimo de Augusta, un par cuatro. Hasta que Jones lo rediseñó hace cinco años, era un hoyo relativamente recto y sin complicaciones. Pero Jones retrasó el *tee* unos 50 metros, y creó un fabuloso lago en el flanco izquierdo del *green*. Desde entonces este hoyo ha supuesto un terrible dolor de cabeza para muchos profesionales, y se sabe que, bajo presión, algunos de los principales golfistas del país han tenido que utilizar ocho y nueve golpes.

Los campos más hermosos en los que ha trabajado durante la última década son, además de Dorado, el Ponte Vedra Club, cuyo noveno *green* forma una pequeña isla en una laguna; el Air Force Academy Golf Course, en Colorado; el Coral Ridge Country Club, en Fort Lauderdale, Florida; el Cotton Bay Club, en Eleuthera, Bahamas; y el Houston Country Club, Texas. El hoyo más difícil de estos seis campos, afirma Jones, es el quinto de Coral Ridge.

—Es el único hoyo de esa clase que hay en el mundo —dice Jones—, porque hay trescientas maneras de jugarlo. Tiene forma de herradura desde el *tee* hasta el *green,* y cuenta con colinas y árboles que constituyen el semicírculo entre el *tee* y el *green*. Puedes intentar lanzar la pelota por encima de los obstáculos, o decidir rodearlos; en cualquier caso, hay docenas de maneras de jugar ese hoyo perfectamente buenas (y malas).

Robert Trent Jones nació de padres galeses en 1906 en Ince, Inglaterra, a un largo par cinco de Liverpool. Cuando tenía cuatro años, sus padres emigraron a East Rochester, Nueva York, donde, al igual que muchos jóvenes de su época, quedó cautivado por el nuevo héroe del golf de Rochester, Walter Hagen. Jones fue caddie y jugaba al golf después de la escuela, y a los dieciséis años consiguió un 69 con el que ganó un torneo para aficionados patrocinado por el *Rochester Journal-American*. Parecía encaminado a convertirse en un golfista de éxito cuando, para sorpresa de todos los que le conocían, sufrió una úlcera de duodeno. Jones nunca fue dado al desasosiego; por el contrario, se le veía un joven soñoliento y sin ambición. En cualquier caso, sus esperanzas de jugar como profesional quedaron frustradas.

Durante una época se dedicó a un empleo absolutamente monótono de delineante en una oficina de Rochester, pero lo abandonó para buscar algo más creativo. Durante todo este tiempo había albergado pensamientos de convertirse en arquitecto de campos de golf, pero estudiar esa especialidad era difícil. Sin embargo, en 1926 al fin consiguió, a base de labia, que lo admitieran en Cornell, donde, como estudiante interesado sólo en campos de golf, estudió arquitectura paisajística, horticultura, hidráulica, agronomía, economía y química.

No había nada que los Estados Unidos necesitaran menos en aquella época que un arquitecto de campos de golf. Eran los años de la Depresión. Sin embargo, cuando Jones abandonó Cornell, comenzó a buscarse la vida. Consiguió un empleo como asociado de un eminente arquitecto de campos de golf canadiense, el difunto Stanley Thompson, y el primer encargo lo obtuvo en la ciudad de Rochester, donde había crecido, para construir el Midvale Golf Club. Aró los campos con treinta y dos caballos y doscientos hombres. Tardó cuatro meses en completarlo. En aquella época tenía veinticuatro años. Los miembros del club lo felicitaron por haber hecho un buen trabajo. Les habría encantado pagarles por su labor, pero poco después el club entró en bancarrota.

Posteriormente aceptó encargos en Siracusa e Ithaca, pero esos clubs también acabaron en la bancarrota, y fue una suerte para Jones que en aquella época dispusiera de alojamiento y pensión completa en casa de sus padres.

Fue sólo una idea desesperada lo que salvó a Jones en 1935 y le permitió comenzar a ganar dinero. Convenció a algunos funcionarios de la Works Progress Administration* de que en lugar de hacer que los hombres sin empleo rastrillaran hojas, ¿por qué no hacer también que rastrillaran los campos de golf? Los convenció de que la construcción de campos públicos sería de valor duradero; y con fondos federales fue capaz de construir seis campos públicos en los cuatro años siguientes: dos en St. Charles, Illinois; cuatro en el estado de Nueva York.

Cuando la bonanza regresó a los Estados Unidos, y volvieron a construirse campos privados, Jones y Thompson rompieron su sociedad; por acuerdo mutuo, Thompson construyó sus campos en Canadá, y Jones se limitó a los Estados Unidos.

Robert Trent Jones, que es uno de los quince arquitectos de campos de golf reconocidos que trabajan ahora en los Estados Unidos, prefería construir sus campos en los terrenos arenosos que los escoceses denominaban *links;* es decir, la zona arenosa que sigue la costa muy cerca del océano. Es un terreno ideal para las hierbas y los campos hermosos, y fue en terrenos así donde los escoceses comenzaron a jugar al golf. Al igual que muchos puristas, Jones considera que sólo los campos situados junto al mar son *links;* todos los demás campos, aunque genéricamente se los conozca como *links,* son para Jones estrictamente campos.

—Los pastores escoceses comenzaron a jugar por esas zonas de hierba y dunas —dice Jones—. Y los montículos naturales de tierra y las dunas que reseguían los *links* constituyeron las primeras trampas. Hoy en día, cuando

---

* Fue una agencia preconcebida para dar empleo en la época del *New Deal* de Roosevelt, sobre todo a base de obras públicas. *(N. del T.)*

construimos un campo de golf, simplemente reproducimos el aspecto natural de los *links*.

Reproducir esos terrenos arenosos de Escocia ha exigido de manera invariable una imaginación ilimitada, puesto que a Jones a menudo se le ha pedido que construyera campos de golf en colinas rocosas, en bosques y en el interior de desiertos. El encargo más difícil que le asignaron fue el campo de West Point, Nueva York, que se inició después de la Segunda Guerra Mundial con los fondos obtenidos por los equipos de fútbol americano de Blanchard-Davis.* Jones y doscientos trabajadores tuvieron que trabajar en zonas pantanosas y boscosas, arrancando rocas del tamaño de un Cadillac. Sólo llegaron a completarse nueve hoyos. El dinero del fútbol no dio para más.

Jones —para quien trabajan tres arquitectos paisajistas, dos ingenieros civiles y tres delineantes— sigue cinco pasos a la hora de construir un campo de golf. Primero inspecciona el lugar a pie. A continuación hace que se fotografíe la zona desde el aire, para poder examinar la topografía. Tercero, dibuja el campo sobre un papel. Luego construye un campo de arcilla, a escala; para entonces ya ha resuelto los problemas de drenaje e irrigación. Y al fin comienza la última fase —y la más difícil—: la construcción propiamente dicha. Sus *bulldozers* y camiones trabajan de sol a sol, y el campo no tarda en cobrar forma. De vez en cuando aparece algún miembro del club y critica ciertos hoyos, afirmando que quizá son demasiado largos para un par tres. En más de una ocasión Jones ha ido a su coche, ha cogido un palo y una pelota y ha probado el hoyo. En estas condiciones ha ejecutado algunos de sus mejores golpes: en una ocasión hizo un hoyo en uno rodeado de los escépticos miembros del club.

---

* Glenn Davis y Doc Blanchard formaron una demoledora pareja de corredores en los Broncos, el equipo de la Universidad Politécnica de California en Pomona. *(N. del T.)*

Robert Trent Jones pasa doscientos cincuenta días al año inspeccionando tierras, trazando trampas y supervisando la creación de nuevos campos de golf. El negocio nunca le ha ido mejor. En la actualidad está construyendo diez nuevos campos y planea construir quince más cuando tenga tiempo. Hace muy poca publicidad. No le hace falta.

Cuando no viaja, lleva una vida tranquila en un barrio residencial de Montclair, Nueva Jersey, con su esposa y sus dos hijos: Robert Trent Jr., de veinte años, que ha comenzado a estudiar en Yale y posee un hándicap 2; y Rees, de diecisiete, un jugador de hándicap 10 en el equipo de la escuela secundaria de Montclair. Los Jones hablan sin parar de golf a cualquiera que esté dispuesto a escucharlos.

Robert Trent Jones tiene grandiosos planes para el futuro. Espera poder construir una meca del golf en Florida consistente en cinco campos, cada uno marcadamente distinto del otro, pero los cinco situados en la misma zona. Uno de los campos poseería las sutiles mesetas y el terreno tipo landa de Augusta, mientras que en un segundo campo habría multitud de bancos de arena, como el campo de Pine Valley. Un tercer campo contaría con dunas y trampas de arena que seguirían la pauta del campo del Merino Golf Club de Ardmore, Pennsylvania, mientras que un cuarto presentaría los *greens* tremendamente amplios y ondulados del famoso y antiguo campo de St. Andrews de Escocia. En la quinta pista habría obstáculos de agua y colinas, pero por lo demás sería un auténtico sueño. Sin trampas.

Eric y Beth Heiden: un vínculo
de sangre sobre patines
New York Times, 1980

El patinaje de velocidad sobre hielo es un deporte oculto que en los Estados Unidos sólo saben practicar unas cuantas docenas de fanáticos congelados que moran en torno a los Grandes Lagos e impulsan sus cuerpos inclinados en torno a una pista ovalada con tanta fuerza y abstraída determinación, que no son siempre conscientes de que a veces les sangran los pies y el forro interior de sus botas queda manchado.

Aunque este derramamiento de sangre se podría reducir o eliminar si los patinadores llevaran gruesos calcetines de lana o insertaran unas blandas almohadillas en torno a sus tobillos y dedos de los pies, casi todos los jóvenes espartanos de este deporte insisten en llevar sólo calcetines de nailon —o no llevar—, pues eso les permite un contacto más íntimo con el hielo, una superficie variable que perciben a través de sus hojas de cuchilla igual que un violinista percibe las vibraciones a través del arco.

De hecho, la larga hoja de cuchilla es una especie de instrumento arqueado y auxiliar que corta el hielo con sesgada precisión; y al igual que las diversas maderas del violín se templan en el proceso de fabricación del violín, del mismo modo el hielo se ve afectado por los elementos que hay dentro del agua, lo que a su vez influye en la actuación de los patinadores.

El hielo creado a partir de los puros arroyos de montaña del norte de Europa o de la Unión Soviética se congela hasta formar una superficie tersa y rápida que los patinadores cruzan con relativa facilidad, mientras que el hielo que se forma a partir de las aguas contaminadas de los Grandes Lagos es áspero y lento, y obliga a los norteamericanos a aportar un impulso y una perseverancia adicionales si desean igualar los récords establecidos en las pistas cristalinas de tierras extranjeras. Un patinador capaz de sobresalir sobre el hielo de la región de los Grandes Lagos es capaz de sobresalir sobre el hielo de cualquier parte del mundo, un hecho corroborado en los últimos años por los logros de un joven de Wisconsin llamado Eric Heiden.

Hace tres años, Eric Heiden, un desconocido estudiante de dieciocho años de la Universidad de Wisconsin que hacía el preparatorio de Medicina, viajó al extranjero para poner a prueba su talento deportivo contra escandinavos, rusos, alemanes y otros que competían en el campeonato mundial masculino de patinaje de velocidad delante de dieciocho mil espectadores en la ciudad holandesa de Heerenveen. Después de cuatro extenuantes carreras que iban desde el esprint de 500 metros hasta el maratón de 10 kilómetros, Eric Heiden asombró a todo el mundo al conseguir el mejor tiempo global en las cuatro competiciones, convirtiéndose así en campeón del mundo.

Era la primera vez desde 1891 que un estadounidense alcanzaba tal honor; y cuando Eric Heiden —un muchachote de hombros anchos y 1,80 de estatura, con unos deslumbrantes ojos oscuros y un pelo castaño muy corto— permanecía en el pabellón escuchando los aplausos del público, y cuando posteriormente se unió a los demás patinadores en una taberna holandesa y fue apurando jarras de cerveza en reconocimiento de sus brindis, sintió que todo eso formaba parte de un sueño, una maravillosa fantasía que se disiparía antes del alba.

Sin embargo, su incredulidad se desvaneció ante sus éxitos en diversas carreras posteriores en otras ciudades europeas, y en la competición de 1978 que tuvo lugar en

Suecia, Heiden volvió a ganar el campeonato del mundo. En los campeonatos mundiales de Noruega de 1979 conquistó el título por tercera vez, y su velocidad y estilo impresionaron tanto a los noruegos —que posiblemente son más entusiastas del patinaje de velocidad que los estadounidenses del fútbol americano o el béisbol— que lo adoptaron como héroe popular nórdico.

Su saludable perfil apareció en las portadas de los periódicos y en la parte de atrás de los cartones de leche. Los cantantes le dedicaron canciones; una editorial noruega distribuyó una biografía en tapa dura de su persona; los diplomáticos estadounidenses en el extranjero, que prácticamente no sabían nada de Eric Heiden hasta que oyeron hablar de él en la prensa extranjera, lo proclamaron embajador honorario en el reino de Noruega y convencieron al presidente Carter para que le escribiera una carta de felicitación.

Cuando los miembros del equipo de lucha soviético visitaron Wisconsin durante una gira, identificaron la ciudad de Madison no como la capital del estado, sino como lugar de nacimiento de Eric Heiden. También sabían que había exhibido sus habilidades delante de los dirigentes soviéticos en el completísimo Centro Deportivo Medeo, en las montañas de Alma Ata, cerca de la frontera con China. El agua de Alma Ata, muy poco densa, produce una pista tan transparente como el cristal de Baccarat, tan tersa como el vodka, y su superficie se considera la más rápida del mundo. Heiden compartió esa opinión después de haber dado unas cuantas vueltas alrededor del óvalo de 400 metros a velocidades que se aproximaban a los 50 kilómetros por hora, 15 kilómetros por hora más rápido que los corredores más veloces del mundo, y casi tan rápido como los 60 kilómetros por hora que pueden alcanzar los mejores purasangres.

Pero la técnica de Heiden es prácticamente inimitable, pues se basa en sus piernas largas y musculosas, desarrolladas y reforzadas sobre resistente hielo del Medio Oeste, en sus poderosos corazón y pulmones, su sentido del equilibrio propio de un bailarín, y la determinación con que lanza su cuerpo de 85 kilos en las curvas cerradas de la pista oval, adquiriendo así velocidad en los giros, lo que le permite cubrir la distancia de más de cinco estadios de fútbol americano en menos de cuarenta segundos.

A pesar de toda esta energía y esfuerzo, Heiden apenas parece agotado al final de la carrera, ni siquiera tras la ardua prueba de 10.000 metros. Debido principalmente a su superior resistencia, muchos dirigentes y competidores olímpicos predicen que Eric Heiden ganará al menos cuatro o cinco medallas de oro en Lake Placid durante las próximas dos semanas.

Contrariamente a las reglas imperantes en el campeonato del mundo que se celebra anualmente, en el que el tiempo del ganador se basa en su actuación en cuatro carreras —500, 1.500, 5.000 y 10.000 metros—, en las Olimpiadas se concede una medalla de oro al patinador más rápido en cada una de estas cuatro pruebas, así como una quinta en la carrera de 1.000 metros. Si Heiden pierde alguna de estas cinco carreras olímpicas que se celebrarán en Lake Placid, según los entendidos de este deporte, siempre abrigados con parca, probablemente será en las más cortas, si resbala durante uno de sus peligrosísimos giros. En las carreras más largas, nadie en el mundo es capaz de igualar su empuje y audacia sobre la superficie resbaladiza.

Pero si alguna desgracia imprevista impidiera que Heiden cumpliera este pronóstico, el equipo de patinaje de velocidad estadounidense, compuesto por diecisiete jugadores, diez de ellos de Wisconsin, dirigiría su mirada al equipo femenino a la hora de recolectar medallas. Y también aquí la patinadora más destacada de la lista lleva el apellido Heiden. Se trata de la hermana de Eric, Beth, de veinte años, una menuda muchacha rubia de ojos verdes cuyos pies de talla 36 sobre esas cuchillas de 40 centímetros la llevaron al título mundial femenino el año pasado, en los Países Bajos. Tras ganar las cuatro pruebas, desde los 500 a los 3.000 metros, se convirtió en la primera norteamericana en lograrlo en cuarenta y tres años. El mes pasado acabó en segundo lugar en la clasificación general.

Un poquito más baja que el 1,82 de Eric, y 36 kilos más liviana, Beth Heiden tiene cuerpo de gimnasta; exceptuando los días en que unos impresionantes vientos amenazan con barrer su delgada figura del borde del hielo mientras toma una curva, su falta de peso nunca ha sido obstáculo, porque su condición física es soberbia y tiene un cuerpo de atleta.

De manera poco sorprendente, Beth y Eric Heiden —a quienes los periodistas deportivos de Wisconsin a veces se refieren como los Donny y Marie* del patinaje de velocidad— son hijos de unos obsesos de la salud y entusiastas del deporte al aire libre del Medio Oeste. Sus padres, Nancy y Jack Heiden, se conocieron en el club de esquí local de Wisconsin a mediados de la década de 1960, y se cortejaron en las laderas de las montañas. Jack Heiden, además de ser un competente esquiador y patinador, y de montar en bicicleta y correr, fue campeón universitario de esgrima por la Universidad de Wisconsin; tras graduarse en la Facultad de Medicina en 1958, se convirtió en cirujano ortopédico especializado en medicina deportiva. Ahora, en sus ratos libres, dedica parte del tiempo a afilar las cuchillas de sus hijos.

Nancy Heiden, la madre de Eric y Beth —a la que ambos consideran de manera afectuosa una especie de feminista macho que puede ser tan autoritaria en la cocina como en la pista de deportes—, es la rubicunda hija de

---

* Protagonistas de la serie *Donny & Marie,* emitida por la televisión estadounidense entre 1976 y 1979. *(N. del T.)*

cuarenta y cuatro años de un robusto instructor de educación física de Madison llamado Art Thomsen; y fue ese hombre, junto con los padres de los patinadores, quien guio a los futuros campeones del mundo sobre hielo cuando eran niños, quien contempló cómo iban a gatas y caían sobre los estanques que hay cerca de la residencia de los Heiden, y quien con el tiempo los vio convertirse en elegantes patinadores que podían girar y deslizarse veloces sobre hielo con un control muy poco corriente entre los ágiles vástagos de las gentes que viven cerca de los lagos de Wisconsin.

En 1972, el desarrollo de los Heiden se vio influido por la llegada a la ciudad de una estudiante becada de veinte años llamada Dianne Holum, que ingresó en la Universidad de Wisconsin tras haber ganado la medalla de oro de patinaje de velocidad en las Olimpiadas el invierno del año anterior de Sapporo, Japón. Cuando no estaba ocupada con sus clases en la carrera de Educación Física, ejercía de entrenadora voluntaria en un club de patinaje de velocidad de Madison, y cada día se sentía más impresionada por el talento de Eric y Beth Heiden, aún preadolescentes; y ellos estaban impresionados con Holum, a la que habían visto patinar en televisión durante las Olimpiadas.

Emocionados al tener a una celebridad de la televisión entre ellos, los jóvenes Heiden —cuya dedicación a ver la tele en aquellos días corría pareja a su devoción al patinaje de velocidad— de repente buscaban la aprobación de la señorita Holum, respondían a sus palabras de ánimo, y a los cuatro años los dos eran ya miembros del equipo olímpico de los Estados Unidos.

Aunque quizá fueron participantes prematuros en los Juegos Olímpicos de 1976 de Innsbruck —Eric, a sus diecisiete años, acabó en el puesto 19 en la carrera de 5.000 metros y séptimo en la de 1.500; y Beth, que tenía dieciséis, acabó undécima en la carrera femenina de 3.000—, ninguno de los dos se dejó desanimar por la experiencia, y al cabo de un año ambos habían mejorado lo bastante como para pillar a sus rivales por sorpresa.

El año pasado dejaron temporalmente la universidad para concentrarse en el patinaje. Ahora, cuando aparezcan en Lake Placid como campeones del mundo, oirán por primera vez los vítores de miles de espectadores en su propia lengua, en su propio país.

Un chut fallado

El siguiente artículo es un fragmento del libro que Talese público en el 2006, Vida de un escritor. *En él, Talese relata su vida como periodista, incluyendo su faceta de periodista deportivo para diversas publicaciones. También nos cuenta los falsos arranques de un escritor en busca de su siguiente gran libro. Durante una época, pensó que su tema podría ser Liu Ying, la jugadora china de fútbol europeo que falló un importante gol en el Mundial Femenino de 1999.*

MR

Puesto que los chinos ganaron el lanzamiento de la moneda, fueron los primeros en chutar los penaltis. La encargada fue una morena con coleta de cara redondeada que llevaba el número 5 y parecía un poco más alta y recia que sus compañeras de equipo, típicamente menudas. Sin embargo, no era de apariencia tan imponente como la fornida portera estadounidense, negra, de 70 kilos, que ahora tenía delante y la miraba fijamente. De todos modos, la muchacha china le prestó poca atención mientras con las dos manos dejaba despacio la pelota sobre el redondel de hierba blanco que marcaba los 11 metros. Decían que era la lanzadora de penaltis más fiable del equipo chino, y que por eso el entrenador le había asignado lanzar antes que las demás, con la esperanza de que su equipo tuviera un buen comienzo. También estaba llena de energía, pues en el partido celebrado en aquel caluroso día había salido al campo ya bien entrada la segunda parte. Tras escuchar el silbato del árbitro, se lanzó hacia la pelota y chutó con tanta velocidad y seguridad que la portera estadounidense sólo pudo contemplar el balón mientras pasaba por encima de su hombro derecho hacia la esquina izquierda de la red. Mientras las compañeras de equipo y los entrenadores de la lanzadora aplaudían en la banda, China adquiría una ventaja de 1-0.

La primera estadounidense en lanzar un penalti fue la capitana del equipo, que llevaba el número 4: una mujer desgarbada y de pelo castaño con unos rasgos faciales delicadamente refinados y reputación de ser una defensora infatigable y sin remilgos. Pero en esta ocasión también demostraría ser una lanzadora segura, atacando sin vacilar la pelota y lanzando raso y fuerte fuera del alcance de la portera china, al lado opuesto de la portería donde había chutado la primera lanzadora china. Exultante tras ver cómo la pelota acababa en la red, la jugadora americana lanzó el puño al aire y a continuación regresó tranquilamente a la banda, donde casi todo el público del estadio se puso en pie para vitorearla mientras sus compañeras se acercaban a abrazarla. El marcador iba ahora 1-1.

La segunda lanzadora china era una morena esbelta que llevaba el número 15. También había salido anteriormente de suplente, y no era una jugadora clave del equipo, excepto en momentos como ése. Era una excelente lanzadora de penaltis. Algunas de sus compañeras de equipo la consideraban igual de buena que la primera que había lanzado, la infalible número 5. Yo había leído que había buenas jugadoras entre las chinas —y también entre las estadounidenses y en otros equipos— que sentían pánico escénico cuando se enfrentaban al momento de lanzar un penalti. Se sentían más cómodas corriendo y pasando el balón en medio de un caos de adversarias que cuando estaban solas delante de una pelota inmóvil colocada sobre la hierba que tenían que lanzar hacia una amplia red, a una distancia de 11 metros, protegida por una solitaria defensora en un enfrentamiento cara a cara presenciado por todos los hinchas del estadio y quizá por millones de televidentes. Había jugadoras que prácticamente suplicaban al entrenador que no las escogiera para lanzar el penalti, algo que podía someterlas a una tremenda humillación en caso de que la pelota fuera detenida por la portera, o, peor aún, si no conseguían dirigirla a la red.

Pero la segunda lanzadora de China, la supuestamente infalible número 15, era conocida en el equipo por ser una joven bastante narcisista a la que le gustaba recibir toda la atención posible, y que no perdía la concentración cuando todas las miradas estaban fijas en ella; así, después de haber tomado carrerilla y haber lanzado la pelota limpiamente hacia su izquierda, se detuvo a contemplar con aparente satisfacción cómo el balón superaba la punta de los dedos de la portera y acababa en el interior de la malla, haciendo sonreír a sus entrenadores y a sus compañeras de equipo, aunque no al público abrumadoramente proestadounidense que había en las gradas. A continuación se dio media vuelta y regresó trotando a la línea de banda, con una reposada zancada que me sugirió que no sólo tenía una gran seguridad en sí misma, sino también un persistente interés en que la miraran. China volvía a tomar la delantera por 2 a 1.

La segunda lanzadora de los Estados Unidos también era conocida por su aplomo bajo presión, y, aunque no era famosa por su egocentrismo, sabía desenvolverse bien cuando era el centro de atención. Se trataba de una californiana de treinta y un años que llevaba el número 14, y había sido la líder del equipo durante casi una década, habiendo dejado el deporte sólo de manera intermitente para dar a luz dos hijos y recuperarse de la rotura de la pierna derecha, sufrida mientras competía en 1995. Aunque su punto fuerte era la defensa —había sido en concreto ella la que había impedido que China marcara durante la primera mitad, lanzándose dentro de la portería para desviar un tiro que había pasado por encima de la cabeza de su portera—, también era una formidable atacante, pues había marcado el tercer gol de su equipo en el triunfo por 3-2 contra Alemania en los cuartos de final de la Copa del Mundo. En aquel momento, dispuesta para lanzar el penalti, se acercó a la pelota lentamente, pero con ensayada parsimonia y engaño, dejando clavada a la portera china en medio de la portería mientras la bola se elevaba hacia la red a un par de metros de la mano izquierda levantada de la guardameta. Con lo que volvían a estar empatados a 2.

La tercera en lanzar un penalti para China fue una nativa de Pekín de veinticinco años que llevaba el pelo negro cortado a cepillo y cuya figura componía una línea recta. Llevaba el número 13. Era miembro del equipo nacional desde hacía seis años, y titular durante los dos últimos, donde se había convertido en una permanente amenaza al ataque y en una defensa difícil de superar. Su versatilidad y diligencia significaban que, excepto cuando estaba lesionada, no era reemplazada por ninguna suplente si el marcador era ajustado, y aquella tarde, en el Rose Bowl, había estado activa durante cada uno de los minutos de esa larga y extenuante prueba de voluntad y tenacidad.

Mientras se preparaba para lanzar la pena máxima —el locutor la presentó como Liu Ying, uno de los pocos nombres chinos que soy capaz de pronunciar—, fue observada por la recia y robusta guardameta americana, Briana Scurry, que esperaba el lanzamiento 11 metros delante de ella en una posición agazapada y desafiante. Briana Scurry había jugado al fútbol americano en la liga juvenil de su ciudad natal de Minneapolis, y en la secundaria había practicado el atletismo y el baloncesto, sobresaliendo además en el fútbol europeo, gracias al cual obtendría una beca para la Universidad de Massachusetts. Comenzó en 1994 y alcanzó la distinción de ser la única futbolista negra del equipo titular de los Estados Unidos, por lo demás completamente blanco. En una ocasión se describió a sí misma a un reportero como «la mosca de la leche». En un artículo del *New York Times* que fue publicado unas semanas *después* de ese partido, recordó que cuando la tercera lanzadora china, la ya mencionada Liu Ying, se colocó detrás de la pelota, «su lenguaje corporal no parecía muy positivo. No daba la impresión de que quisiera chutar el penalti. Levanté la mirada hacia ella y me dije: "Éste lo paro"».

El artículo del *Times* también informaba que durante ese momento crucial, Briana Scurry había decidido intentar limitar la efectividad de Liu Ying jugando un poco sucio, avanzando unos pasos delante de la portería *antes* de que el pie de Liu Ying hubiera golpeado la pelota, reduciendo el ángulo de tiro. Era una artimaña de portero a la que Briana Scurry y otros guardametas recurrían de vez en cuando, con la esperanza de compensar un poco su desventaja en una suerte que a menudo los propios porteros comparan con una ruleta rusa. A veces el silbato del árbitro señalaba el movimiento no autorizado del portero, permitiendo que el lanzador tuviera otra oportunidad si la pelota no había terminado en la red. En otras ocasiones los árbitros no veían la infracción, o no lo tenían tan claro como para pitarla; a menudo era muy difícil determinar si el portero había dado un paso hacia delante una fracción de segundo antes de que el pie del portero tocara el esférico. Por lo que se refiere a Briana Scurry, aquel día en el Rose Bowl, a algunos reporteros y otros espectadores les pareció que se había adelantado ya antes de que los chinos lanzaran el *primer* penalti por mediación de su número 5, pero el árbitro no pitó nada, y el número 5 había acabado marcando de todos modos.

Pero la tercera lanzadora de China, Liu Ying, tuvo menos suerte. No impactó bien a la pelota. Parecía acercarse al balón de manera vacilante. Quizá la distrajo el movimiento de Scurry, si es que ésta se movió demasiado pronto. El árbitro no pitó nada. Sin embargo, Scurry instintivamente intuyó o adivinó con acierto que la pelota iría a su izquierda, y en cuanto salió del pie derecho de Liu Ying, Scurry ya se estaba lanzando hacia ese lado, y su cuerpo extendido surcaba el aire en paralelo al suelo, con los brazos completamente estirados y los dedos de las manos alargados y rígidos dentro de sus guantes, hasta que se doblaron por la fuerza de la pelota, a la que, sin embargo, consiguieron desviar y mandar rebotando hacia la línea de fondo.

Cuando Scurry cayó pesadamente sobre el césped —luego afirmó que mientras estaba en el suelo, dolorida, temió haberse roto una cadera y destrozado músculos del estómago—, al instante revivió gracias al aplauso que la rodeaba, y al ver el confeti a lo lejos, y el entusiasmo de sus compañeras de equipo que saltaban y se abrazaban en el banquillo. Scurry se puso en pie de un salto y levantó los brazos varias veces mientras la capitana del equipo de los Estados Unidos levantaba el dedo índice por encima de su frente intelectual, señalando quizá que los estadounidenses estaban ahora solos en lo alto.

Si ésa fue la intención de la capitana, fue un gesto prematuro. El partido no había terminado. Era cierto, sin embargo, que si todas las lanzadoras que quedaban (las tres americanas y las dos chinas) marcaban sus penaltis, el resultado final favorecería a los Estados Unidos por 5-4, y la Copa del Mundo sería propiedad estadounidense.

En definitiva, esto es lo que ocurrió. Las dos últimas lanzadoras de China —la número 7 y la número 9— lanzaron la pelota con precisión fuera del alcance de Scurry; la primera lanzó a la derecha, la segunda a la izquierda. Pero el trío estadounidense —entre ellas Mia Hamm, que lanzó el cuarto penalti— tampoco falló. La estadounidense que lanzó el quinto y decisivo penalti fue la número 6, Brandi Chastain, una rubia californiana con una cola de caballo, buen bronceado y una figura musculosa grácilmente delineada que la revista *Gear* había fotografiado desnuda («Eh, no sabéis lo que corro para tener este cuerpo —fue su respuesta a los medios de comunicación—; estoy orgullosa de él»). Después de haber chutado su tiro ganador a la izquierda de la portero china, que se lanzó infructuosamente, Chastain se quitó la camiseta y cayó de rodillas delante de la portería, cubierta sólo por un sujetador deportivo negro mientras apretaba el puño en una pose triunfal que sería la portada del siguiente número de *Newsweek* bajo el titular ¡REINAN LAS CHICAS!

Me quedé delante del televisor sin la menor euforia mientras el victorioso equipo norteamericano seguía celebrando el triunfo sobre el césped, y seguí mirando mientras el errante ojo de la cámara hacía varios *zooms* hacia la multitud de estadounidenses que festejaban la victoria con una cara sonriente y patrióticamente pintada, con sus festivos sombreros y bocinas, abrazándose y besándose. Era un preludio veraniego a la Nochevieja, y dominando la escena había un gran globo, el zepelín de Goodyear. Pero mis pensamientos se centraban en una persona que había desaparecido de la escena, la joven jugadora china, Liu Ying, que había fallado el penalti.

Imaginé que en ese momento estaba sentada en el vestuario, llorando. Nada en la vida de esta joven de veinticinco años la había preparado para lo que debía de estar sintiendo en ese momento, pues jamás en la historia de China una persona concreta se había visto de repente tan abochornada delante de *tanta* gente, incluyendo los 100 millones de televidentes de su país. ¿La rodeaban ahora en el vestuario sus compañeras de equipo para consolarla? ¿Estaba sentada en soledad después de haber sido reprendida por el entrenador? ¿Tenía la culpa el entrenador por haber elegido para lanzar el penalti a una jugadora que, debía saber, estaba físicamente exhausta y poco concentrada para estar a la altura del reto? Y los burócratas que dirigían el aparato deportivo del partido, ¿sustituirían enseguida al

entrenador? Y si conservaba su empleo, y si Liu no quedaba relegada del equipo nacional, ¿la elegiría en el futuro
para lanzar un penalti en un partido importante?

Me formulaba esas preguntas como si fuera de nuevo un periodista deportivo con acceso al vestuario, y de ser
así, *ella* habría sido la protagonista de mi historia, ella, que
probablemente no dormiría en toda la noche y que quizá se
vería perseguida en adelante por el recuerdo de ese lamentable momento público, mientras una gran parte del mundo estaba mirando. ¿O lo estaba dramatizando en exceso,
exagerando la sensibilidad de esa joven deportista? Entre
las supuestas virtudes de un deportista de éxito está la capacidad para superar los propios defectos y errores no pensando demasiado en ellos, no obsesionándose con ellos,
sino *olvidándolos,* y —utilizando la ya tediosa expresión de
los noventa— pasando página. Y sin embargo, me parecía
que el penalti fallado por Liu Ying era una situación mucho más trascendente y conmovedora que cuando Mariano Rivera, de los Yankees, permitió que el otro equipo les
empatara, e incluso que la humillación que Muhammad
Ali le infligió a Floyd Patterson, de la que fui testigo hace
décadas.

Perder la Copa del Mundo de fútbol de 1999 contra los Estados Unidos en un momento en el que China
hervía de tensión política, rivalidad y resentimiento contra
los Estados Unidos le otorgaba a esa final una relevancia
que de otro modo habría sido inmerecida, y había provocado expectativas quizá infundadas y pasiones nacionalistas
que no se habían visto satisfechas por la conclusión del encuentro. No me imaginaba un vuelo más largo e incómodo que el que iba a trasladar a esa jugadora y a sus compañeras de equipo de Los Ángeles a Pekín. En China, donde
se sabe que muy pocos padres sienten entusiasmo por el nacimiento de una hija, ¿con qué entusiasmo recibirían a esa
fémina en concreto cuando regresara a su país? ¿Qué le diría su familia? ¿Qué le diría yo si fuera mi hija? ¿Cuál sería

la respuesta de sus vecinos, y de los hombres que encabeza-ban la comisión deportiva del régimen?

Las cámaras se centraron en los americanos que re-cibían sus medallas. Eran casi las siete menos cuarto de la tarde. Yo llevaba cinco horas y media viendo la televisión. Estaba inquieto. Mi mujer se encontraba arriba leyendo. Tenía la puerta cerrada. Antes me había gritado desde arri-ba que bajara el volumen del televisor. También me había sugerido que saliéramos a cenar a un restaurante, pero no antes de las ocho y media. Yo estaba a punto de apagar el televisor, pero vacilé. Generalmente, tras una importante retransmisión deportiva —un partido de la Serie Mundial, un combate de boxeo por el campeonato, un partido de te-nis de Wimbledon, la Super Bowl— el equipo perdedor era invitado a hablar por el micrófono para ofrecer sus opinio-nes y explicaciones del resultado. Esperaba que los chinos dijeran algo, sobre todo Liu Ying. Pero el canal finalizó su retransmisión de la Copa del Mundo poco después de las siete menos cuarto sin decir ni una palabra de ella y sin la menor información de cómo sobrellevaba la situación.

¿Por qué me importaba? ¿Por qué me pasé toda la cena en el restaurante pensando en ella mientras escuchaba indiferente a mi mujer y a unos amigos que se nos habían unido en nuestra mesa en Elaine's? ¿Por qué a la mañana si-guiente, tras hojear los artículos de varios periódicos que ha-blaban del partido y no enterarme de nada de lo que quería saber de Liu Ying, estaba tan decepcionado y contrariado? Esa misma semana, cuando los artículos de portada de las revistas que incluían la Copa del Mundo tampoco incluye-ron ni una breve entrevista con ella, ni la menor información que satisficiera la curiosidad que me despertaba esa jugado-ra, telefoneé a un importante editor que conocía, Norman Pearlstine, que supervisaba la publicación de muchas revis-tas de Time Warner —entre ellas *Sports Illustrated*, *Time* y *People*—, y le pregunté si consideraría encargar un artículo para una de sus revistas en el que se relatara cómo los chinos habían reaccionado al regreso de Liu Ying a su país, y cómo ella había reaccionado y estaba reaccionando a su experiencia en el Rose Bowl, y, finalmente, qué nos decía todo eso —si es que nos decía algo— de las actitudes y expectativas contemporáneas en relación a las jóvenes en una China en plena transformación.

Si el hecho de arrogarme el papel de editor delante de uno de los editores más sensatos y prósperos de Nueva York sonó algo pedante, es algo que no me importó gran cosa. Yo tenía sesenta y siete años. Él quizá cincuenta. A mi avanzada edad, me había acostumbrado a que los más jóvenes me consintieran mis caprichos, muchos de ellos alentados sin duda por el hecho de que no tendrían que consentirme mucho más tiempo. Y Norman Pearlstine me escuchó sin interrumpirme. Peroré y divagué, y aunque en ningún momento se comprometió ni opinó sobre mi idea, tampoco puso ninguna objeción cuando me presenté voluntario para mandarle un memorándum que expresara lo que yo pensaba sobre el asunto.

Enseguida se lo mandé por fax.

Querido Norman:

Como te estaba diciendo por teléfono, creo que el penalti parado la semana pasada a la jugadora del equipo chino de la Copa del Mundo, Liu Ying, podría proporcionarnos una buena perspectiva con que medir a China y los Estados Unidos de una manera que vaya más allá del ámbito de la competición deportiva.

En el *New York Times* de hoy aparece una foto del presidente Clinton recibiendo a las triunfales mujeres estadounidenses en la Casa Blanca. ¿Cómo recibieron los dirigentes chinos a las mujeres tras su regreso a su patria? ¿Quién había en el aeropuerto? (...) El relato debería contarse a través de esta mujer, Liu Ying, un relato paso a paso de cómo ha sido su vida desde que falló el penalti en el Rose Bowl.

En los años cincuenta comencé mi carrera en el *New York Times* como periodista deportivo, y siempre he pensado que los vestuarios de los perdedores son una experiencia que enseña mucho; y creo que la derrota de las mujeres chinas la pasada semana en California podría decirnos mucho a la hora de comparar nuestras respectivas sociedades.

Me encantaría ayudar si tú y tus colegas creéis que puedo. Me gustaría ayudar a nuestros corresponsales en China con una entrevista, o con un artículo, o lo que sea.

Sin duda me interesaría visitar el país, si crees que puede ser de ayuda (...) así pues, cuando hayas tenido tiempo de pensarlo, házmelo saber (...)

Después de enviar por fax el memorándum, me dije que ojalá hubiera eliminado los dos últimos párrafos. Mi llamada telefónica había obedecido completamente (o eso me había hecho creer) al deseo de que mi idea fuera aceptada por Pearlstine, en el supuesto de que posteriormente sería desarrollada y escrita por miembros de su organización. En cierto sentido, le estaba haciendo un favor. Le había planteado un enfoque poco corriente para una historia que el resto de la prensa aparentemente había pasado por alto, y se lo estaba dando gratis.

Pero al final del fax me había postulado con muy poca elegancia para el encargo, proponiendo que a Pearlstine a lo mejor le apetecía mandarme al otro extremo del mundo (corriendo él con los gastos) para que yo pudiera «ayudar» a sus corresponsales en China con mi idea para el artículo. ¡Qué *estupidez* tan grande proponerle eso! Si sus corresponsales en China necesitaban ayuda, no estaban capacitados para su trabajo y deberían ser despedidos. También releí consternado el tono de falsa modestia de mi último párrafo y la obviedad de mi oportunismo al pretender aprovecharme profesionalmente de mi relación personal con el zar de las revistas en Time Warner. Una cosa es hacer una sugerencia y otra muy distinta intentar, en el último momento, hacerse con un encargo o volver a apropiarse de una idea después de haber renunciado a su propiedad.

A lo mejor le estaba dando demasiado importancia, razoné, y, que yo supiera, quizá a Pearlstine le había gustado mi memorándum, y ya lo había remitido con su aprobación a alguna de sus revistas, y pronto el departamento de viajes de la corporación me consultaría para preguntarme cuándo podía poner rumbo a China.

Pocos días más tarde recibí una llamada de un ejecutivo de alto rango de Time Warner que me explicó que Norman Pearlstine estaba de viaje, pero que los editores habían encontrado mi idea muy interesante y me daban las gracias por haber contactado con ellos. Aun cuando no pensaban utilizarla, me aseguró que eran sinceros en su deseo de que siguiera mandándoles ideas en el futuro. Les prometí que lo haría.

Cuando colgué me sentí bastante decepcionado, pero también aliviado. China estaba muy lejos. Estaba escribiendo un libro que ya debería haber entregado. La Copa del Mundo era noticia pasada. Liu Ying había ocupado mis pensamientos durante más de una semana, y ahora podía dar gracias a la gente de Time Warner por devolverme a la sensatez. ¿Quién iba a querer leer un artículo centrado en una jugadora de fútbol china que no había podido chutar bien? El siglo XXI se nos echaba encima, yo tenía otras cosas en que pensar.

Y si ése era el caso, ¿por qué al poco me encontraba en un reactor rumbo a China (pagando yo los gastos, sin que nadie me hubiera encargado ningún artículo, y sin saber dónde podría encontrar a Liu Ying en ese inmenso país), impaciente por encontrarme con ella?

El más grande

Aun cuando ya rondaba los sesenta y cinco años, Gay Talese seguía ejerciendo de periodista como cualquier joven, se subía a un avión en el último minuto, volaba alrededor del globo, y acompañaba a sus personajes durante largas temporadas. Pero a ojos del mundo periodístico de Nueva York, el supuesto inventor del Nuevo Periodismo ya era más bien un anciano. Su instinto de huir de las noticias, de examinar las vidas de gentes desconocidas, era algo que se consideraba una pintoresca reliquia del pasado. Ahora había que centrarse en los famosos del momento, los hombres que acaparaban las portadas, el último escándalo, el «ésta es la historia importante en este momento para tu vida».

Talese aprendió amargamente esa lección al intentar publicar lo que considera su mejor artículo de revista: «Ali en La Habana», acerca del viaje de Muhammad Ali en 1996 para conocer a Fidel Castro. El artículo había sido originariamente encargado por *Nation,* pero cuando Talese entregó un relato que comenzaba con una prolongada escena de dos hombres regateando por unos puros y a continuación se paseaba por la isla desde el punto de vista de todos los personajes que rodeaban a Ali, la revista se echó atrás. «Era un carcamal —se dijo Talese—. Estaba acabado».

Tina Brown, del *New Yorker,* tampoco quiso saber nada. Y lo mismo *GQ.* Y *Sports Illustrated.* Los editores del *New York Times Magazine* no se creían el diálogo entre el séquito de Ali y Castro. «Castro no habla así», dijeron los editores. Talese sabía que Castro hablaba así, y para asegurarse había transcrito el diálogo literalmente, tras haber ido a un estudio de la CBS para repasar una cinta del encuentro, que *60 Minutes* había filmado. De todos modos, el *Times* no quiso saber nada. *Rolling Stone* se mostró reacio. *Commentary* lo rechazó. *Esquire,* su antigua casa, se mostró interesado, pero querían que eliminara la escena inicial. A Talese eso le pareció ridículo. «Estaba muy molesto con todo eso, y sorprendido, pero visto en retrospectiva me sirvió para comprender que toda la reputación que tenía en las escuelas de periodismo, o en los cursos de escritura para revistas, se basaba en el pasado», dice Talese.

Al final, los editores de *Esquire* reprodujeron el artículo tal como lo había escrito Talese. Lo enterraron en la parte de atrás del número de septiembre de 1996, y probablemente muchos lectores no lo vieron, pero surgió un nuevo interés por aquel texto, y vio celebradas sus virtudes cuando al año siguiente se incluyó en una antología anual de los mejores textos de no ficción. «Me encantan las escenas de este artículo —dice Talese—. Me encantan los puros, las calles de Cuba, los colores, las escenas con Castro. Pero a lo mejor me gusta tanto porque reafirmaba mi valía como autor publicado».

Procede que el artículo que reafirmó la valía de Talese como escritor publicado trate de un viejo púgil, un hombre que ya no puede hablar, que ya no es campeón, que ya no está de moda: el tipo de personaje que Talese siempre había venerado y retratado con tanta elegancia en sus relatos.

MR

Ali en La Habana
Esquire, 1996

Es una noche de invierno en La Habana, cálida, con una brisa que mece las palmeras, y los principales restaurantes están abarrotados de turistas de Europa, Asia y Sudamérica, sometidos a la implacable serenata de los guitarristas que cantan: «Guan-ta-namera... guajira..... Guan-ta-namera»; y en el Café Cantante hay unos estruendosos bailarines de salsa, los reyes del mambo, unos artistas varones de pecho desnudo que gruñen mientras levantan mesas con los dientes, y unas mujeres con turbante, ataviadas con unas faldas que se les pegan a las caderas, soplan un silbato mientras giran sus relucientes cuerpos en un frenesí erótico. Entre el público del café, así como en los restaurantes, hoteles y otros lugares públicos de la isla, se fuman puros y cigarrillos sin control ni restricción. Dos prostitutas fuman y hablan en la esquina de una calle poco iluminada que linda con el cuidado césped del hotel Nacional, un cinco estrellas de La Habana. Son mujeres cobrizas de veintipocos años que visten minifaldas descoloridas y una blusa sin espalda, y mientras hablan observan atentamente a otros dos hombres —uno blanco, el otro negro— que discuten junto al maletero levantado de un Toyota rojo aparcado. Su tema de discusión es el precio de los puros del mercado negro de La Habana que hay en el interior.

El hombre blanco es un húngaro de mandíbula cuadrada que ronda los treinta y cinco años; lleva un traje beige tropical y una ancha corbata amarilla, y es uno de los principales empresarios de La Habana en el próspero negocio ilegal de vender puros cubanos enrollados a mano de máxima calidad por debajo del precio de mercado local e internacional. El negro que hay detrás del coche es un sujeto fornido, un poco calvo, barba gris, de unos cincuenta y cinco años de Los Ángeles llamado Howard Bingham; y tanto da qué precio diga el húngaro, Bingham sacude la cabeza y contesta:

—¡No, no... eso es demasiado!

—¡Está loco! —grita el húngaro en un inglés con leve acento, cogiendo una de las cajas del maletero y blandiéndola ante la cara de Howard Bingham—. ¡Son Cohiba Espléndidos! ¡Los mejores del mundo! En los Estados Unidos pagaría 1.000 dólares por una caja como ésta.

—Yo no —dice Bingham, que lleva una camisa hawaiana y una cámara colgando del cuello. Es fotógrafo profesional, y se aloja en el hotel Nacional con su amigo Muhammad Ali—. Yo no pagaría más de 50 dólares.

—Está loco de remate —dice el húngaro, rasgando con la uña el precinto de papel de la caja y abriendo la tapa para mostrar una reluciente hilera de puros cuya vitola proclama Espléndidos.

—50 dólares —dice Bingham.

—100 dólares —insiste el húngaro—. ¡Y deprisa! Puede que la policía esté rondando por aquí.

El húngaro se endereza y se queda mirando por encima del coche en dirección al césped flanqueado de palmeras y las luces del puerto que brillan a lo lejos, siguiendo la calle que conduce a la recargada entrada del hotel; a continuación vuelve la cabeza y lanza una mirada hacia la calle cercana, donde ve que las dos prostitutas ahora lanzan el humo en dirección a él. Frunce el ceño.

—Rápido, rápido —le dice a Bingham, entregándole la caja—. 100 dólares.

Howard Bingham no fuma. Él y Muhammad Ali y sus compañeros de viaje se marchan de La Habana mañana, después de participar en una misión de ayuda humanitaria estadounidense de cinco días que ha traído un avión lleno de suministros médicos a hospitales y clínicas que prácticamente no tienen nada por culpa del embargo de Estados Unidos, y a Bingham le gustaría regresar a casa con algunos buenos puros de contrabando para sus amigos. Pero, por otro lado, 100 dólares sigue siendo demasiado.

—50 dólares —dice Bingham, muy decidido, mirando su reloj. Comienza a alejarse.

—Muy bien, muy bien —dice el húngaro, enfurruñado—. Cincuenta.

Bingham se mete la mano en el bolsillo para sacar el dinero, y el húngaro coge y le entrega los Espléndidos antes de alejarse en el Toyota. Una de las prostitutas da unos pasos hacia Bingham, pero el fotógrafo regresa presuroso al hotel. Esta noche Fidel Castro da una recepción en honor de Muhammad Ali, y Bingham sólo dispone de media hora para cambiarse y estar en la entrada del hotel cuando llegue el autobús alquilado que los llevará a la sede del gobierno. Le regalará una de sus fotografías al líder cubano: un retrato ampliado y enmarcado en el que se ve a Muhammad Ali y a Malcolm X caminando juntos por una acera de Harlem en 1963. En aquella época Malcolm X tenía treinta y siete años, dos años antes de que una bala lo asesinara; Ali, de veintiún años, estaba a punto de ganar el título de los pesos pesados derrotando de manera extraordinaria y sorprendente a Sonny Liston en Miami. La fotografía de Bingham lleva la siguiente inscripción: «Al presidente Fidel Castro, de Muhammad Ali». Debajo de su firma, el excampeón ha dibujado un corazoncito.

Aunque Muhammad Ali tiene ahora cincuenta y cuatro años y lleva más de quince retirado del boxeo, sigue siendo uno de los hombres más famosos del mundo, identificable en los cinco continentes; y mientras atraviesa el vestíbulo del hotel Nacional en dirección al autobús, ataviado con un traje gris de zapa y una camisa blanca de algodón abrochada hasta el cuello y sin corbata, varios huéspedes se le acercan y le piden un autógrafo. Tarda treinta segundos en escribir «Muhammad Ali», tanto le tiemblan las manos por el efecto de la enfermedad de Parkinson; y aunque camina sin ayuda, sus movimientos son lentos, y Howard Bingham y la cuarta esposa de Ali, Yolanda, le siguen de cerca.

Bingham conoció a Ali hace treinta y cinco años en Los Ángeles, poco después de que el púgil se hubiera pasado al profesionalismo y antes de descartar su «nombre de esclavo» (Cassius Marcellus Clay) y unirse a los Musulmanes Negros. Posteriormente Bingham se convirtió en su amigo masculino más íntimo, y ha fotografiado casi todos los aspectos de la vida de Ali; su ascensión y caída tres veces como campeón de los pesos pesados; su expulsión del boxeo durante tres años, que comenzó en 1967 por negarse a servir en el ejército de los Estados Unidos en la guerra del Vietnam («No tengo nada en contra del Vietcong»); sus cuatro matrimonios; sus nueve hijos (uno adoptado, dos fuera del vínculo matrimonial); sus innumerables apariciones públicas en todas partes del mundo: Alemania, Inglaterra, Egipto (navegó por el Nilo con un hijo de Elijah Muhammad),* Suecia, Libia, Pakistán (donde abrazó a los refugiados afganos), Japón, Indonesia, Ghana (donde vistió un *dashiki* y posó con el presidente Kwame Nkrumah), Zaire (donde derrotó a George Foreman), Manila (donde derrotó a Joe Frazier)... y ahora, en la última noche de su visita de 1996 a Cuba, va de camino a encontrarse con un aspirante de avanzada edad al que admira desde hace mucho tiempo: alguien que se ha mantenido en lo más alto durante casi cuarenta años a pesar de la inquina de nueve presidentes norteamericanos, la CIA, la mafia y diversos militantes cubanoamericanos.

Bingham espera a Ali cerca de la puerta abierta del autobús que bloquea la entrada del hotel; pero Ali se demo-

---

* Líder religioso de la Nación del Islam desde 1934 hasta su muerte en 1975, mentor de Malcolm X y de Ali. *(N. del T.)*

ra entre el gentío que hay en el vestíbulo, y Yolanda se aparta para que algunas personas se puedan acercar un poco más a su marido.

Es una mujer grande y hermosa de treinta y ocho años, con una radiante sonrisa y una tez clara y pecosa que refleja sus antepasados interraciales. Lleva un pañuelo suelto por encima de la cabeza y los hombros, manga larga, y su vestido, de un corte perfecto y vivos colores, le cae por debajo de las rodillas. Abandonó el catolicismo y se convirtió al Islam cuando se casó con Ali, un hombre que le lleva dieciséis años, pero con el que comparte un vínculo familiar que se remonta a su infancia en la población de Louisville, donde ambos nacieron, y donde la madre de Yolanda y la madre de Ali fueron amigas del alma que viajaban juntas para asistir a sus combates. Yolanda había formado parte alguna vez del séquito de Ali, familiarizándose no sólo con la gente del boxeo, sino con las coetáneas de Ali que fueron sus amantes, sus esposas y las madres de sus hijos; y siguió en contacto con Ali a lo largo de la década de los setenta, cuando estudió Psicología en Vanderbilt y luego obtuvo su título de máster en Empresariales en la UCLA. Posteriormente —al final de la carrera pugilística de Ali, de su tercer matrimonio y de su magnífica salud— Yolanda entró a formar parte íntima de su vida de la misma manera fortuita y natural con que ahora permanece esperándolo para recuperar su lugar a su lado.

Yolanda sabe que Ali lo está pasando bien. Distingue un leve centelleo en sus ojos, aunque su cara no es muy expresiva, y quien fuera el más locuaz de los campeones ya no pronuncia ni una palabra. Pero detrás de su máscara de Parkinson, su mente funciona con normalidad, y en todo momento está atento a lo que hace: escribe su nombre completo en cualquier tarjeta o trozo de papel que sus admiradores le entregan. «Muhammad Ali.» No se limita a escribir «Ali» para ganar tiempo. Nunca ha escatimado con su público.

Esta noche, entre su público hay gente de Latinoamérica, Canadá, África, Rusia, China, Alemania, Francia. En el hotel se alojan doscientos agentes de viajes franceses, que han obedecido a la campaña del gobierno cubano para aumentar su boyante turismo (el año pasado llegaron 745.000 visitantes que gastaron aproximadamente mil millones de dólares en la isla). También hay un productor de cine italiano y su amiga, que vienen de Roma, y un exluchador japonés, Antonio Inoki, que lesionó las piernas de Ali durante una exhibición en Tokio en 1976 (aunque lo abrazó afectuosamente hace dos noches en el salón del hotel mientras escuchaban al pianista cubano Chucho Valdés tocar jazz en un piano Moksva de media cola y fabricación rusa); entre la multitud, más alto que el resto, está el héroe cubano de los pesos pesados, un hombre de 1,92 de estatura y cuarenta y tres años de edad, Teófilo Stevenson, que fue tres veces medalla de oro olímpica, en 1972, 1976 y 1980, y el cual, al menos en la isla, es tan famoso como Ali o Castro.

Aunque parte de la reputación de Stevenson procede de su antigua fuerza y habilidad en el cuadrilátero (pero nunca se enfrentó con Ali), también es atribuible a que nunca sucumbió a las ofertas de los promotores del boxeo profesional, resistiendo tercamente la atracción del dólar yanqui, aunque tampoco se puede decir que a Stevenson le falte de nada. Vive entre sus compatriotas como un imponente pavo real cubano, ocupando un alto cargo dentro de los programas deportivos del gobierno y consiguiendo que las mujeres de la isla le presten la suficiente atención como para haber tenido ya cuatro esposas, que dan fe de sus gustos eclécticos.

Su primera esposa era profesora de danza. La segunda ingeniera industrial. La tercera, médico. La cuarta y actual es abogada criminalista. Se llama Fraymari, y es una mujer de aspecto aniñado, menuda y olivácea de veintitrés años que se encuentra junto a su marido en el vestí-

bulo, y que apenas le llega más allá de la cintura de su gua-
yabera bordada: una camisa entallada de manga corta le
acentúa el torso ahusado, los hombros anchos y la longitud
de sus brazos oscuros y musculosos, que antaño evitaron
que sus adversarios cometieran ninguna injusticia con su
seductora belleza latina.

Stevenson siempre luchaba erguido, y sigue manteniendo esa postura. Cuando la gente habla con él, baja la
mirada, pero su cabeza sigue en alto. La firme mandíbula
de su cabeza ovalada parece formar un imperturbable ángulo recto con su espalda, siempre derecha. Es un hombre
orgulloso que exhibe toda su estatura. Pero escucha, sobre
todo cuando las palabras que se le dirigen proceden de ese
abogado menudo y desenfadado que es su mujer. Fraymari ahora recuerda que se está haciendo tarde, que todos deberían estar en el autobús; quizá Fidel los está esperando.

Stevenson baja la mirada hacia ella y le guiña el
ojo. Ha captado el mensaje. Ha sido el principal acompañante de Ali durante esta visita. También fue el invitado
de Ali en los Estados Unidos en el otoño de 1995; y aunque
apenas conoce algunas palabras en inglés, y Ali no habla
español, son como hermanos en su lenguaje corporal.

Stevenson se abre paso entre la multitud y coloca
con suavidad el brazo derecho sobre los hombros de su colega. Y entonces, lenta pero firmemente, guía a Ali hacia el
autobús.

Para ir hasta el Palacio de la Revolución de Fidel
Castro pasamos por una calle que parece un homenaje a
los viejos coches americanos, pues se ven en abundancia
avanzando a 30 kilómetros por hora, cupés Ford y sedanes
Plymouth sin amortiguadores anteriores al embargo,
DeSotos y Lasalles, Nashes y Studebackers, y diversos
collages automovilísticos creados a partir de rejillas de Cadillac, ejes de Oldsmobile y parachoques de Buick, remen-

dados con trozos de bidones metálicos e impulsados por motores en los que hay utensilios de cocina y segadoras de antes de la época de Batista, y otros artilugios que en Cuba han elevado el oficio del retoque a la categoría de arte.

Los medios relativamente nuevos de transporte que se ven en la calle son, como es natural, productos no americanos: Fiats polacos, Ladas rusos, escúters alemanes, bicicletas chinas y los relucientes autobuses japoneses recientemente importados y provistos de aire acondicionado, desde uno de los cuales en este momento Muhammad Ali observa la calle a través de una ventanilla cerrada. A veces levanta la mano en respuesta a algún peatón, ciclista o motorista que lo saluda al reconocer el autobús, pues ha aparecido repetidamente en las noticias de televisión transportando a Ali y a sus acompañantes a los centros médicos y enclaves turísticos que han formado parte de su apretada agenda.

En el autobús, como siempre, Ali se sienta solo, ocupando los dos asientos delanteros de la izquierda, justo detrás del conductor cubano. Yolanda se sienta unos palmos por delante, a la derecha; se sitúa delante de él, junto al conductor, a pocos centímetros del parabrisas. Detrás de ella van sentados Teófilo Stevenson, Fraymari y el fotógrafo Bingham. Sentado detrás de Ali, y ocupando también dos asientos, se halla el guionista estadounidense Greg Howard, que pesa más de 135 kilos. Aunque ha viajado con Ali apenas unos meses investigando para realizar una película sobre la vida del púgil, Greg Howard se ha convertido ya en un amigo íntimo, y como tal se halla entre los escasos compañeros de viaje que han oído la voz de Ali. Ali habla tan bajo que es imposible oírlo si hay mucha gente alrededor, y a resultas de ello, cualquier comentario o parecer que desee expresar en público se traduce en palabras de Yolanda o Bingham, o de Teófilo Stevenson, e incluso a veces de ese corpulento guionista.

—Ali está en su fase zen —ha dicho Greg Howard más de una vez, en referencia a la aquiescencia de Ali.

Al igual que Ali, admira lo que ha visto hasta el momento en Cuba —«Aquí no hay racismo»—, y como negro hace mucho tiempo que se identifica con muchas de las frustraciones y enfrentamientos de Ali. Su tesis en la Universidad de Princeton analizó los disturbios raciales de Newark de 1967, y el guion de Hollywood que acabó hace muy poco se centra en las ligas negras de béisbol de los años anteriores a la Segunda Guerra Mundial. Concibe su nueva obra sobre Ali como perteneciente al mismo género que *Gandhi*.

Las dos docenas de asientos del autobús que hay detrás de los reservados tácitamente para el círculo de confianza de Ali están ocupadas por el secretario general de la Cruz Roja cubana y el personal humanitario estadounidense que le ha confiado suministros médicos por valor de 500.000 dólares; también hay dos intérpretes cubanos y una docena de miembros de los medios de comunicación estadounidenses, entre ellos el comentarista de la CBS Ed Bradley, sus productores y los cámaras de *60 Minutes*.

Ed Bradley es un individuo cortés pero reservado que lleva una década apareciendo en televisión con un pequeño anillo circular colgando del lóbulo izquierdo de su oreja, lo cual, tras algún comentario desfavorable expresado al principio por sus colegas Mike Wallace y Andy Rooney, suscitó la siguiente explicación de Bradley: «Es *mi* oreja». Bradley también es fumador de puros; y mientras permanece sentado en la zona media del autobús, junto a su pareja haitiana, aprovecha la actitud abierta del régimen cubano en relación al tabaco para dar caladas a su Cohiba Robusto, por el que ha pagado el precio completo en estancos del hotel Nacional, y que ahora exuda una costosa y fragante nube que hace las delicias de su amiga (que de vez en cuando también fuma puros), pero que no es apreciada por las dos mujeres californianas que están sentadas dos filas más atrás y pertenecen a una agencia de ayuda humanitaria.

De hecho, las mujeres han estado comentando las costumbres tabaqueras de innumerables personas con las que se han encontrado en La Habana, y se han mostrado especialmente decepcionadas al descubrir, este mismo día, que el hospital pediátrico que han visitado (y al que han entregado donaciones) está bajo la supervisión de tres amantes del tabaco. Cuando una de estas mujeres norteamericanas, una rubia de Santa Bárbara, ha reprochado de manera indirecta a uno de los médicos fumadores —de cigarrillos— su mal ejemplo, se le ha dicho que, de hecho, las estadísticas de longevidad, mortalidad infantil y forma física general de la isla resisten una comparación favorable con las de los Estados Unidos, y son probablemente mejores que las de los estadounidenses que residen en su capital, Washington. Por otro lado, el doctor ha dejado claro que no creía que fumar fuera bueno para la salud; después de todo, el propio Fidel lo ha dejado; pero por desgracia, ha añadido el doctor, en un eufemismo clásico, «algunas personas no le han imitado».

Nada de lo que ha dicho el doctor ha apaciguado a la mujer de Santa Bárbara. Sin embargo, no ha querido parecer beligerante en la conferencia de prensa celebrada en el hospital, cubierta por los medios de comunicación; tampoco, durante los numerosos trayectos en autobús acompañada de Ed Bradley, le ha pedido que dejara de fumar su puro. «El señor Bradley me intimida», le ha confiado a su colaboradora californiana. Pero naturalmente, Bradley actúa dentro de la legalidad en esta isla que el doctor ha denominado esta mañana «la cuna del mejor tabaco del mundo». En Cuba, la publicación estadounidense más fácil de encontrar en el kiosco es *Cigar Aficionado*.

El autobús cruza la plaza de la Revolución y se detiene ante el control de seguridad que hay cerca de las grandes puertas acristaladas que se abren al vestíbulo de suelo de mármol de un moderno edificio de los años cincuenta que es el centro del único bastión actual del comunismo del hemisferio occidental.

Cuando se abren las puertas del autobús, Greg Howard se inclina hacia delante en su asiento y agarra los 106 kilos de Muhammad Ali por los brazos y hombros y lo ayuda a ponerse en pie, y, después de bajar el peldaño metálico, Ali se da la vuelta y vuelve a entrar en el autobús para coger las manos y antebrazos extendidos del escritor de 135 kilos y ponerlo en pie. Esta rutina, que se ha repetido a cada parada de autobús durante esta semana, jamás va acompañada por un gesto de agradecimiento del hombre que ha recibido la ayuda, aunque Ali es consciente de que algunos pasajeros encuentran este *pas de deux* bastante divertido, y no se muestra reacio a utilizar a su amigo para ese efecto cómico. Ese mismo día, después de que el autobús parara delante del castillo de los Tres Reyes Magos del Morro, del siglo XVI —donde Ali ha seguido a Teófilo Stevenson por una escalera en espiral de ciento dieciséis peldaños para tener una vista panorámica del puerto de La Habana—, ha divisado la solitaria figura de Greg Howard abajo, en el patio. Sabiendo que era totalmente imposible que aquella estrecha escalera pudiera acomodar el ancho cuerpo de Howard, Ali ha comenzado a agitar los brazos, invitando a Howard a subir y acompañarlos.

Los guardias de seguridad de Castro, que saben de antemano los nombres de todos los pasajeros del autobús, guían a Ali y a los demás por las puertas de cristal, y a continuación llegan a un par de ascensores que los elevan unos pocos pisos, después de lo cual hay un breve paseo a través de un pasillo antes de llegar finalmente a una gran sala de recepción de paredes blancas, donde se anuncia la inminente llegada de Fidel Castro. Las salas son de techos altos, y en cada rincón hay palmeras en macetas, y los escasos muebles son modernos, de cuero color habano. Junto a un sofá hay una mesa con dos teléfonos, uno gris y el otro rojo. Sobre el sofá hay un óleo del valle Viñales, situado al oeste de La Habana; y entre el arte primitivo que se exhibe sobre una mesa circular delante del sofá hay una grotesca figura tribal parecida a la que examinó esta misma semana Ali en un puesto de baratijas mientras se paseaba con el grupo por el barrio viejo de La Habana. Al verla, Ali susurró al oído de Howard Bingham, quien repitió en voz alta lo que Ali le había dicho: «Joe Frazier».

Ahora Ali permanece en mitad de la sala, junto a Bingham, que acarrea bajo el brazo la fotografía enmarcada que planea regalarle a Castro. Teófilo Stevenson y Fraymari están de cara a ellos. Fraymari, una mujer diminuta y de huesos delicados, se ha pintado los labios de escarlata y se ha peinado el pelo para atrás en un estilo de matrona, con la esperanza sin duda de parecer más madura de lo que sugieren sus veintitrés años, aunque el hecho de permanecer junto a tres hombres mucho mayores, más corpulentos y altos hace que parezca más bien una adolescente anoréxica. Greg Howard y la esposa de Ali se pasean dentro del grupo, que intercambia comentarios en un tono apagado, ya sea en inglés o en español, a veces ayudados por los intérpretes. Las manos de Ali tiemblan de manera incontrolable a ambos lados, pero puesto que es algo que sus compañeros han presenciado toda la semana, las únicas personas que le prestan atención son los guardias de seguridad apostados cerca de la puerta.

También espera a Castro cerca de la puerta el equipo de grabación de cuatro hombres de la CBS, y charlando con ellos y sus dos productores está Ed Bradley, sin su puro. ¡En esta sala no hay ceniceros! No es algo muy corriente en Cuba. Sus implicaciones podrían ser políticas. A lo mejor los doctores del hospital han tenido en cuenta la sensibilidad de la rubia de Santa Bárbara y se lo han comunicado a los subordinados de Castro, que ha decidido tener un gesto conciliador con sus benefactores estadounidenses.

Puesto que los guardias de seguridad no han invitado a los huéspedes a que se sentaran, todo el mundo permanece de pie... durante diez minutos, luego veinte y luego durante media hora completa. Teófilo Stevenson va cambiando de pie de apoyo y otea por encima de las cabezas de los convidados en dirección al nivel superior del portal por el que se espera que entre Castro... si es que aparece. Stevenson sabe por experiencia que el programa diario de Castro es imprevisible. En Cuba siempre hay algún tipo de crisis, y hace tiempo que se rumorea en la isla que Castro casi nunca duerme dos veces en el mismo sitio. La identidad de sus compañeras de cama es, desde luego, secreto de estado. Hace dos noches, Stevenson, Ali y los demás estuvieron esperando hasta medianoche una reunión programada con Castro en el hotel Biocaribe (a la cual Bingham llevó su fotografía de regalo). Pero Castro no apareció. No se dio ninguna explicación.

En la sala de recepción ya son las nueve. Ali sigue temblando. Nadie hace nada. La conversación languidece. A unas cuantas personas les gustaría fumar. El régimen no aplaca la sed del grupo (no hay ningún camarero). Es un cóctel sin cócteles. No hay canapés ni refrescos. Todos están cada vez más inquietos, y entonces, de repente, se oye un suspiro colectivo. Ese hombre con barba, que todos han visto tantas veces, entra en la habitación a grandes zancadas vestido de guerrillero; y con una voz jovial y aguda que se eleva por encima de su barba, anuncia:

—*¡Buenas noches!*

En un tono todavía más agudo repite asimismo en español «Buenas noches», esta vez saludando con la mano al grupo mientras se apresura hacia el invitado de honor; y en ese momento, con los brazos extendidos, Fidel Castro, de setenta años, oscurece inmediatamente la mitad inferior de la cara sin expresión de Ali con un amable abrazo y su barba gris.

—Me alegro de verle —le dice Castro a Ali por medio de una intérprete que le ha seguido a la sala, una hermosa mujer de piel clara con un refinado acento—. Me alegro mucho, mucho de verle —añade Castro, retrocediendo para mirar a Ali a los ojos mientras se sujeta los brazos temblorosos—, y le agradezco su visita —entonces Castro le suelta los brazos y espera una posible réplica.

Ali no dice nada. En su cara permanece su característica expresión fija y benévola, y sus ojos no parpadean a pesar de los *flashes* de varios fotógrafos que lo rodean. Como el silencio persiste, Castro se vuelve hacia su viejo amigo Teófilo Stevenson, fingiendo lanzarle un golpe de boxeo. El campeón cubano baja la mirada y, ensanchando los labios y las mejillas, dibuja una sonrisa. Entonces Castro se fija en la morena bajita que hay al lado del expúgil.

—Stevenson, ¿quién es esta jovencita? —pregunta Castro en voz alta en un tono de evidente aprobación. Pero antes de que Stevenson pueda contestar, Fraymari da un paso al frente con un atisbo de indignación abogadil.

—¿Quiere decir que no me recuerda? —pregunta.

Castro parece atónito. Esboza una sonrisa intentando ocultar su confusión. Se vuelve inquisitivamente hacia su héroe del boxeo, pero Stevenson simplemente pone los ojos en blanco. Stevenson sabe que Castro ha conocido a Fraymari en anteriores reuniones sociales, pero por desgracia el líder cubano lo ha olvidado, y también es una desgracia que ahora Fraymari se comporte como un fiscal.

—¡Tuvo a mi hijo en brazos cuando tenía un año! —le recuerda Fraymari mientras Castro sigue cavilando. Los invitados están atentos; las cámaras de televisión siguen filmando.

—¿En un partido de voleibol? —pregunta Castro tímidamente.

—No, no —interrumpe Stevenson, antes de que Fraymari pueda decir nada más—, ésa era mi esposa anterior. La doctora.

Castro sacude la cabeza en un gesto de fingida desaprobación. A continuación aparta bruscamente la mirada de la pareja, aunque no sin antes recordarle a Stevenson:

—Deberíais llevar etiquetas con el nombre.

Castro vuelve su atención hacia Muhammad Ali. Estudia la cara de éste.

—¿Dónde está su esposa? —pregunta en voz baja. Ali no dice nada. Hay más silencio y varias personas del grupo vuelven la cabeza hasta que Howard Bingham divisa a Yolanda al fondo de la sala y le hace seña de que avance hasta Castro.

Antes de que llegue, Bingham da un paso al frente y le ofrece a Castro la fotografía de Ali y Malcolm X tomada en Harlem en 1963. Castro la levanta al nivel de sus ojos y la estudia en silencio durante varios segundos. Cuando se tomó esa foto, Castro llevaba casi cuatro años al mando de Cuba. Entonces tenía treinta y siete años. En 1959 derrotó al dictador Fulgencio Batista, que contaba con el respaldo de los Estados Unidos, contra todo pronóstico, lo mismo que la posterior victoria de Ali contra el supuestamente imbatible Sonny Liston. De hecho, Batista había anunciado la muerte de Castro en 1956. En aquella época Castro, que se escondía en un lugar secreto, tenía treinta años y no llevaba barba; era un abogado descontento educado en los jesuitas, hijo de una familia de terratenientes que ansiaba quitarle el empleo a Batista. A los treinta y dos años lo había conseguido. Batista se vio obligado a huir a la República Dominicana.

Durante ese período, Muhammad Ali no era más que un boxeador aficionado. Su mayor éxito llegaría en 1960, cuando ganó una medalla de oro en Roma como miembro del equipo de boxeo olímpico de los Estados Unidos. Pero posteriormente, en los años sesenta, él y Castro fueron dos figuras que coparon los titulares de todo el mundo en su lucha contra la administración estadounidense, y ahora, en el crepúsculo de sus vidas, en esa noche invernal de La

Habana, se ven por primera vez: Ali silencioso, y Castro aislado en su isla.

—*Qué bien* —le dice Castro en español a Howard Bingham antes de mostrar la fotografía a su intérprete. Entonces Bingham le presenta a Castro a la esposa de Ali. Tras un intercambio de saludos a través del intérprete, él le pregunta, como si estuviera asombrado—: ¿No habla español?

—No —dice ella en voz baja. Se pone a acariciar la muñeca izquierda de su marido, en la que lleva un reloj de plata Swiss Army de 250 dólares que ella le compró. Es la única joya que lleva Ali.

—Pero si me pareció verla hablando español en las noticias de televisión de esta semana —prosigue Castro sorprendido, antes de darse cuenta de que es evidente que la habían doblado—. ¿Vive en Nueva York?

—No, vivimos en Michigan.

—Un sitio frío —dice Castro.

—Muy frío —repite ella.

—En Michigan no debe de haber mucha gente que hable español.

—No, no mucha —dice ella—. Casi todos están en California, Nueva York —y añade tras una pausa— y Florida.

Castro asiente. Tarda unos cuantos segundos en pensar otra pregunta. La conversación trivial nunca ha sido el punto fuerte de este hombre especializado en arengas imparables que pueden durar horas; y sin embargo ahí está, en una habitación llena de gente, donde hay un equipo de filmación y fotógrafos de prensa: un anfitrión parlanchín con un invitado de honor que no habla. Pero Fidel Castro no desfallece, y le pregunta a la esposa de Ali cuál es su deporte favorito.

—Juego un poco al tenis —dice Yolanda, y a continuación le pregunta—: ¿Usted juega al tenis?

—Al ping pong —contesta, añadiendo que durante su juventud había subido a los cuadriláteros—. Me pasaba horas boxeando... —comienza a rememorar, pero antes de que acabe la frase, ve cómo lentamente Muhammad Ali levanta el puño derecho y lo mueve hacia su barbilla. Profusos vítores y aplausos resuenan por toda la sala, y Castro salta a un lado en dirección a Stevenson, mientras grita—: *¡Ayúdame!*

Los largos brazos de Stevenson aterrizan sobre los hombros de Ali por detrás, apretándolos suavemente; a continuación, después de soltarlo, los dos excampeones se encaran y comienzan a representar a cámara lenta las posturas de los boxeadores en el ring —bajan la cabeza y esquivan, amagan un golpe, se agachan—, todo ello sin tocarse y acompañado de tres minutos de incesantes aplausos y el chasquido de las cámaras, y también de una sensación de alivio por parte de los amigos de Ali, pues, a su manera, ha decidido unirse a ellos. Ali sigue sin decir nada, su cara permanece inescrutable, pero se le ve menos distante, menos solo, y no se suelta del abrazo de Stevenson mientras este último le cuenta entusiasmado a Castro una exhibición de boxeo que él y Ali escenificaron esta misma semana en el gimnasio Balado, delante de cientos de aficionados y algunas promesas del boxeo de la isla.

Stevenson no explicó que de hecho había sido tan sólo una sesión fotográfica para la prensa, en la que fingieron un intercambio de golpes sin guantes en el cuadrilátero, vestidos con ropas de calle y sin apenas tocarse; pero a continuación Stevenson se bajó del ring y dejó a Ali la tarea más complicada de resistir dos asaltos abreviados contra dos jóvenes matones de escuela primaria que estaba claro que no habían venido a participar en un espectáculo para niños. Habían venido para tirar a la lona al campeón. Sus cuerpos menudos y belicosos, sus manos enguantadas y sus cabezas protegidas por un casco y con un gesto decidido, estaban consumidas por la furia y la ambición; y mientras embestían, lanzando golpes a lo loco y pavoneándose ante el estruendo de sus amigos adolescentes y parientes que estaban junto al cuadrilátero, uno imaginaba que en el futuro se jactarían ante sus nietos: «¡Un hermoso día del invierno de 1996 le di una paliza a Muhammad Ali!». Sólo que, a decir verdad, ese día en concreto Ali seguía siendo demasiado rápido para ellos. Ali retrocedía, se deslizaba y se balanceaba, permanecía de puntillas sobre sus zapatos trenzados de cuero y puntera estrecha, y demostraba que su cuerpo estaba hecho para el movimiento: sus problemas de Parkinson quedaban olvidados en su manera de moverse, en las picaduras de su aguijón de mariposa que silbaba dos palmos por encima de las cabezas de los aspirantes a boxeadores, en ese deslumbrante dejarse caer contra las cuerdas que había confundido a George Foreman en Zaire, en su memorable estilo, que en ese gimnasio cubano humedeció los ojos de su amigo fotógrafo, siempre atento, y provocó que el guionista con sobrepeso gritara con una voz que poca gente de esa ruidosa multitud hispana pudo comprender:

—¡Ali es el más grande! ¡Ali es el más grande!

Teófilo Stevenson levanta el brazo derecho de Ali por encima de la cabeza de Castro, y los fotógrafos de prensa pasan varios minutos inmortalizando a los tres juntos con sus *flashes*. Entonces Castro ve a Fraymari sola a lo lejos. No está sonriendo. Castro la saluda con la cabeza. Llama a un fotógrafo para que lo retrate en compañía de Fraymari. Pero ella sólo se relaja después de que su marido se le acerque para hacerla participar en la conversación, que Castro inmediatamente dirige hacia la salud y el crecimiento del hijo de Fraymari, que todavía no tiene dos años.

—¿Será tan alto como su padre? —pregunta Castro.

—Supongo que sí —dice Fraymari, levantando la vista hacia su marido. También ha tenido que levantar la mirada al hablar con Fidel Castro, pues el líder cubano mide más de 1,80, y su postura es casi tan erguida como la del marido de Fraymari. Sólo Muhammad Ali, que mide 1,91 y está junto a Bingham al extremo más alejado de su marido —y cuyo color de piel, cabeza ovalada y corte de pelo estilo erizo es muy similar al de su esposo— parece más bajo de lo que es debido a esa pose con los hombros inclinados hacia delante que ha adquirido por culpa de su enfermedad.

—¿Cuánto pesa su hijo? —prosigue Castro.

—Cuando tenía un año ya pesaba 12 kilos —dice Fraymari—. Un kilo y medio más de lo normal. A los nueve meses ya caminaba.

—Todavía toma el pecho —afirma Teófilo Stevenson, al parecer complacido.

—Oh, eso es muy nutritivo —asiente Castro.

—A veces el chaval se confunde y cree que mi pecho es el de su madre —dice Stevenson, y podría haber añadido que a su hijo también lo confundieron las gafas de sol de Ali. El bebé dejó las marcas de sus dientes sobre la montura de plástico después de masticarla durante los días que acompañó a sus padres en la gira en autobús de Ali.

Mientras la jirafa con el micrófono desciende en picado para captar la conversación, Castro da unos golpecitos en la barriga de Stevenson y le pregunta:

—¿Cuánto pesas?

—Unos 110 kilos, más o menos.

—Eso son unos quince más que yo —dice Castro, pero se queja—. Yo como muy poco. Muy poco. El asesoramiento dietético que me dan nunca es exacto. Como 1.500 calorías... menos de 30 gramos de proteína, menos.

Castro se da una palmada en la tripa, que es relativamente plana. Si tiene barriga, queda oculta detrás de su uniforme hecho a medida. De hecho, para ser un hombre de setenta años, parece gozar de buena salud. La piel de la cara es rojiza y no le cuelga; sus ojos oscuros se pasean por la habitación con una intensidad siempre alerta, y tiene un tupido y lustroso pelo gris que no le ralea en la coronilla. La atención que se presta a sí mismo podría medirse por sus uñas de perfecta manicura o por sus botas de punta cuadrada, que no tienen ningún roce y se ven tersas y brillantes, con el lustre de la saliva de un lacayo. Pero su barba pertenece a otro hombre y a otra época. Es excesivamente larga y enmarañada. Tiene mechones blancos que se mezclan con el negro descolorido y cuelgan por la pechera de su uniforme como un viejo sudario, ajado por el tiempo y reseco. Es una barba de cuando vivía en el monte. Castro se la acaricia sin cesar, como si intentara reactivar la vitalidad de su fibra.

Ahora Castro mira a Ali.

—¿Cómo andamos de apetito? —le pregunta, olvidándose de que Ali no habla—. ¿Dónde está su mujer? —pregunta entonces, y Howard Bingham la llama. Una vez más, Yolanda se ha reintegrado al grupo.

Cuando llega, Castro vacila antes de hablarle. Es como si no estuviera absolutamente seguro de quién es. Ha conocido a tanta gente desde que ha llegado, y como el grupo gira constantemente debido a los empujones de los fotógrafos, Castro no está seguro de si la mujer que está a su lado es la esposa de Muhammad Ali o la amiga de Ed Bradley, o alguna otra mujer que ha conocido hace unos momentos y le ha dejado una impresión poco duradera. Como ya ha metido la pata una vez con una de las esposas de los dos excampeones varias veces casados, Castro espera que su intérprete le dé alguna pista. Pero no. Por suerte, en este país no se ha de preocupar por el voto de las mujeres —ni por el de nadie, desde luego—, pero suspira con cierto alivio cuando Yolanda vuelve a presentarse como la esposa de Ali y vuelve a decirle su nombre.

—Ah, Yolanda —repite Castro—, qué nombre tan hermoso. Es el nombre de la reina de alguna parte.

—De nuestra casa —dice ella.

—¿Y cómo va el apetito de su marido?

—Bien, pero le gustan los dulces.

—Podemos enviarle un poco de nuestro helado a Michigan —dice Castro. Sin esperar a que ella haga ningún comentario, pregunta—: ¿Hace mucho frío en Michigan?

—Ya lo creo —replica ella, sin dar a entender que antes ya han comentado los inviernos de Michigan.

—¿Mucha nieve?

—No nos llegó la tormenta de nieve —dice Yolanda, refiriéndose a una tormenta que se desató en enero—, pero a veces hay más de un metro...

Teófilo Stevenson la interrumpe para decir que estuvo en Michigan en octubre.

—Vaya —dice Castro, enarcando una ceja. Menciona que estuvo en los Estados Unidos ese mismo mes (asistió a la conmemoración del cincuenta aniversario de las Naciones Unidas). Le pregunta a Stevenson cuánto tiempo estuvo en los Estados Unidos.

—Me quedé allí diecinueve días —dice Stevenson.

—¡Diecinueve días! —repite Castro—. Más que yo.

Castro se queja de que limitaron su estancia a cinco días y le prohibieron salir de Nueva York.

—Bueno, *comandante* —responde Stevenson de manera espontánea, en un tono de ligera superioridad—, si quiere, puedo enseñarle mi vídeo.

Stevenson parece muy cómodo en presencia del líder cubano, y quizá este último le dé pie de manera habitual; pero en este momento, Castro a lo mejor considera que su héroe del boxeo habla con cierta condescendencia y podría merecer un directo como represalia. Sabe cómo lanzarlo.

—Cuando visitaste los Estados Unidos —pregunta Castro con toda la intención—, ¿te llevaste a tu mujer, la abogada?

Stevenson se pone rígido. Dirige su mirada hacia su esposa. Ella aparta los ojos.

—No —responde Stevenson sin inmutarse—. Fui solo.

Repentinamente, Castro desvía su atención al otro lado de la sala, donde se ha colocado el equipo de filmación de la CBS, y le pregunta a Ed Bradley:

—Y usted, ¿a qué se dedica?

—Estamos rodando un documental sobre Ali —le explica Bradley—, y lo hemos seguido hasta Cuba para ver qué estaba haciendo aquí y...

Pero la voz de Bradley de repente se ve apagada por el sonido de carcajadas y palmas. Bradley y Castro se vuelven y descubren que Muhammad Ali ahora vuelve a reclamar la atención de todo el mundo. Mantiene su tembloroso puño izquierdo en el aire, pero en lugar de asumir una pose el boxeador, como ha hecho antes, comienza a extraer de la parte superior del puño levantado, de una manera lenta y dramáticamente delicada, la punta de un pañuelo rojo de seda que aprieta entre el índice y el pulgar de la derecha.

Una vez ha extraído todo el pañuelo, lo deja colgando del aire durante unos segundos, acercándolo más y más hacia la frente de Fidel Castro, que pone unos ojos como platos. A continuación vuelve a introducir el pañuelo por la parte superior de la mano izquierda ahuecada —apretándolo con los dedos de la derecha— y entonces abre rápidamente la palma en dirección al público y revela que el pañuelo ha desaparecido.

—¿Dónde está? —grita Castro, que parece genuinamente sorprendido y encantado. Se acerca a Ali y le examina las manos, mientras repite—: ¿Dónde está? ¿Dónde lo ha puesto?

Todos los que esta semana han viajado en el autobús de Ali saben dónde lo ha escondido. Le han visto hacer el truco una y otra vez delante de algunos pacientes y médicos en los hospitales y clínicas, así como delante de incontables turistas que le han reconocido en el vestíbulo del hotel o durante sus paseos por la plaza de la ciudad. También han visto cómo, después de hacer ese juego de manos, revelaba cuál era el truco. Guarda dentro del puño un pulgar de color carne que contiene el pañuelo que posteriormente extraerá con los dedos de la otra mano; cuando vuelve a colocar el pañuelo, de hecho empuja la tela dentro del pulgar de goma oculto, en cuyo interior inserta su propio pulgar derecho. Cuando abre la mano, los espectadores que no están al corriente del truco ven las palmas de sus manos vacías y no advierten el hecho de que el pañuelo se aprieta dentro del pulgar de goma que cubre su propio pulgar derecho extendido. Compartir con su público el misterio en ese truco de magia siempre le granjea otro aplauso.

Una vez Ali ha llevado a cabo el truco y se lo ha explicado a Castro, le entrega el pulgar de goma para que lo examine, y, con más entusiasmo del que ha demostrado en toda la noche, Castro dice:

—Oh, déjeme intentarlo; quiero intentarlo. ¡Es la primera vez que veo algo tan maravilloso!

Y después de que Howard Bingham pase unos minutos enseñándole —él aprendió el truco de Ali hace mucho—, el líder cubano lo lleva a cabo con suficiente destreza y gracia como para satisfacer sus ambiciones de mago y suscitar otra salva de aplausos de sus invitados.

Mientras tanto, han pasado más de diez minutos desde que Ali comenzó su numerito cómico. Ya son las nueve y media de la noche, y al comentarista Ed Bradley, cuya conversación con Castro se ha visto interrumpida, le preocupa que el líder cubano se marche sin responder a las preguntas que había preparado para su programa. Bradley se acerca a la intérprete de Castro y dice en voz lo bastante alta para que se le oiga:

—¿Podría preguntarle si seguía... si podía seguir la carrera de Ali cuando boxeaba profesionalmente?

La pregunta es transmitida y repetida hasta que Castro mira hacia la cámara de la CBS y contesta:

—Sí, recuerdo la época en que se comentaba la posibilidad de un combate entre los dos —señala en dirección a Stevenson y Ali—, y me acuerdo de cuando fue a África.

—A Zaire —le aclara Bradley, refiriéndose a la victoria de Ali en 1974 contra George Foreman. Y añade—: ¿Qué impacto tuvo en este país?, porque él también fue un revolucionario...

—Enorme —dice Castro—. Era muy admirado como deportista, como boxeador y como persona. Siempre se tuvo una gran opinión de él. Pero jamás imaginé que un día lo conocería aquí, con este amable gesto de traer medicinas, visitar a nuestros niños, nuestras policlínicas. Estoy muy contento, estoy emocionado de tener la oportunidad de conocerlo personalmente, y aprecio su amabilidad. Veo que está fuerte. Veo que tiene una cara muy amable.

Castro habla como si Ali no estuviera en la sala, y apenas un metro le separa de él. Ali mantiene su inmutable fachada incluso cuando Stevenson le susurra al oído en inglés:

—Muhammad, Muhammad, ¿por qué no hablas? —a continuación Stevenson se vuelve hacia el periodista que está detrás de él—. Muhammad habla. Me habla a mí.

Stevenson no dice nada más, porque ahora Castro lo mira mientras continúa diciéndole a Bradley:

—Estoy muy contento de que él y Stevenson se hayan conocido —después de una pausa, añade—: Y me alegro de que nunca se enfrentaran.

—Él no está tan seguro —tercia Bradley, sonriendo en dirección a Stevenson.

—Hay algo hermoso en esta amistad —insiste Castro en voz baja.

—Hay un vínculo entre ambos —dice Bradley.

—Sí —dice Castro—. Es cierto —vuelve a mirar a Ali, y luego a Stevenson, como si buscara algo más profundo que decir.

—¿Y cómo va el documental? —le pregunta finalmente a Bradley.

—Lo pondrán en *60 Minutes*.

—¿Cuándo?

—A lo mejor dentro de un mes —dice Bradley, recordándole a la intérprete de Castro—: Es el programa en el que Dan Rather ha entrevistado varias veces al *comandante,* cuando él llevaba *60 Minutes*.

—¿Y quién lo lleva ahora? —quiere saber Castro.

—Yo —contesta Bradley.

—Usted —repite Castro, lanzando una rápida mirada al pendiente de Bradley—. ¿Así que ahora es usted... el jefe?

Bradley responde como una estrella de los medios de comunicación que no se hace ilusiones:

—Soy un trabajador.

Por fin llegan unas bandejas en las que hay café, té y zumo de naranja, pero sólo en cantidades suficientes para Ali y Yolanda, Howard Bingham, Greg Howard, los Stevenson y Castro, aunque éste les dice a los camareros que no quiere nada.

Castro hace una seña a Ali y a los demás para que lo acompañen al otro lado de la sala, en torno a una mesa circular. El equipo de filmación y el resto de los invitados lo siguen, y permanecen tan cerca de los protagonistas como les es posible. Pero en el grupo hay una perceptible inquietud. Llevan de pie más de una hora y media. Son casi las diez de la noche. No se ha servido comida. Y para la gran mayoría, está claro que tampoco habrá nada de beber. Incluso entre los invitados especiales, sentados y bebiendo de sus vasos helados o tazas calientes, el nivel de fascinación de la velada va menguando. De hecho, Muhammad Ali tiene los ojos cerrados. Está durmiendo.

Yolanda se sienta a su lado en el sofá, fingiendo no darse cuenta. Castro tampoco hace caso, aunque se sienta directamente delante, al otro lado de la mesa, con el intérprete y los Stevenson.

—¿Cómo es de grande Michigan? —pregunta Castro en una nueva serie de preguntas dirigidas a Yolanda, regresando por tercera vez a un tema cuyo interés ya se ha agotado para todos los que están en la sala, excepto para Castro.

—No conozco los datos demográficos del estado —dice Yolanda—. Nosotros vivimos en un pueblo muy pequeño [Barrien Springs], de apenas dos mil habitantes.

—¿Regresan a Michigan mañana?

—Sí.

—¿A qué hora?

—A las dos y media.

—¿Vía Miami?

—Sí.

—Y desde Miami, ¿adónde vuelan?

—Desde ahí volamos a Michigan.

—¿Cuántas horas son?

—Tenemos que cambiar en Cincinnati... unas dos horas y media.

—¿Duración del vuelo? —pregunta Castro.

Muhammad Ali abre los ojos, enseguida los cierra.

—¿Duración del vuelo? —repite Yolanda.

—De Miami a Michigan —añade Castro.

—No —vuelve a explicarle ella, todavía paciente—, tenemos que ir a Cincinnati. No hay vuelos directos.

—¿Así que han de coger dos aviones? —pregunta Castro.

—Sí —dice ella, añadiendo como aclaración—: De Miami a Cincinnati... y luego de Cincinnati a South Bend, Indiana.

—¿De Cincinnati...?

—A South Bend —dice Yolanda—. Es el aeropuerto más cercano.

—¿O sea —prosigue Fidel—, que viven en las afueras de la ciudad?

—Sí.

—¿Tienen una granja?

—No —dice Yolanda—, sólo tierras. Dejamos que otro se encargue de cultivarlas.

Menciona que Teófilo Stevenson viajó por esa parte del Medio Oeste. La mención de su nombre hace que Stevenson vuelva a prestar atención.

—Estuve en Chicago —le dice a Castro.

—¿Estuviste en su casa? —pregunta Castro.

—No —dice Yolanda para corregir a Stevenson—, estuviste en Michigan.

—Estuve en el campo —dice Stevenson. Incapaz de resistirse, añade—: Tengo un vídeo de la visita. Te lo enseñaré un día de éstos.

Castro parece no oírlo. Vuelve a prestar atención a Yolanda, y le pregunta dónde nació, dónde estudió, cuándo se casó, y cuántos años se lleva con su marido, Muhammad Ali.

Después de que Yolanda reconozca que es dieciséis años más joven que Ali, Castro se vuelve hacia Fraymari, y con afectada compasión dice que ella se casó con un hombre que le lleva veinte.

—¡*Comandante!* —interviene Stevenson—. Estoy en forma. El deporte te mantiene sano. ¡El deporte añade años a tu vida y vida a tus años!

—Oh, menudo conflicto tiene esta mujer —continúa Castro, haciendo caso omiso de Stevenson y dirigiéndose a Fraymari... y el cámara de la CBS da un paso al frente para captar más de cerca la cara de Castro—. Es abogada y no mete en la cárcel a este marido suyo —Castro disfruta mucho más que Fraymari de la atención que este tema está despertando en el grupo. Castro había perdido su público, y ahora lo ha recuperado y parece querer conservarlo, tanto da que sea a costa de la armonía entre Stevenson y Fraymari. Sí, añade Castro, Fraymari ha tenido la mala suerte de escoger un marido «que nunca es capaz de sentar la cabeza... La cárcel sería un sitio apropiado para él».

—*Comandante* —lo interrumpe Stevenson en un tono jocoso que al parecer pretende aplacar tanto a la abogada que es su esposa como al abogado que gobierna el país—, ¡pero si ya es como si estuviera encerrado! —lo que da a entender es que si se desviara de la fidelidad conyugal, su esposa abogada «¡seguramente me meterá en un lugar donde sería la única mujer que podrá visitarme!».

Todos los que están en la mesa y en el círculo que los rodea se ríen. Ali ahora está despierto. Castro y Stevenson reemprenden su jocoso diálogo hasta que Yolanda, levantándose prácticamente de su silla, le dice a Castro:

—Tenemos que marcharnos.

—¿Ahora van a cenar? —pregunta Castro.

—Sí, señor —dice Yolanda. Ali se pone de pie, junto con Howard Bingham. Yolanda le da las gracias directamente a la intérprete de Castro, y sus palabras son—: Asegúrese de decirle: «Siempre será bienvenido en nuestra casa».

La intérprete traduce la respuesta de Castro, que de nuevo se queja de que cuando visita los Estados Unidos no le dejan salir de Nueva York, pero añade:

—Las cosas cambian.

El grupo contempla el paso de Yolanda y Ali, a quienes Castro sigue hasta el pasillo. Llega al ascensor, y un guardia de seguridad abre la puerta. Castro alarga su despedida final con un apretón de manos... y sólo entonces descubre que todavía tiene en la mano el pulgar de goma de Ali. Se disculpa e intenta devolvérselo a Ali, pero Bingham se opone amablemente:

—No, no —dice Bingham—. Ali quiere que lo conserve.

La intérprete de Castro al principio no entiende lo que está diciendo Bingham.

—Quiere que se lo quede —repite Bingham.

Bingham entra en el ascensor acompañado de Ali y Yolanda. Antes de que se cierren las puertas, Castro sonríe, dice adiós con la mano y observa con curiosidad el pulgar de goma. A continuación se lo mete en el bolsillo.

Prórroga

El canto de cisne de Gay Talese
Ocean City Sentinel-Ledger, 1949

En un momento u otro, todo lo bueno se acaba, y así ocurre con mi relación con el *Sentinel-Ledger.*

Han transcurrido más de dos años desde que comencé a cubrir los deportes para este periódico. Ahora, al rememorar esos años, comprendo que he disfrutado cada hora y lamento tener que despedirme.

Me considero afortunado por haber contado con la oportunidad de colaborar en un semanario tan espléndido y entrar en contacto con las fantásticas personas de su redacción. No podría haber una experiencia mejor para un adolescente interesado en este negocio que trabajar en la publicación de un pueblo pequeño como éste.

Ahora, sin embargo, yo y miles de otros exalumnos de secundaria comenzamos una nueva vida en la universidad. Para mí será la Universidad de Alabama, ¡y voy a ser un auténtico sureño! Lejos de aquí, en el Sur profundo, tocado con una gorra de novato y exhibiendo un distintivo en la solapa. Todavía no soy el rey del campus, sólo un novato, la criatura más vil de la creación.

Pero desde luego voy a echar de menos este semanario, y lo digo en serio. También echaré de menos la temporada de fútbol, por primera vez desde que conozco la diferencia entre un balón y una botella de leche.

Voy a echar de menos informar de los partidos de baloncesto, mi deporte preferido a la hora de hacer de periodista. Me emocionaba escribir de baloncesto, sobre todo el año pasado, cuando escribí acerca de un ganador. Y además, prefiero tomar notas en un recinto cerrado en lugar de congelarme los dedos en un gélido campo de fútbol.

No puedo decir que comenzara en este negocio envuelto en una nube de gloria. Yo no era Don Parker, creedme. Mi principal problema al principio era la ortografía de palabras fáciles. Muy descuidada. El pobre corrector lo pasaba fatal. Como reportero, estaba más verde que un pub el día de San Patricio.

Mi primer encargo fue informar del progreso de las chicas en clase de Economía Doméstica. ¡Un gran tema! Tardé una hora en aporrear unos cuantos párrafos, pero a medida que pasaba el tiempo, mejoré, o eso dijo mi editor.

Debería decir algo acerca de este Editor, que es el tipo más estupendo que jamás ha corregido una palabra mal escrita. Lorin D. Angevine (para mí el señor Angevine) es un gran maestro en este campo, y una persona maravillosa con la que trabajar. Simplemente no quieres decepcionar a una persona así.

Todavía me dice que estoy entre los «Peores del Mundo» por lo que se refiere a la ortografía de palabras fáciles, pero siempre que me reprende, yo le contesto: «Bueno, ¿y a quién quiere por 10 centavos la pulgada?, ¿a Walter WINDchell?».* Eso le pone en su sitio.

Y así seguimos bromeando sin mala intención una y otra vez. Todo el mundo parece feliz en la redacción.

Mi sucesor es alguien que creo que hará un buen trabajo como periodista deportivo y reportero escolar. Se trata de Bob Halleran, ahora en el último año, y el hijo predilecto de la aportación de Ocean City a la literatura:

---

* Walter Winchell fue un famoso periodista de la época cuyo apellido Talese escribe de manera incorrecta. *(N. del T.)*

el señor Eugene «¿Quién es el asesino?» Halleran; entre otras cosas, profesor de Historia Americana en la escuela secundaria local. Quizá Junior sea digno hijo de su padre por lo que se refiere a la escritura. Ésa es la esperanza del señor Angevine.

Cuando comencé a trabajar aquí, pensaba que escribir sobre deportes era pan comido. Me acordé de los periodistas deportivos metropolitanos: Red Smith, Jimmy Powers, Jimmy Cannon, *et al.* Menudo chollo, me dije.

Los tipos llegan a los estadios, a los combates de boxeo, las carreras, etcétera. ¡Entran gratis y encima tienen la caradura de cobrar un salario! Eso tenía que ser para mí.

Luego, cuando comencé a leer quejas acerca de todo, desde los errores tipográficos a: «No me gusta lo que escribes, mira esto... ¡Puaj!».

Y cuando algunos de los «deportistas» de medio pelo de por aquí comenzaron a «hacerme el vacío» por escribir acerca de sus pifias en una jugada que costó un partido, entonces saboreé de verdad lo que es ser periodista deportivo.

Invariablemente son los que calientan el banquillo los que te causan más problemas, los chavales que nunca entrarán en el equipo universitario por su habilidad, sino sólo por su labia. Nunca oirás un solo agradecimiento por haber escrito unas palabras elogiosas acerca de «Joseph V. Holeteam», pero ya verás si llega el momento en que tengas que decir algo poco halagüeño. ¡Entonces te calificarán de persona non grata!

Pero ya he terminado con esto. Y ahora será mejor que me prepare para no perder el expreso del Sur.

A lo mejor estas páginas de Deportes continuarán en el *Crimson Tide* de Alabama, referidas a los chicos de

Alabama en lugar de a los Red Raiders. Esta universidad, me han dicho y he leído, tiene uno de los campus y facultades mixtas (¡Oh la la!) más hermosos de los Estados Unidos. Y nunca hace frío.

Sí, será difícil acostumbrarse a escuchar a esas féminas del Sur con ese hermoso hablar arrastrado.

Pero en fin, si hay que ir, supongo que se va y punto. ¡Feliz Navidad, Yankees! El señor Talese se despide de ustedes.

El mánager de la crisis: tiempos difíciles para Joe Girardi y los Yankees

The New Yorker, 24 de septiembre de 2012

Una tarde de verano de 1974, un chaval de nueve años estaba sentado en el Busch Stadium de St. Louis, presenciando cómo los Cardinals jugaban con los Expos de Montreal. Estaba al lado de su tío, en la primera fila, cerca del poste de falta, y cada media entrada se ponía en pie y les suplicaba a los jugadores, mientras éstos intercambiaban lanzamientos de calentamiento en el campo exterior: «¡Lanzadme una pelota!». No le hicieron caso durante gran parte del partido. Pero justo antes del final de la séptima entrada, el exterior izquierdo de los Expos, un bateador de treinta y un años llamado Bob Bailey, le lanzó una bola al muchacho, y entonces vio cómo ésta rebotaba en sus pequeñas manos extendidas y volvía al campo de juego.

—Hijo —exclamó Bailey, recuperando la pelota y extendiendo el brazo para devolvérsela al muchacho—, si quieres una pelota, tienes que aprender a cogerla.

Habló sin levantar la voz, percibiendo el bochorno que debía de estar sintiendo el chaval. Bailey se acordó de lo amable que fue con él un jugador de las Grandes Ligas cuando era chico. Su padre había sido compañero de equipo del instituto del lanzador de los Indians de Cleveland, Bob Lemon, y en una ocasión Lemon llevó al joven Bailey a visitar el vestuario y le presentó a muchos de los Indians.

Bob Bailey nunca olvidó esa experiencia, y reafirmó su deseo de jugar entre esos hombres, cosa que comenzó a hacer en 1961 con la organización de los Pirates de Pittsburgh. En su carrera de diecisiete años en las Grandes Ligas, consiguió un total de 89 *home runs* en 1.931 parti-

dos, logrando 773 carreras con un porcentaje de bateo del
.257. Su última aparición tuvo lugar en 1978 con los Red
Sox de Boston, como suplente en el partido de los *playoffs*
en el que el jugador medio de los Yankees de Nueva York
Bucky Dent consiguió un *home run* al final de la séptima
entrada en Fenway Park, lo que condujo a los Yankees a la
victoria por 5-4 y los lanzó hacia el triunfo en las Series
Mundiales. En aquella época el mánager de los Yankees
era Bob Lemon, el antiguo amigo de la familia Bailey.
Después del partido, Bob Bailey se acercó para felicitar a
Lemon. Unas semanas más tarde, poco después de cumplir treinta y seis años, el 13 de octubre, Bailey se retiró
como jugador.

El 14 de octubre, en East Peoria, Illinois, el muchacho que cuatro años antes había dejado caer la pelota
regalada por Bob Bailey en St. Louis cumplía catorce
años. El chaval se llamaba Joe Girardi. Acabaría siendo
un excelente receptor defensa en el instituto y la universidad, y después pasaría quince años en las Grandes Ligas:
como receptor en los Cubs de Chicago (1989-92), los
Rockies de Colorado (1993-95), los Yankees de Nueva
York (1996-99), y de nuevo en los Cubs (2000-2002), y
finalmente como receptor de refuerzo con los Cardinals
de St. Louis, jugando su último partido en el Busch Stadium el 28 de septiembre del 2003, a la edad de treinta y
ocho años.

Ahora, a sus cuarenta y siete, Girardi está en su
quinta temporada como mánager de los Yankees de Nueva
York, y, exceptuando su pelo entrecano, que lleva rapado
casi al uno, parece físicamente tan en forma como casi todos los jugadores del equipo. Con una estatura de poco
menos de 1,80, hombros anchos, caderas estrechas, y el
vientre plano y endurecido de ejercitarse diariamente con
el programa CrossFit, Girardi pesa dos kilos y medio menos que cuando jugaba, que entonces eran 90 kilos. Lo
único que recuerda su tremenda fuerza como receptor

cuando bloqueaba la base meta son los gruesos músculos de sus antebrazos, que comenzó a desarrollar de niño ayudando los fines de semana a su padre, que era albañil.

Su voz, sin embargo, es suave, reflexiva y cauta. Es una persona honesta y modesta del Medio Oeste en medio de la chillona prensa de Nueva York. Incluso ahora, en un momento en que los Yankees atraviesan un bache en un final de temporada plagada de lesiones, permanece casi siempre imperturbable. Esta inquebrantable afabilidad —añadida al hecho de que los Yankees sólo han ganado una Serie Mundial bajo su tutela, en el 2009— ha decepcionado a muchos aficionados. Este mismo año, en el *Washington Post,* el veterano periodista deportivo Mike Vaccaro escribió: «Los hinchas de los Yankees siguen sin mostrarse demasiado entusiastas con Joe Girardi», y a continuación comparaba desfavorablemente a Girardi con Billy Martin, el pintoresco e imprevisible mánager al que el propietario de los Yankees, George Steinbrenner, despidió y volvió a contratar cuatro veces durante las décadas de 1970 y 80. En el 2008 Girardi sucedió al paternal y afable Joe Torre como mánager, y desde entonces muchos periodistas han encontrado a Girardi una persona empecinadamente distante. Sus respuestas a las preguntas posteriores al partido casi nunca dan ningún titular. En este sentido, sigue siendo el hombre que permanece detrás de la máscara del receptor, comunicándose con astucia desde su posición acurrucada con los dedos extendidos, o, cuando habla con el lanzador en el montículo, susurrando junto a los bordes de su guante boca abajo.

Casi al final de la última temporada, cuando Girardi y los Yankees estaban a punto de concluir su cuarto año sucesivo con más victorias que derrotas, Will Leitch, del *New York,* caracterizó la época Girardi como «aburrida, tranquila, serena y dominante».

Cuando los Yankees no consiguieron dominar a los Tigers de Detroit en la primera ronda de los *playoffs* del 2011, perdiendo el decisivo quinto partido por 3-2, los periodistas esperaban que Girardi comentaría con franqueza la mala actuación de sus jugadores; sobre todo de Alex Rodriguez, cuyo porcentaje de bateo había sido sólo de .111 durante la serie y 0 de 4 en el último partido, quedando eliminado tres veces, una con las bases ocupadas. Pero Girardi eludió cualquier pregunta en un tono de tanta ecuanimidad que sus verdaderos sentimientos no quedaron claros en ningún momento. Jamás critica a sus jugadores.

Durante la última conferencia de prensa de la temporada, un reportero le preguntó:

—Joe, con la alineación que tienes, ¿te parece sorprendente que ninguno consiguiera dar un buen golpe?

Girardi respondió felicitando a los lanzadores de Detroit.

—Supieron lanzar bien en el momento oportuno.

Sentado detrás de un micrófono, con los focos de las cámaras acentuando las sombras de su semblante adusto y ascético, sigue esquivando preguntas de manera educada. Me lo imagino como una figura espiritual en un cuadro renacentista, un hombre resignado a los reveses de su vocación. Al igual que la religión, el juego del béisbol se basa en aspiraciones que casi nunca se cumplen. Genera más fracasos que éxitos. En la conferencia de prensa, Girardi me parece un monje vestido con un uniforme a rayas.

Girardi, sin embargo, es padre de dos niñas de trece y seis años y de un niño de diez, y, como ha manifestado la prensa en ocasiones anteriores, para él ser un buen padre es más importante que el béisbol profesional. Sin pizca de ironía, afirma que los Yankees, a sus órdenes, serán siempre un club deportivo familiar, en el que se espera que sus miembros sean tan amables con los hinchas jóvenes como lo era Bob Bailey. Cuando el mánager era Torre, los jugadores podían llevar a sus hijos al vestuario después de una victoria del equipo, mientras que Girardi permite que los chavales entren antes y después de cada partido, y también ha levantado la prohibición a las hijas. Le dijo a Mark Feinsand, de *News:* «Una o dos veces al mes, dejamos que las chicas entren al vestuario, y les decimos a los jugadores que procuren ir vestidos».

Antes de uno de los partidos de preparación de primavera en Clearwater, Florida, Girardi observó a un hombre de mediana edad detrás del banquillo de los Yankees que exhibía un cartel en el que aparecían varias fotos de un joven, acompañado de las palabras: «Por favor, no olvidéis a Steven E. Smith». Girardi se acercó al hombre, y se enteró de que el tal Steven E. Smith había muerto en un accidente de coche a los veinticuatro años, y que era un entusiasta de los Yankees que esperaba llegar a locutor deportivo. El hombre que llevaba el cartel era su padre. Girardi lo invitó al campo para que viera de cerca cómo practicaban el bateo. También le firmó el cartel y le dijo que todos los jugadores le firmarían un autógrafo.

Esa misma primavera, cuando se enteró de que Joba Chamberlain, un lanzador de los Yankees, se había lesionado de gravedad el tobillo derecho mientras saltaba sobre una cama elástica con su hijo de cinco años en Tampa, fue a verlo al hospital. Los informes médicos indicaban que esa lesión podría terminar con su carrera, y algunos hinchas pusieron en entredicho la sensatez de Chamberlain por ponerse a saltar sobre una cama elástica cuando todavía se recuperaba de una operación en el codo. Después de una reunión entre el mánager y el lanzador que la prensa describió como «emotiva», Girardi les contó a los reporteros que, en una ocasión, se había lesionado la espalda lanzando al aire a uno de sus hijos. «Los padres son los padres», dijo.

No hace mucho, visité a Girardi en su casa de Purchase, Nueva York, donde vive con su esposa, Kim, y sus hijos. La casa es de piedra gris y madera de cedro, tiene seis habitaciones y se halla en los terrenos de un club de golf privado. Lena su hija de seis años, no había ido al colegio porque le dolía la garganta, así que nos acompañó cuando llegó el momento de ir a trabajar al Yankee Stadium. Girardi conduce un Cadillac Escalade del 2009, y cuando se para en un semáforo, los hinchas a menudo lo reconocen y lo saludan. En el trayecto en coche, Lena iba sentada en la parte de atrás y veía un DVD. Pasamos junto a una gasolinera cerca de White Plains, y Girardi me contó que, cuando todavía jugaba con los Yankees, era allí donde las esposas de los jugadores solían dejar a sus maridos para que éstos compartieran coche hasta el Bronx.

Cuando llegamos a la oficina de Girardi, una *suite* de dos habitaciones situada detrás del banquillo, se entretuvo varios minutos lanzándose la pelota con Lena. Es una buena receptora, y parece disfrutar haciendo lo que su padre le ha enseñado. La oficina está decorada con cascos de fútbol firmados. Girardi jugó de quarterback y corredor cuando iba al instituto; dejó ese deporte para dedicarse al béisbol, en la Northwestern University. Su hijo de diez años, Dante (llamado así en recuerdo de Dante Bichette, un antiguo compañero de equipo de Girardi en los Rockies de Colorado), juega al fútbol y a casi todos los deportes, y, en la taquilla que tiene su padre en el vestuario, Dante guarda un uniforme de los Yankees que se pone para intentar batear los lanzamientos de su padre en el diamante. Dante lleva el pelo cortado a cepillo, como su padre.

—Dante Bichette era de Júpiter, Florida, ¡y te aseguro que enseguida me di cuenta de que era de otro planeta! —dijo Girardi, sentado tras su escritorio. (Lena se había puesto a jugar en el ordenador)—. Era todo lo contrario a mí, una bestia bateando. Trasnochaba. No era serio, siempre reía, como si fuera un bobalicón —sin embargo, Girardi dijo que Bichette se ponía serio cuando se trataba de béisbol: jugó en las cuatro Grandes Ligas durante catorce años, en cinco equipos; la media de bateo de su carrera fue de .299, y consiguió 264 *home runs* y 1.141 carreras.

Bichette y Girardi siguen siendo amigos íntimos, y ambos comparten un vivo interés por el hijo de diecinueve años de Bichette, Dante, Jr., un jugador de cuadro seleccionado como primer jugador del *draft* en junio del 2011, con un porcentaje de .342 con los Gulf Coast Yankees, de Tampa, que juegan en una liga menor. Girardi disfruta contemplando al hijo de su mejor amigo, al que recuerda haber visto por primera vez cuando era un bebé, en el asiento de la minifurgoneta de Bichette, ahora que forma parte de la lista de posibles fichajes de los Yankees.

Padres e hijos figuran de manera prominente en la vida en el béisbol de Girardi. Después de que me contara cómo no consiguió atrapar el lanzamiento de Bob Bailey en el Busch Stadium en 1974, decidí seguirle la pista a Bailey. Lo encontré en Long Beach, California, donde a sus sesenta y nueve años recientemente se ha retirado después de pasar años trabajando en la industria de las multipropiedades de Las Vegas. Le repetí la historia del chaval de nueve años en el Busch Stadium, ocurrida mucho tiempo atrás.

—Ah, sí, me acuerdo de ese chaval, recuerdo su entusiasmo, chillando desde la línea de falta de la zona izquierda del campo —dijo Bailey. Hasta que se lo dije, Bailey no tenía ni idea de que ese chaval era Joe Girardi.

Bailey me recordó una historia de mi infancia. En 1944 y 1945 los Yankees llevaron a cabo su pretemporada primaveral en Atlantic City, Nueva Jersey, a unos veintipocos kilómetros de donde yo vivía. Como era un apasionado fan del béisbol, obtuve mi primer autógrafo y también una pelota firmada por el apuesto jugador exterior del equipo de la época de la guerra, Johnny Lindell, que sustituía a Joe DiMaggio de exterior mientras éste estaba en las fuerzas aéreas. Johnny Lindell siempre posaba amablemente para las fotos, y hablaba con los aficionados antes y después del partido, y yo no me perdí ni uno. Años después, cuando mi amor por los Yankees se había apagado un poco, mantuve mi afecto por Lindell. Cuando estaba en la universidad tuve una relación amorosa con una joven a la que había conocido en clase de Francés, y un día reservé una habitación en un motel. Allí, presa del pánico, garabateé en el impreso de registro el nombre de la persona que consideraban mi protector: Johnny Lindell.

Cuando Lindell se retiró, en 1954, yo ya había acabado la universidad (y había firmado con el nombre de Lindell en la recepción de otros hoteles). Hice lo que hacen muchos aspirantes a deportista cuando se dan cuenta de que no tienen suficiente talento para jugar en las Grandes Ligas: me convertí en periodista deportivo. Conservé la pelota que Lindell me regaló cuarenta años atrás, y finalmente desapareció cuando entraron en casa a robarme, a mediados de la década de 1900.

La pelota que Bob Bailey le regaló a Joe Girardi en 1974 no quedó como un objeto conservado y venerado, sino que su joven propietario y sus amigos la utilizaban en partidos improvisados en el terreno en pendiente en el que jugaban en East Peoria. «Esa pelota era mejor que cualquiera con las que he jugado», dijo Girardi, sentado en su escritorio en forma de U. En un estante situado a su espalda, había una pelota firmada por el jugador medio Derek Jeter, después de que éste consiguiera su carrera 3.000 el año pasado. A su lado había otra pelota firmada por el lanzador suplente Mariano Rivera, después de que éste se convirtiera en el líder en salvamentos de las Grandes Ligas, y una pelota aún más antigua que lleva la firma de Yogi Berra, uno de los tres receptores de los Yankees que precedieron a Girardi a la hora de convertirse en mánager del equipo. Los anteriores fueron Bill Dickey y Ralph Houk.

La pelota de Bailey fue utilizada cada día hasta que, recordaba Girardi, «acabé perdiéndola en el bosque». Por aquella época estaba ya bastante maltrecha. Un año después, él y sus amigos fueron invitados a una liga juvenil, donde las pelotas, los bates y los uniformes los proporcionaban patrocinadores locales. Girardi técnicamente era demasiado joven para jugar en la liga, pero el entrenador le puso de todos modos, porque era más ágil y versátil que todos los demás del equipo. Al entrenador también le gustaba que fuera un joven educado y siempre hiciera lo que le decían.

Aunque Girardi prefería jugar en el cuadro, respetaba el criterio del entrenador de que su fuerte y preciso brazo de lanzador era más útil detrás de la base meta. También seguía las instrucciones del entrenador cuando estaba en casa, entre ellas el consejo de que no durmiera en una habitación fría para no acabar con el brazo dolorido; y que durmiera con el brazo cubierto por un calcetín de deporte. Incluso años después, en su época de jugador universitario profesional, seguía yéndose a la cama con el brazo dentro de un calcetín. Una de las pocas ocasiones en que rompió esta costumbre tuvo lugar en 1989, ante la insistencia de su novia en la noche de bodas.

Antes del matrimonio de Girardi, la mujer más influyente en su vida era su madre, Angela, una mujer menuda con el pelo perfectamente permanentado, de carácter amable pero intransigente. Aceptó la devoción de Joe por los deportes sólo si sacaba buenas notas en la escuela. Mientras que el padre de Girardi, Gerald, tenía tres empleos (albañil los fines de semana, por las noches era barman en el local de Howard Johnson, y los días laborables era representante de productos de yeso), su madre se acostaba tarde, pues estudiaba para sacarse un máster en Psicología Clínica. Los primeros dos hijos de Girardi, John y George, fueron médicos; Maria, la hija, acabó siendo profesora de matemáticas; Joe, el cuarto, se licenció en la

Northwestern University en 1986 en Ingeniería Industrial; y el más joven, Gerald, es contable.

Joe Girardi es el más religioso y contemplativo de los hermanos, pero también es competitivo, y su competitividad procede de la relación que mantuvo de niño con su padre, Gerald, y con sus dos hermanos mayores. Joe a menudo acompañaba a Gerald en los viajes a Iowa en el coche de la empresa de productos de yeso, escuchaba los partidos de los Cubs por la radio mientras Gerald se paraba para anotar los pedidos de placas de construcción de tabiques.

—Me encantaba la parte física de lo que hacía —dijo Girardi. Le hacía de aprendiz a Gerald en sus trabajos de albañil del fin de semana—. Llevaba los ladrillos, cargaba los sillares, mezclaba la argamasa, igualaba las superficies.

El padre de Gerald Girardi también fue albañil, un trabajador serio y exigente del que se contaba que a veces arrojaba argamasa desde la escalera a las cabezas de sus ayudantes incompetentes. Su familia había emigrado de las inmediaciones del Turín, en el norte de Italia.

—Yo tenía mal genio —me dijo Girardi—. Mi padre tenía mal genio.

En una ocasión, cuando Girardi tenía unos ocho años, jugaban al billar en casa y falló un tiro.

—Lancé el taco contra la pared —dijo.

Consiguió cubrir el agujero colgando una foto enmarcada encima, y su padre nunca lo descubrió. En otra ocasión, después de que Joe y su hermano George hubieran roto la cama por haber estado luchando en ella, y hubieran intentado (infructuosamente) ocultar su fechoría apuntalando la cama con uno de los libros de cálculo de Maria, su padre anunció: «Muy bien, chicos, ¿tenéis ganas de gresca? Os las voy a enfriar». Y arrojó a los dos chicos a la nieve en ropa interior.

Poco después de que Joe cumpliera trece años, en 1977, a su madre le diagnosticaron un cáncer cervical.

Aunque siguió unos años trabajando de psicóloga escolar —y estudiando para el doctorado—, la dinámica de la familia cambió.

—Siempre intentábamos complacer a mamá —dijo Girardi—. Todos procurábamos esforzarnos para no hacerla enfadar.

Prometió controlar su temperamento. En el campo de juego, imaginaba que su madre estaba en la línea de banda, y se ponía como meta ser el jugador más deportivo del campo.

En junio de 1984, cuando Girardi, después de haber acabado su primer año en la Northwest University, jugaba al béisbol en la liga veraniega de Cape Cod, su padre le telefoneó para decirle que el estado de su madre había empeorado. Inmediatamente regresó a East Peoria, al volante del primer coche que había comprado. Era un Ford Tempo cupé rojo nuevo que le había costado 8.000 dólares, y representaba los ahorros de todos los trabajos y faenas que había hecho a lo largo de los años. Condujo a toda prisa hacia el oeste para estar junto al lecho de muerte de su madre, y ya había llegado cuando ella abrió los ojos, miró a su alrededor y susurró: «No me olvidéis».

—Eso me acompañará toda la vida —dijo Girardi.

Después de su muerte, Girardi dijo:

—No sabía si ese verano podría seguir jugando al béisbol.

Regresó a Cape Cod y acabó la temporada, y después de graduarse en la universidad comenzó su carrera por las ligas menores, ganando 700 dólares al mes con los Peoria Chiefs, un equipo de clase A filial con los Cubs de Chicago. En agosto, le golpeó un lanzamiento y se fracturó el pulgar; aquella temporada ya no jugó más por culpa de la lesión. En invierno se mantuvo vendiendo zapatos de béisbol.

En la primavera de 1987, totalmente recuperado, lo mandaron a Winston-Salem, Carolina del Norte, a otro filial de clase A de los Cubs, los Spirits. Allí jugó muy bien en ataque, pero gran parte del tiempo estaba abatido, y no dejaba de preguntarse: «¿Por qué juego al béisbol?». Comprendió que mantener a su madre viva había sido un gran incentivo, y fue a hablar con su mánager para decirle que abandonaba el equipo.

—Joe, ¿por qué me dices eso? —le preguntó el mánager—. Tienes un porcentaje de bateo de más de .300. Vas a tener la oportunidad de ganar quizá millones de dólares en el béisbol.

Sin embargo, Girardi abandonó el equipo y regresó a Peoria para pasar más tiempo con su padre y su novia, Kim Innocenzi, a la que había conocido en la universidad. Kim estaba en una fraternidad universitaria y era cristiana evangélica, y fue ella quien le convenció de que regresara al béisbol.

—Ella me hizo comprender que jugaba porque Dios me había dado un don, y que podría compartir la buena nueva de Dios a través de mi don y mi talento —dijo.

Aunque Girardi fue educado como católico, me dijo:

—Cuando me hice mayor, me pareció que la Iglesia católica tenía demasiadas reglas. Te sientas, te pones de pie, te arrodillas; te sientas, te pones de pie, te arrodillas. Kim me presentó a Jesús —una vez le describió el momento exacto a un reportero—: Estábamos sentados en el sótano de la fraternidad universitaria Tri Delta. Kim me explicó lo que era la salvación, y yo recé en silencio para recibir a Jesús como mi salvador.

Kim Girardi, una mujer alta de ojos oscuros que jugaba a dobles en el equipo de tenis del instituto, estaba haciendo un máster en Pedagogía. Creció en Lake Forest, al norte de Chicago, y formaba parte del Club de la Buena Nueva, afiliado a la Alianza Pro Evangelización del Niño. La Alianza es un ministerio cuya brújula es la creencia de que, tal como lo expresó un portavoz, «si se le enseña de manera adecuada, cualquier niño puede llegar a saber que Dios es nuestro Creador, que nos creó por una razón, envió a Jesús para morir por nuestros pecados, fue enterrado y resucitó al tercer día, fue visto por centenares de testigos, y ahora vive en el Cielo».

En 1989 Girardi se casó con Innocenzi, que por entonces ya era profesora de tercer curso. Todos sus alumnos asistieron a la boda. En cuanto su marido pasó a formar parte de las Grandes Ligas, ella inició un grupo de estudio de la Biblia de los Cubs de Chicago con algunas de las esposas de los otros jugadores.

En su residencia de Purchase, Kim se levanta cada mañana a las cinco y pasa una hora en solitario leyendo la Biblia. A las seis y media despierta a su hija mayor y la lleva en coche hasta el autobús escolar, a continuación despierta a Joe y sus otros hijos y, tras preparar el desayuno (Joe a veces prepara los huevos, tal como le gustaba hacer a su padre), lleva a los hijos pequeños a la escuela. Conduce hasta el gimnasio mientras escucha música cristiana en una emisora por satélite. Me dijo: «Vivir para Dios es el tema musical de nuestra casa».

Después de una temporada jugando la liga invernal de Venezuela, en 1989 Girardi ascendió y debutó el día del comienzo de la liga en Wrigley Field, el estadio de los Cubs de Chicago. Estaba en una nube. Pero a pesar de su entusiasmo y su capacidad defensiva, no tardó en bajar de categoría y acabar en los Cubs de Iowa, en Des Moines, una liga menor.

—Estaba destrozado —recordó—. Puede que haya sido la única vez que he llorado en el hombro de mi suegra, porque tenía la impresión de que ni estaba destrozada.

»Kim venía a visitarme a Des Moines los fines de semana —dijo—. Y hacía una pelota con un calcetín y la arrojaba, y a continuación se escondía detrás del sofá y yo bateaba —después de varias semanas con los Cubs de Iowa, llamaron a Girardi de vuelta de Chicago—. Me dije: "*Nun-*

ca voy a volver a las ligas menores". Y así fue —añadió—. Estuve en esa liga menor durante cuarenta días, y fue interesante, porque sabía que Jesús Nuestro Señor había estado en el desierto cuarenta días.

Después de acabar su temporada de novato, Girardi se convirtió en el receptor titular de los Cubs, jugando en 133 partidos y con un porcentaje de bateo de .270. Pero el año siguiente, mientras estaba esprintando en el jardín del campo durante la pretemporada de primavera, pisó un aspersor con el talón y se hizo una contractura en la espalda, un percance que le mantuvo inactivo de abril a septiembre. Se quedó en Chicago y ayudó a Kim a calificar los exámenes de matemáticas.

En 1992, cuando ganaba 3.000 dólares al año con los Cubs y era uno de los jugadores preferidos de la prensa local, los Girardi acababan de construirse una casa en Lake Forest después de tres años de vivir de alquiler. Poco después de firmar la hipoteca, se enteró de que los Cubs lo habían declarado transferible, y que los Rockies de Colorado, un equipo en expansión, lo habían escogido.

Se quedó estupefacto y abatido.

—Dicen que comprar una casa en la ciudad donde juegas es el beso de la muerte —me dijo Girardi—. De niño yo era hincha de los Cubs, y pensaba que iba a ser un Cub.

Kim le ayudó a aceptar ese cambio, y le dijo una y otra vez: «Éste es el plan de Dios». Kim dimitió de su trabajo en la escuela y puso rumbo a Denver, donde se compró un par de botas de *cowboy* y alquiló un apartamento.

—Esos tres años en Colorado fueron espléndidos —dijo Girardi—. Jugamos en el Mile High Stadium, donde cabían setenta mil personas. Era un griterío, era excitante, a la gente le encantaba el béisbol.

En 1995 Joe y Kim emprendieron un viaje organizado a Italia, sus primeras vacaciones desde la luna de miel, en 1989. Justo después de regresar a casa, Girardi recibió la llamada de un hombre de Suffern, Nueva York, al que él y

Kim habían conocido durante el viaje. Les dijo: «Joe, en los periódicos y la radio sólo se habla de ti. ¡Te van a traspasar a los Yankees!».

Al cabo de una semana, el mensaje que se oía en el contestador de los Girardi venía encabezado por la voz de Frank Sinatra cantando *New York, New York*. Enseguida alquilaron una casa en White Plains, cuyo propietario era Charles Oakley, la antigua estrella de los Knicks, y se fue con los Yankees para participar en la pretemporada de primavera, en Tampa.

Don Zimmer, la única persona de los Yankees que Girardi conocía, era ahora el segundo entrenador de Joe Torre, el mánager. Zimmer le dijo a la prensa que Girardi era conocido por sus cualidades de liderazgo, y que era muy apreciado por el presidente y los directivos. Tal como me dijo Girardi:

—Siempre había mantenido una estrecha relación con los entrenadores, ya fuera el mánager, el entrenador de los lanzadores, el entrenador de receptores, o el segundo entrenador. Cuando no jugaba, muchas veces me sentaba junto al segundo entrenador sólo para escuchar las conversaciones.

Los comienzos de Girardi en los Yankees fueron difíciles. Me contó que: «La primera vez que acudí al Día del Socio, me abuchearon». Los hinchas echaban de menos al popular receptor Mike Stanley, al que Girardi había reemplazado, y que era mejor bateador. La emisora de radio WFAN se metía con Girardi poniendo una versión burlona y modificada del éxito de 1941 *Dale, dale, Joe DiMaggio*, en la que los presentadores gritaban «¡Girardio!» en lugar de «DiMaggio».

La fría bienvenida sólo consiguió que Girardi trabajara con más ahínco, afrontando los retos de manera metódica, como un albañil.

—Lo que realmente me impulsaba era el miedo al fracaso —dijo—, y la única forma que tenía de no fracasar era prepararme intelectual y físicamente. Si estaba preparado, entonces que pasara lo que tuviera que pasar. Nunca me gustó enfrentarme a lo inesperado —añadió—. Y sobre todo, no quería decepcionar a mi padre.

Girardi me contó que los hinchas de los Yankees ya no volvieron a abuchearlo después de dejar a Dwight Gooden sin ninguna carrera en el Yankee Stadium el 14 de mayo de 1996. Ron Hassey, que había sido el entrenador de la tercera base de los Rockies de Colorado, dijo en aquella ocasión: «Joe comprende que el trabajo más importante de un receptor es sacarle el máximo provecho al lanzador. Eso incluye elegir el lanzamiento, bloquear la pelota, eliminar a los bateadores, conservar las bases, conocer los puntos fuertes y débiles de los bateadores. Joe es de los mejores en estos aspectos del juego».

Entre 1996 y 1999 la carrera de Girardi con los Yankees fue todo menos decepcionante, pues el equipo ganó la Serie Mundial cada año excepto en 1997. Le regaló a su padre su primer anillo de la Serie Mundial. Como primer receptor del equipo, ganaba más de dos millones de dólares al año. El segundo receptor era Jim Leyritz, un veterano de séptimo año. Un receptor joven muy prometedor, Jorge Posada, se iba abriendo camino, aunque, y Girardi recuerda que se lo dijo a Leyritz: «No nos conviene a ninguno de los dos, porque Posada es más rápido, más fuerte, más joven, y tiene un brazo mejor y más poderoso». Después de la temporada de 1996, Leyritz fue traspasado, y a Girardi le quedaban dos años antes de convertirse en el suplente de Posada. Siguió con los Yankees como segundo receptor y mentor de Posada durante 1999, haciendo de receptor en el perfecto partido de David Cone en el Stadium, el 18 de julio de 1999, el Día de Yogi Berra.

Al final de ese año, cuando Girardi cumplió los treinta y cinco y quedó libre de contrato, regresó a los Cubs como receptor principal, y en el 2001 era capitán del equipo. El suceso más memorable de su época en Chicago fue el emotivo anuncio que hizo Girardi en medio de un abarrotado Wrigley Field el 22 de junio del 2002, antes de un partido entre los Cubs y los Cardinals.

—Gracias por vuestra paciencia —comenzó a decir Girardi, de pie junto al banquillo de los Cubs con un micrófono en la mano—. Lamento informaros de que, debido a una tragedia en la familia de los Cardinals, el comisionado ha cancelado el partido de hoy —cuando la multitud comenzó a reaccionar con algunos abucheos, añadió—: Por favor, sed respetuosos. Ya averiguaréis lo que ha ocurrido —y con lágrimas en los ojos, concluyó—: Os pido a todos que recéis por la familia de los Cardinals.

El motivo de que se cancelara el partido era que Darryl Kile, un lanzador de treinta y tres años de los Cardinals, había sufrido un ataque al corazón y lo habían encontrado muerto en su habitación del hotel mientras los equipos calentaban. Aquel día, la aparición de Girardi como portavoz de las Grandes Ligas de Béisbol demostró ante un nutridísimo público lo que unos cuantos en el banquillo sabían hacía mucho tiempo: Girardi poseía una actitud digna y refinada que, en combinación con su conocimiento y amor al juego, le ofrecía atractivas posibilidades cuando acabaran sus días de jugador.

Girardi descubrió que estaba muy solicitado. En el 2004, un año después de fichar por los Cardinals y jugar las postrimerías de su carrera de receptor en el Busch Stadium, pasó a ser comentarista de televisión para la cadena YES de los Yankees. En el 2005 pasó a formar parte del equipo como segundo entrenador, a las órdenes de Torre. Un año más tarde, a los cuarenta y uno, lo contrataron para ejercer de mánager de una franquicia de la Liga Nacional, los Marlins de Florida.

Aunque el presupuesto anual de los Marlins, unos 15 millones de dólares, era el más bajo de las Grandes Ligas, Girardi llevó al equipo a entrar en los *playoffs* como club invitado, hasta que, al final de la temporada, cayó al cuarto lugar. Sin embargo, la asociación de escritores de béisbol nombró a Girardi Mánager del Año de la Liga Nacional.

Este éxito, sin embargo, no le ayuda a mantener el empleo. Jeffrey Loria, el propietario de los Marlins, echó a Girardi en octubre. Su relación había sido tensa. Durante un partido con los Dodgers, Loria, desde la banda, se opuso a voces a las decisiones de los árbitros. Según contaron, Loria creyó haber oído una voz que salía del banquillo de los Marlins y le chillaba: «¡Cállate de una puta vez!», y supuso que era la de Girardi, aunque éste negó haberlo dicho.

Después de la temporada 2007, George Steinbrenner, nada contento con el fracaso de Joe Torre por no haber conseguido el título de la Serie Mundial del año 2000, le hizo una oferta de contrato que Torre sólo pudo rechazar. Le ofreció a Torre, que llevaba doce años de mánager de los Yankees, un contrato con un salario base de cinco millones de dólares, dos y medio menos de lo que había ganado el año anterior, y se negó a hacer ninguna concesión. Torre dimitió y firmó un contrato como mánager de los Dodgers de Los Ángeles.

Los Yankees pusieron a Girardi en el puesto de Torre, ofreciéndole un contrato de tres años por 7,8 millones de dólares. Su decisión de escoger el 27 como su número de uniforme fue significativa. La franquicia de los Yankees había ganado hasta ese momento veintiséis títulos de las Series Mundiales, y la misión de Girardi era conseguir otro.

Al igual que Girardi lo pasó mal tras sustituir a Mike Stanley como jugador de los Yankees, también le costó reemplazar a un mánager tan querido. La prensa comenzó a retratar a Girardi como una persona controladora y exigente, un tecnócrata robótico. Su primera pretemporada de primavera como mánager de los Yankees se comparó a un campo de entrenamiento para marines. Un día, tanto el *Post* como el *News* publicaron una fotografía de Girardi, con su corte de pelo a cepillo característico, con un pie de foto que decía: «Recluta Joe». Posada le dijo a un reportero: «Si me hubieras dicho que estaba en la armada o en el ejército, no me habría sorprendido».

Pero prevaleció el esfuerzo, y dos años más tarde, después del triunfo en la Serie Mundial del 2009 sobre los Phillies, Girardi se cambió el número por el 28. Al año siguiente su equipo fue derrotado por Texas en la segunda ronda de los *playoffs*, y la dirección de los Yankees renovó el contrato con Girardi por tres años más, esta vez con un sueldo de 9 millones más incentivos, basados en cómo le fuera al equipo en los *playoffs*.

Girardi aborda su papel de mánager con una actitud un tanto minimalista. Rick Sutcliffe, que fue lanzador de los Cubs cuando Girardi era el receptor del equipo, observó que «sólo ejerce de mánager cuando es necesario». Russell Martin, el actual receptor de los Yankees, me dijo: «Nunca me dirá nada negativo, nunca me criticará. Todo es siempre positivo. Y también sabe cuándo elegir el momento». Girardi resultó ser un experto a la hora de tratar con los desmesurados egos de los Yankees. Curtis Granderson, Jugador del Año en su puesto de exterior, dijo: «Un mánager ha de ser un individuo que pueda manejar múltiples personalidades. Tienes una mayoría de subordinados que ganan más que tú, y sin embargo debes decirles lo que tienen que hacer, dónde hacerlo, y también tienen que respetarte».

El equipo del año pasado no pasó de la quinta ronda de los *playoffs*, con sólo dos victorias en los cinco partidos contra Detroit; y aunque George Steinbrenner ya no pintaba nada —murió, a los ochenta años, en el verano del 2010—, el presidente del club, Randy Levine, recordó a la organización y sus seguidores «lo que el jefe nos enseñó», que es: «Si no ganamos la Serie Mundial, entonces la temporada es un fracaso (...) Así es, así ha sido siempre, y así seguirá siendo siempre».

Esta temporada, ni Randy Levine ni ninguno de sus otros directivos han expresado la mayor preocupación acerca de la capacidad del equipo, pues, a pesar de las continuas lesiones de los jugadores clave y la mala actuación de otros, los Yankees han conseguido el mejor récord del béisbol a mitad de temporada (52 victorias, 33 derrotas). El equipo estuvo en la primera posición de la División Este de la Liga Americana durante la segunda mitad de la temporada, hasta la magnífica racha de los Orioles de Baltimore en los últimos partidos, que empataron en la primera plaza de la división. El 18 de julio, los Yankees llevaban una delantera de diez partidos, pero entre el final de agosto y la primera semana de septiembre perdieron 10 de 14. De repente, Girardi, un hombre habitualmente sereno, mostraba signos de frustración y ansiedad.

El 4 de septiembre en St. Petersburg, después de perder por 5-2 con los Bay Rays de Tampa, Girardi se enfureció tanto cuando el árbitro Tony Randazzo gritó «¡Strike tres!» contra el jugador exterior de los Yankees Chris Dickerson, eliminado de su turno de bateo, que según el *Time* «salió como una bala del banquillo y se embarcó en su discusión más acalorada de la temporada, chillándole a Randazzo mientras la cara se le ponía roja y le sobresalían las venas del cuello».

En el vestuario, después del partido, Girardi les dijo a los reporteros: «No voy a comentar lo de Randazzo», pero el entrenador de bateadores, Kevin Long, reconoció: «Hay cierta presión, desde luego. Llevábamos diez partidos de ventaja y ahora se han reducido a cero. Hay cierta presión añadida, y los muchachos probablemente intentan hacer demasiado. Tenemos que salir de este bache e intentar jugar algo mejor al béisbol, no sólo en ataque, sino en conjunto».

Girardi aborda su trabajo como el ingeniero que es por formación. «Estudias cómo hacer que los sistemas funcionen mejor y sean más eficaces, y eso es lo que intentas hacer como mánager», declaró a la revista de alumnos de la Northwestern University en el 2008.

Al contrario que Torre, Girardi consulta muchas estadísticas. John Flaherty, receptor de los Yankees entre el 2003 y el 2005, me dijo:

—Considero a Girardi como el mánager de la Nueva Era en el béisbol de las Grandes Ligas. Creo que los mánagers de la vieja escuela observaban los partidos y los entrenamientos y obraban en consecuencia. No disponían de demasiada información a la hora de preparar los partidos. Tenían que basarse en lo que «veían» a diario y tomar sus decisiones basándose en esa información.

Los datos de Girardi solían estar dentro de una gran carpeta azul de tres anillas que siempre llevaba con él, pero que ahora ha transferido a un iPad.

—Creo firmemente que los números lo dicen todo, y también quiero saber por qué lo dicen todo —me dijo—. Los datos van a decirme los puntos débiles de un bateador, cuándo no golpea la pelota, qué lanzamientos batea. Quiero conocer cuáles son sus puntos fuertes, dónde le gusta la bola rápida, si es incapaz de golpear las bolas con efecto.

Hace trabajar a los jugadores por parejas, para ver cómo le va a cada bateador con un lanzador en concreto.

Girardi seguramente consultó los números antes de decidirse a sentar en el banquillo a Jorge Posada en agosto del 2011. Posada ya había sido reemplazado como receptor habitual del equipo por Russell Martin, y ahora se veía desprovisto de su último papel habitual, el bateador designado.* A principios de temporada, antes de un partido contra los Red Sox, Girardi había relegado a Posada,

---

* Se trata de un jugador al que las normas permiten batear cuando le toca hacerlo al lanzador del equipo. *(N. del T.)*

cuya moral estaba por los suelos, al noveno lugar en el orden de bateo. Posada se ofendió tanto que pidió que le eliminaran de la alineación, porque necesitaba un poco de tiempo para «aclarar sus ideas».

Girardi atendió su petición, pero al día siguiente los periódicos especularon con que Brian Cashman, el director general, estaba furioso con la irritación de Posada, y, junto con Hal Steinbrenner, el copresidente, consideró despedir a Posada por insubordinación.

«Posada tiene que saber que la época Torre ya ha terminado —escribió el columnista de béisbol Bob Klapsich en *The Record*—. Los Yankees ya no son un equipo de béisbol, son una empresa, tan vasta y poderosa como Microsoft». En *News*, fuentes no identificadas recordaban a los lectores que Girardi, que había perdido su puesto de receptor en los Yankees con la llegada de Posada a finales de los años noventa, había reaparecido en el 2005 para perseguir a Posada cuando era segundo de Torre.

En respuesta a estas noticias, Girardi exhibió su facilidad para desinflar los titulares hechos a base de tópicos. Todo lo que dijo acerca de su reunión con Posada para tratar el tema del bateador designado fue: «Nunca es una conversación fácil. Pero en el caso de Jorge, es un gran profesional y sé que se mantendrá preparado e intentará hacer todo lo que haga falta».

Cuando Girardi no está preocupado por la salud y el rendimiento de su equipo, piensa a menudo en su padre, Gerald, que ahora tiene ochenta y un años, sufre alzhéimer y se encuentra en una residencia cerca de Peoria. Girardi telefonea a su padre una vez por semana, aunque él es el único que habla; durante los últimos tres años, Gerald ha sido incapaz de comunicarse.

Cuando los Yankees juegan en Chicago, Girardi alquila un coche y conduce más de 250 kilómetros para pasar una hora con su padre, viajando por la misma carretera que tomaba cuando volvía a Peoria en su época universitaria. Una vez le acompañé a la residencia, un viaje de dos horas y media entre campos de maíz y ganado que pacía.

—Mi padre siempre me apoyó en todo —declaró Girardi a la revista de alumnos de la Northwest University en 1998—. Era el que me lanzaba la pelota cuando era niño, el que me llevaba a los partidos de los Cubs, donde podía ver en acción a mis jugadores preferidos, como Ron Santo o José Cardenal.

Mientras atravesaba con su coche la ciudad de Roanoke, el lugar natal de su padre, señaló una casa de ladrillo de una sola planta construida hace décadas por su abuelo el albañil, George. No se detuvo, pero mencionó que George siempre tenía los dedos manchados de tanto cascar nueces con las manos desnudas para darles el fruto a sus nietos.

En la ciudad de Washington, pasamos por delante de un restaurante que había pertenecido al padre de Girardi. Cuando Angela se puso enferma, Gerald dejó su trabajo de representante y abrió Girardi's, un restaurante de veinticinco mesas en el que preparaba él mismo casi toda la comida. Joe trabajaba de camarero después del colegio y los fines de semana, al igual que sus hermanos.

Mientras atravesábamos East Peoria, pasamos por delante de la antigua casa de los Girardi, y seguimos recorriendo el vecindario en el que Joe había repartido periódicos de niño. Dijo que esperaba poder seguir siendo mánager de los Yankees el tiempo suficiente como para que Dante pudiera conseguir un trabajo a tiempo parcial en el vestuario del Yankee Stadium, donde, entre otras cosas, lavaría las toallas.

Aparcamos delante de la residencia, y mientras Girardi entraba, le iban saludando los miembros del personal, que como siempre querían que les firmara algunas pelotas de béisbol, cosa que él hacía sin vacilar. Caminó hasta la habitación de su padre, y en la puerta lo recibió Judy Shea, una amiga de la familia que había sido pareja de su padre desde unos años después de la muerte de Angela. Le daba de comer a Gerald un poco de tarta de zanahorias que ella misma había preparado.

Girardi se acercó a la silla de ruedas donde estaba sentado su padre. Se inclinó hacia el anciano, quien, vestido con un chándal beige, se encontraba recostado, con los ojos cerrados. No reaccionó cuando su hijo le saludó con una voz sonora y jovial: «Hola, papá. Te quiero, papá». Girardi lo repitió unas cuantas veces, pero su padre permaneció inmóvil. El parecido físico entre padre e hijo era asombroso. Si te fijabas en el corte de pelo a cepillo y los pómulos altos de los dos, era fácil imaginar cómo podría ser Joe Girardi dentro de treinta años.

Durante la media hora posterior, Joe y Shea se sentaron a una mesa y charlaron de asuntos familiares, y Girardi comió una porción de tarta de zanahoria. Cuando su padre se trasladó a la residencia, Girardi tuvo que recuperar el anillo de la Serie Mundial que le había regalado para que no se perdiera. De vez en cuando lanzaba una mirada en dirección a su padre.

Al cabo de un rato Girardi se puso en pie, abrazó a Shea y se despidió. Antes de salir de la habitación, volvió a mirar a su padre, se inclinó hacia delante y le besó la frente.

—Te quiero, papá —dijo.

Dio media vuelta y se dirigió hacia la salida, saludando a los recepcionistas, y finalmente, antes de salir del edificio, repitió, esta vez para sí:

—Te quiero, papá.